"十四五"职业教育国家规划教材

高等职业教育财经类精品教材·教学改革成果系列

商务网页设计与制作

(第2版)

方玲玉　刘　娜　主　编

张　鸽　陈　炜　刘　杰　副主编

電子工業出版社

Publishing House of Electronics Industry

北京·BEIJING

内容简介

本书以商务网页设计与制作业务流程为主线，通过对典型企业建站项目的剖析，构建了商务网页设计导引、商务网页布局设计及网页草图绘制、商务网页效果图制作、表格制作网页、DIV+CSS制作网页、商务网站发布、移动端网站制作7个教学项目，对商务网页设计与制作的基本原理及实现方法进行系统介绍和完整展示。

本书是针对中等、高等职业院校及应用性本科商科、计算机等专业开发的“学、用、做”一体化教材，也可供网页设计类岗位员工培训使用，还可作为相关从业人士的参考读物。

图书在版编目（CIP）数据

商务网页设计与制作 / 方玲玉，刘娜主编. —2版. —北京：电子工业出版社，2020.6

ISBN 978-7-121-37919-2

Ⅰ. ①商… Ⅱ. ①方… ②刘… Ⅲ. ①电子商务－网页制作工具－高等职业教育－教材 Ⅳ. ①F713.361.2 ②TP393.092.2

中国版本图书馆CIP数据核字（2019）第253883号

责任编辑：贾瑞敏　　　　特约编辑：田学清
印　　刷：河北虎彩印刷有限公司
装　　订：河北虎彩印刷有限公司
出版发行：电子工业出版社
　　　　　北京市海淀区万寿路173信箱　　　　邮编：100036
开　　本：787×1092　1/16　印张：15.75　　字数：373千字
版　　次：2016年8月第1版
　　　　　2020年6月第2版
印　　次：2025年12月第10次印刷
定　　价：49.80元

凡所购买电子工业出版社图书有缺损问题，请向购买书店调换。若书店售缺，请与本社发行部联系，联系及邮购电话：（010）88254888，88258888。

质量投诉请发邮件至zlts@phei.com.cn，盗版侵权举报请发邮件到dbqq@phei.com.cn。

本书咨询联系方式：010-88254019，jrm@phei.com.cn。

前　言

在移动互联网时代，谁不想拥有并掌控自己的网络空间呢？

商务网页设计与制作是商科类专业学生迫切需要掌握的技术。让教学回归市场，让网页轻松上手，让学生既能切切实实地学到技术，又能创新性地解决具体的商务问题，这是本书的重要使命。

针对商科类专业学生的特点，本书创新性地以商务网页设计与制作市场的业务流程为主线，以典型企业建站项目为载体，通过商务网页设计导引、商务网页布局设计及网页草图绘制、商务网页效果图制作、表格制作网页、DIV+CSS 制作网页、商务网站发布、移动端网站制作 7 个教学项目，对 PC 端+移动端商务网页设计与制作的基本原理及实现方法进行深度剖析，实现技术与商务的融合，提升学生的获得感与成就感。

项目一在介绍网页设计基本流程的同时，对商务网站的类型、网页结构、网页风格进行了简要描述，还对客户需求分析、网站栏目规划、网页首屏设计及企业公信力打造进行了系统梳理。项目二以典型企业建站项目为载体，对竞争对手网站的对比分析、常见的网页布局类型、网页草图绘制的方法及流程进行了介绍。项目三以网页素材的选取为突破口，让学生快速掌握网页效果图制作的方法及关键技术。项目四以现有网页效果图为蓝本，介绍了最基本的网页布局方法，即用表格进行布局，并在技术介绍的同时，不断呈现相应的 HTML 代码，让学生在学习网页设计的同时轻松理解 HTML。项目五介绍了使用 DIV+CSS 制作网页的方法，让学生掌握网页制作的主流技术，以适应网页设计类岗位职业发展的需要。项目六围绕网站发布业务，对域名注册、虚拟主机租用、网站备案、网站文件上传、域名绑定与解析等内容进行了系统介绍。项目七同样基于开放资源平台及共享网站模板，将建设移动端网站的原理及方法进行了简要概述及实践。

本书的主要特色如下。

1．创新资源利用，实现网页设计“零门槛”

本书拒绝网页设计“零起点”，实现网页设计“零门槛”。让学生站在巨人的肩膀上，以现有优秀企业网站为模板，从 LOGO 到 Banner，从栏目到导航，从风格到定位，合理利用互联网上丰富的网页资源，先学习借鉴，再模仿超越。这种“企业怎么做，我们怎么学”的教学模式，引人入胜，事半功倍；让网页设计不仅易学，还好用。

打破学术思维束缚，遵循企业建站逻辑，让学生在较短的时间内制作出既美观大方，又能体现企业商务诉求的网站。

2．创新教学体系，实现技术与商务的融合

作为技术色彩较浓的教材，本书以典型企业建站项目为载体，从企业的真实商务诉求出发，开发了 7 个教学项目，用户需求分析及网站市场定位贯穿始终，实现技术与商务的融合。

本书是电子商务专业国家资源库“商务网页设计与制作”课程的配套教材，由方玲玉教授负责全书的体系设计及统稿，由刘娜、刘杰负责项目六、项目七两个新增项目的编写，由陈炜、张鸽、王静萍负责其他项目的修订。另外，由刘娜、易文伟负责全书立体化教学资源的创意设计。湖南领度信息技术有限公司的总经理聂磊、湖南西子电商品牌管理有限公司的副总经理李鹤等企业专家及校友，一如既往地全程参与本书的改编，并提供了大量企业素材及真实案例，在此对他们深表谢意！

由于编者的水平有限，书中难免存在疏漏与不足之处，恳请各位读者批评指正。

方玲玉
chinahnfly@126.com

目　　录

项目一　商务网页设计导引

学习目标

1. 了解网站设计的基本流程
2. 了解网页的基本构成及主要元素
3. 熟悉常见的商务网站的类型
4. 掌握客户需求分析的途径和方法
5. 能合理规划和设计商务网站栏目
6. 熟悉网页首屏设计的基本原则
7. 掌握网站公信力打造的主要途径

项目简介

人们通常从艺术和技术两个维度来看待和处理网页设计，这使得网页的形式丰富多彩，功能的应用不断完善。从电子商务运营实践中可以发现，各类成功的商务网站都在聚焦：网站表现形式如何匹配客户需求？网站内容设计如何实现网站经营目标？至于美学的效果、技术的先进性，在企业运营的实践中，都要让位于企业的经营指标及利润指标。显然，商业，而不是艺术或技术，才是商务网页设计能否成功的核心和关键。

本项目从构成网页的基本要素出发，通过大量典型案例，让学习者接触各类常见商务网站的页面结构，从而迅速理解其功能特点，并初步掌握客户需求分析的方法及策略，最终能从具体客户需求出发，根据商务网页设计的基本原则，合理规划和设计商务网站的栏目结构。另外，本项目还对网页首屏设计的基本原则、网站公信力打造的主要途径进行了系统介绍，从而让初学者对“什么是好的网站”“什么是好的商务网站”“如何做一个有用的商务网站”一系列先导性的关键问题有清晰的判断与认知。

任务一　商务网站概述

商务网站是经营性组织为实现其商业目标而建立的网站。与其他网站一样，在商务网站设计初始，自然要考虑网页的美观性、界面的友好性、访问的便捷性，但对商务类网站来说，如何准确表达和有效传递企业的商务诉求，才是商务网页设计的重点和难点。显然，网页内容的精心组织及有效展示，是企业的商务诉求能否实现的关键。

从目前的情况来看，大多数企业网站，在美工及版面设计上，也许还会给人留下不错的第一印象，但在网站运营中发现，其营销推广效果总是差强人意。究其原因，往往是网页设计师未能与客户进行深度沟通，未能准确理解和深度挖掘客户建立网站的核心目标和商业诉求，因此在进行页面设计时，没有围绕需要呈现的内容来进行创意发挥。

由此可见，要设计出功能强大的商务网站，必须坚持以营销为导向、以客户需求为中心，在掌握网站设计的基本流程、网页制作相关技术的基础上，通过网站内容的合理编排与完美展示，准确表达和有效传递企业的商务诉求。

一、网站设计的基本流程

网站制作人员在了解客户需求后，要根据客户需求起草网站策划书，在客户同意策划方案后，网站美工要制作出若干网页效果图，图片多为JPG、PSD或PNG格式，客户选取一张作为模型。

网站是由文字、图片和一些网页特效组成的。文字的作用是将网站上的信息描述出来；图片的作用是更好地把企业的产品展示给客户；网页特效的作用是美化网站。因此，一个网站最基本的组成部分是文字和图片。

网站设计的基本流程如下。

1. 网站素材准备

（1）文字、图片材料准备

在制作网站前，首先要搜集文字、图片两类相关材料。文字材料包括企业简介、产品介绍等。图片材料包括产品图片、办公场地、一些特殊小图标等。

（2）网站的LOGO设计

每个网站都有自己的LOGO。所以，在制作网站时，要确定网站的LOGO。网站的LOGO一般以图片形式展示在网站首页左上角，它是网站的名片。

2. 网站类型选择

在准备好网站素材之后，就要确定网站的类型，即确定网站是动态网站还是静态网站。有的网站只是宣传企业形象，展示企业产品，没必要经常更新，这时可以选择静态网站。静态网站和动态网站的制作费用不同，静态网站的制作费用相对较低。

3. 网站功能设计

在确定网站的类型后，就要考虑网站的功能设计了，如网站应该具备哪些功能、网页该如何布局。在制作前一定要先确定网站的功能。因为确定了网站的功能，在程序设计之前就会分析如何实现这些功能以提高工作效率，从而使程序设计顺利进行。如果一个网站的功能是临时加上的，那么在程序设计阶段会非常麻烦。

4. 网页草图制作

在网站的功能设计好后，需要构建一个网页架构——网页草图。根据网站的功能来制作网页草图，是客户与网站美工沟通的良好途径。网站美工先根据客户的需求勾画出一个网页草图给客户看，如果客户不满意，网站美工就需要继续修改，直至客户满意。在这里还要强调的是，在制作网站前一定要将网站的功能和一些特效都确定下来。如果在页面设计阶段还没有完全确定网站的功能，那么在以后的开发过程中会浪费很多时间去修改，这样会大大降低网站制作的效率；再者，网站的版面在设计出来之后是不能再进行修改的，因为从页面设计到网页制作，这个过程是不可逆的。

5. 首页布局设计

在设计首页的版面时，要根据网站的类型来确定其布局。但不管什么类型的网站，其制作都要遵循一定的规则。

（1）确定网站的主色调

在设计网站时，一定要先确定网站的主色调。因为主色调代表了整个企业的形象，所以一定要想好如何来确定网站的主色调。

（2）设计页面的样式

在设计页面时，要划定每个功能模块的区域，再根据每个区域的功能来设计页面的样式。设计网页草图的目的是为网站美工指定设计的方向，使网站美工在设计网页时能根据网页草图设计更好的页面。任何事情都不是一蹴而就的，要不断地修改才能逐渐完善，在设计网页时切忌使用容易产生歧义的标记和说明文字。

（3）制作网页效果图

网站美工要与客户充分沟通，并反复修改，以制作出让客户满意的网页效果图。网页效果图制作是网站开发中非常重要的一环。通过网页效果图，客户可以把自己想展示的内容以图像的形式表现出来，因此网页效果图制作阶段是网站开发中最繁杂、最漫长的阶段，往往要占据网站开发时间的1/3甚至2/3。

（4）制作网页

网页设计师以网页效果图为模型，使用Photoshop等软件工具对网页效果图进行切片，再使用Dreamweaver等网页制作软件，即可制作出真实的网页。

6. 子页面设计

除展示企业品牌形象的首页设计外，子页面设计也非常重要，它是对设计者的一个挑战。根据网站的功能设计，合理设计网站的子页面，使网站符合客户的需求，这是网页设计师应该重点考虑的问题。

二、商务网站的类型

不同类型的商务网站，因其所有者及经营目标的不同，需要展示的内容各不相同。根据网站发布主体、网站内容及性质的不同，可以将常见的商务网站大致划分为以下几种类型。

图片：商务网站的类型

1. 企业网站

企业网站根据营销目标及企业信息化战略需求的不同，可以分为展示型企业网站和功能型企业网站两大类。

（1）展示型企业网站

展示型企业网站也称营销型企业网站。这类网站在网页设计上往往构思巧妙、制作精美、主题明确，具备常用功能，能满足企业形象展示的需要，适合企业长期宣传推广。展示型企业网站的主要作用是提供产品、服务等企业相关信息。展示型企业网站首页样例如图 1-1 所示。

图 1-1　展示型企业网站首页样例

现在绝大多数企业网站都属于展示型企业网站，这些网站就像传统的企业宣传册一样，其营销目标主要有如下几个。

① 宣传企业形象。精心组织并提供大量企业相关信息、相关资讯。这些内容通常包括企业简介、企业文化、经营理念、员工风采、厂容实景、新闻动态、行业资讯、经营资质、荣誉证书、发展历程、联系方式等。展示型企业网站的网页往往图文并茂，有的还配有视频和 Flash 动画，能多视角、全方位地展示企业形象。

② 介绍产品或服务。通过网页中多种元素的搭配组合，清晰、有效地将企业经营的产品或提供的服务展示给客户。对客户而言，分类越清晰、描述越详细、图片越真实的产品或服务信息，越能提升客户接受企业产品或服务的可能性。对于企业的主营产品及新开发的产品，可以通过精心设计网页内容呈现的方式，更快、更好地呈现给客户。

③ 推广企业品牌。在互联网技术飞速发展的今天，品牌的建立和推广已是一个线下和线上共同配合、协作完成的过程。通过在企业网站上展示企业运作的成功案例、重要新闻，提供良好的在线服务、产品文档下载等功能，给每位浏览者带来良好的体验，从而进一步提升企业的品牌，强化品牌认知。

（2）功能型企业网站

功能型企业网站也称电子商务型企业网站。这类网站基于供应链管理的需要，为上下游合作伙伴提供访问和协作支持。功能型企业网站强调的不是营销功能，而是特定伙伴间各种商务活动功能的实现。功能型企业网站的网页的内容围绕合作伙伴间往来的业务活动而组织和呈现。结构清晰、方便易用是这类网站的主要特点。目前，完全意义上的功能型企业网站，即使在大型企业中也较少见。较典型的应用集中在物流企业、各地的 EDI（Electronic Data Interchange，电子数据交换）中心等服务性的企业。例如，目前快递企业普遍为用户开通快件跟踪查询服务，用户在网站中输入相应信息，即可查询当前快件的状态。功能型企业网站首页样例如图 1-2 所示。

图 1-2　功能型企业网站首页样例

2．行业网站

行业网站也称 B2B 网站，一般是指针对某个行业而构建的大型网站，它是包括某个行业的产、供、销等供应链及周边相关行业的企业、产品、商机、咨询类信息的聚合平台。行业网站经过多年的发展，目前已从简单的供求信息发布平台，逐渐演变为在线洽谈及交易平台，并朝综合型和垂直型两个方向发展。

（1）综合型行业网站

综合型行业网站也称水平型行业网站，其典型代表是阿里巴巴。这类行业网站主要提供某一类或多类产品的在线供求信息发布和查询服务，网页内容以产品供求信息为主。此外，从完善用户服务及促进交易的目的出发，网页内容还包括各种行业资讯、市场动态、企业黄页、商人社区、操作指南、特色服务等。

综合型行业网站，因为行业跨度大、产品线长、用户数量多，所以其信息量非常大。在设计该类网站页面时，应特别关注如何让浏览者方便、快捷地浏览所需信息。综合型行业网站首页样例如图 1-3 所示。

（2）垂直型行业网站

垂直型行业网站也称专业型行业网站，与综合型行业网站不同，垂直型行业网站更加专注于服务的整合，提供更加专业化的资讯。其垂直化的细分服务，可以帮助用户更快找到其所需要的信息。在产品分类、行业资讯、市场行情及相关会展、人才、法规等方面，垂直型行业网站能提供更为全面的信息。此外，为了克服垂直型行业网站的规模限制，该类网站间往往采用联盟方式，以获得规模效应和协同效应。垂直型行业网站首页样例如图 1-4 所示。

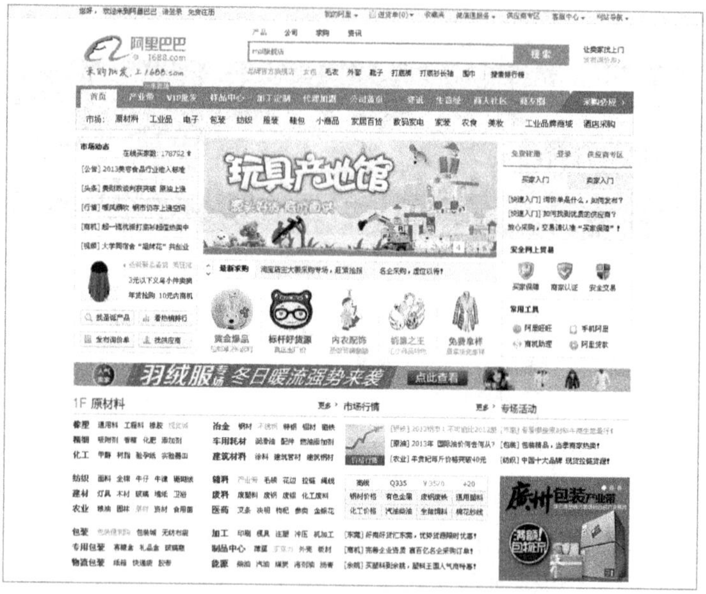

图 1-3　综合型行业网站首页样例

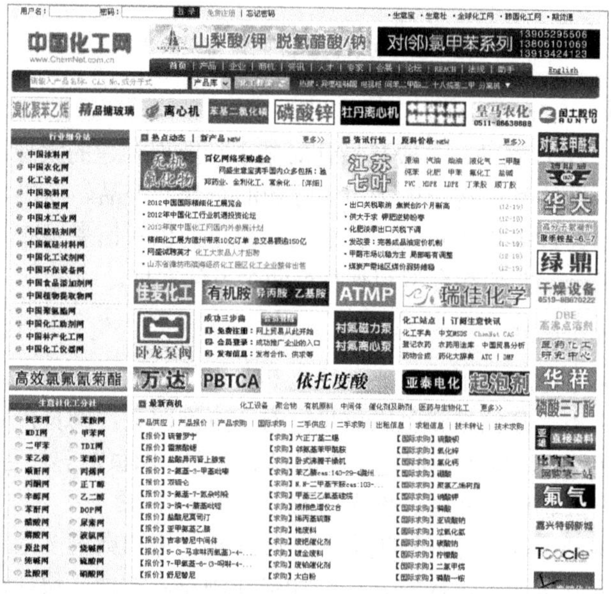

图 1-4　垂直型行业网站首页样例

3．网上商城

网上商城也称 B2C 网站，是指提供网上购物的网络平台，它依托互联网技术把线下实体产品和网上虚拟产品移到网络购物平台上，并在平台上实现下单、支付、物流配送等一条龙服务。依据网上商城经营的产品种类及主办者的不同，网上商城可以分为综合型网上商城、垂直型网上商城和品牌型网上商城。

综合型网上商城的典型代表是京东商城，其特点是产品种类丰富、支付方式多样、物流配送方式灵活、拥有众多用户。综合型网上商城首页样例如图 1-5 所示。

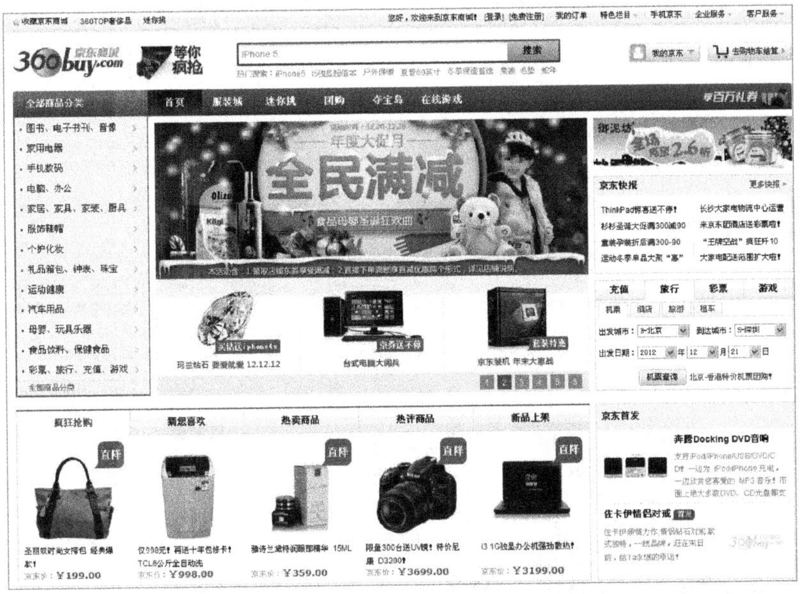

图 1-5　综合型网上商城首页样例

垂直型网上商城经营的产品有着高度的相似性，其立足点是从市场细分的角度，为满足某一类人群或某一类需要而确立特定的经营方向。垂直型网上商城的典型代表是聚美优品，其定位是为爱美的女性提供最畅销的美妆产品。

品牌型网上商城是知名品牌企业为创建自有网络销售渠道而建立的独立网上商城，其销售的产品均为企业自行生产的产品，如 TCL 网上商城。与企业网站不同的是，品牌型网上商城是以在线直销为目的的销售平台。

这些网上商城，其网页内容均围绕产品的展示和促销活动展开，一般包括产品类目、特色产品、促销广告、相关服务说明等，因此产品图片和促销广告的展示及页面布局是设计这类网页的重点。

4．资讯类网站

资讯类网站是将新闻、资讯等信息整合在一起的网站，类似生活中的报纸或杂志。从信息角度来看，资讯类网站就是做内容的网站。从受众层面来讲，资讯类网站也可以称为网络媒体，拥有传统媒体的所有优势，用户基数更大、内容覆盖更广，且信息实时性更强，能提供在线即时交互。这类网站因其展示的信息量大，让越来越多的浏览者养成了快速浏览的习惯。因此，如何突出最重要的信息给浏览者、如何方便浏览者轻松阅读，是在设计这类网页时要重点考虑的问题。

资讯类网站根据其规模及用户群体可分为门户类网站，如新浪网；垂直资讯类网站，如中国汽车网；分类信息网站，如 58 同城。资讯类网站首页样例如图 1-6 所示。

温馨提示

对商务网站而言，页面设计的艺术性不是它的重点，商务诉求的准确表达才是问题的关键。不同类型的商务网站，商务诉求不同，其页面设计在内容呈现、版面处理等方面也会有所不同。对网页设计人员来说，只有充分借鉴成功网站的经验，不断积累、不断创新，才能有效提升自己表达商务诉求的能力。

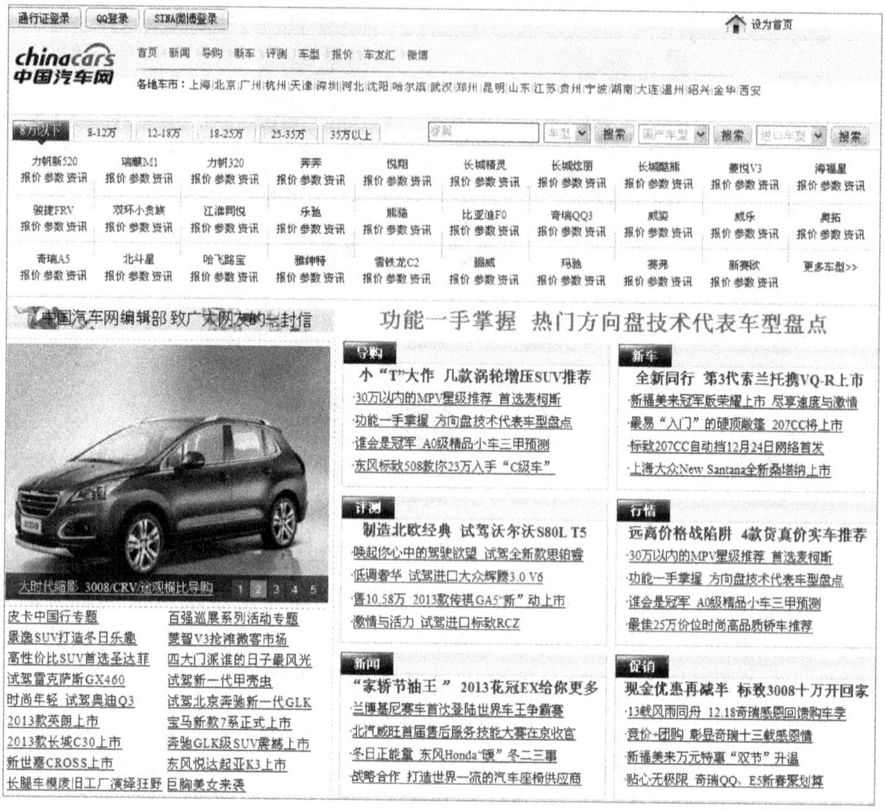

图 1-6　资讯类网站首页样例

三、网页结构

1. 网页空间结构

从浏览者的角度来看，网页就是浏览器中呈现的一个个页面。如果把一个网站比作一本书，网页就是书中的页。典型的网页空间结构如图 1-7 所示。

（1）网站 LOGO

网站 LOGO 为网站标志，与网站名称相符并有创意的网站 LOGO 容易被人记住，并使人对网站产生好感。

（2）网站名称

企业网站一般将企业名称作为网站名称。有的网站根据设计需要将网站名称与 LOGO 制作成一个整体。

（3）导航栏

导航栏是网页设计中不可缺少的部分，它是通过一定的技术手段，为浏览者提供的一条途径，使浏览者可以方便地访问所需了解的内容，并使浏览者在浏览网站时可以从一个页面快速地跳转到另一个页面。

图 1-7　典型的网页空间结构

（4）Banner

Banner 类似于游行活动中使用的旗帜或报纸和杂志上的大标题。Banner 一般用来体现网站的中心意旨，形象鲜明地传达网站主办方最主要的情感思想。在商务网页中，常使用大尺寸 Banner 以突出想要表达的商务诉求。

（5）网页正文区

网页正文区是网页最主要的组成部分，根据要展示给浏览者信息的多少和信息的重要程度，可将网页正文区设计成各种版式，或增加二级导航和功能导航。

（6）网页底部区

网页底部区一般放置网站主办方的相关联系信息、版权信息等内容。

此外，我们常将网站 LOGO、网站名称、导航栏、Banner 所在的网页上部区域称为网页头部。根据商务需要，在网页正文区经常使用 Banner 广告，这些 Banner 广告一般根据其占据的宽度被称为通栏广告或半通栏广告。

2. 网页逻辑结构

从设计的角度来看，网页有其特定的逻辑结构，一般由内容、结构、表现和行为这几个要素构成，如图 1-8 所示。

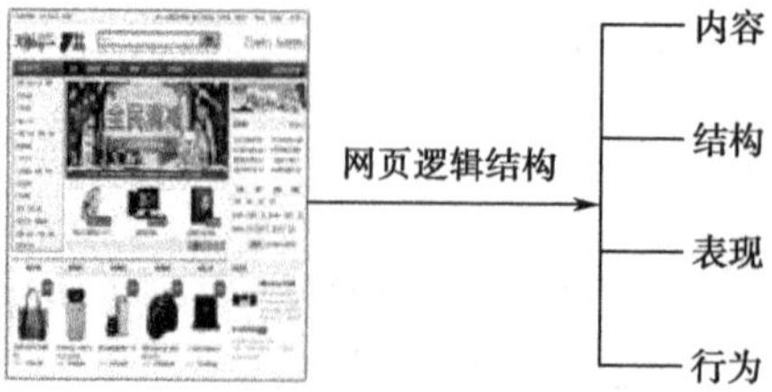

图 1-8　网页逻辑结构

（1）内容：网页的基础

内容是网页所展示的纯粹的信息，包括文字、图片、动画、视频等。商务诉求的表达主要是通过内容来实现的。只有在网页中展示详尽、真实的信息，商务诉求才能有效地传递给客户，并被客户认可。

网页设计师在开始设计前，搜集并整理好足够的相关内容是成功的开始，这些内容素材应该是全面的，更应该是优质的。

（2）结构：网页的条理

结构就是使用结构化的方法，将网页中要展示的信息进行整理和分类，使网页内容更具条理性、逻辑性和易读性。

网站内容结构化的主要表现形式有网站栏目规划、网站导航设计等。只有结构清晰、易读易用的网站，才能让浏览者迅速理解和接受网页展示的内容，并产生良好的使用体验。

（3）表现：网页的显示

表现是使用特定的网页制作技术，对已经结构化的信息进行显示上的控制，如网页版面布局、颜色搭配、文字样式控制等。

表现是结构的一种升华，良好的表现能使商务诉求的表达更为有效。作为商务网页，仅仅做到条理清晰是不够的，还要做到赏心悦目，让浏览者喜欢访问网站，这也是网站美工要进行处理并加以实现的。

（4）行为：网页的互动

行为就是网页的交互性操作。将网页和书籍进行比较，交互性是网页与书籍最大的区别。一般的书籍只能阅读，这是一个单向的传输，而网页是一种交互式的传输。浏览者既可以浏览网页上的信息，又可以在网页上发布信息。尤其是一些大型网站，往往会包含大量的交互性内容。

别具一格、易学易用的交互式操作界面，需要网页设计师独具匠心的设计；在方便浏览者操作的同时，又不影响网页内容的阅读。交互式功能的实现，因超出本书的范围，读者可另行查阅相关资料。

视频：网页的基本元素

3．网页组成元素

文字与图片是构成网页的基本元素，也是网页向浏览者展示信息的两种主要形式。除此之外，网页中常用的元素还有动画、音乐、视频、表单和网页程序。

（1）文字与图片

文字与图片是任何一个网站都具备的最基本的元素。浏览器会根据网页文件中的HTML 代码，将文字与图片正确地表现出来。在一个网页中，文字与图片的比例要适当。文字太多，会降低网站的吸引力；图片太多，不仅令人眼花缭乱，还会降低页面的下载速度。一般而言，浏览者在访问 Web 网页时，如果等待时间超过 8 秒，就会感到不耐烦，而在手机端的等待时间超过 3 秒，某些浏览者就可能放弃下载而跳转到其他页面。

（2）动画

如果网页上只有静止的文字与图片，就会显得沉闷乏味。在网页中加入适当的动画，既能吸引浏览者的注意力，又能使页面更加生动。通常我们看到的网页动画都是动态的 GIF 格式的图片。动态 GIF 的原理十分简单，就是高速显示多幅静态图片，就像播放动画片一样。

如果需要在网页上加上一些大型或复杂的动画，就需要用到 Flash 动画。利用 Flash 技术，可以在网页中制作出交互性很强的动画，甚至是网上游戏。不过，浏览者要想看到 Flash 动画，需要在浏览器上加装相应的程序。

（3）音乐

在多媒体技术大行其道的今天，网页不仅可以有色，还可以有声。在网页上适当加入音乐效果，会使网页更有吸引力。网上流行的声音格式有 MIDI、WAV、MP3 及 Real Audio。

MIDI 格式的音乐，占用空间小，一般从十几千字节到几十千字节不等，适用于网上传播，但音色单调。要发挥 MIDI 格式的音乐的最大功效，需要浏览者安装带硬波表的声卡或软波表程序。

WAV 为常见的无压缩声音文件的格式，该格式的文件占用存储空间大，通常配合 Flash 动画一起使用。

MP3 是时下非常流行的压缩音乐文件的格式，该格式的文件占用的存储空间比 WAV 格式的文件小得多，但也能保持相当好的音质。它的缺点是要先下载才能收听，或在网页中添加播放程序。

Real Audio 是网上最流行的音乐格式，虽然该格式的音乐比 WAV 和 MP3 格式的音乐的音质稍差，但它占用的存储空间小很多，而且它有一个优点，就是浏览者可以一边下载一边播放。

（4）视频

众所周知，视频是一种非常直观而且有效的表现方式，但由于网速所限，下载一个视频文件要花很长时间。而现时的串流技术可以实现一边下载一边播放，可以很好地解决网页中视频展示的问题。视频串流技术常见的格式有 Real Video、Microsoft Media、Apple Quicktime 等，它们各有所长，其中 Real Video 的使用者居多。

（5）表单

表单是实现交互功能的重要元素，它的用途很多，用户意见搜集、用户注册、资料登记、服务申请、网上购物、站内搜索等，都需要使用表单功能。表单功能的实现，需要一些专门的网页程序对搜集到的资料进行处理。如图 1-9 所示为某网站的用户注册表单页面。

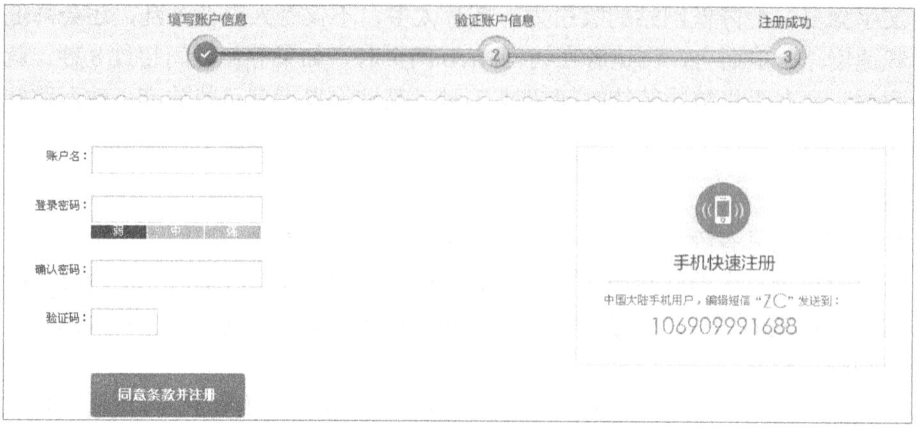

图 1-9　某网站的用户注册表单页面

（6）网页程序

要设计更复杂、更大型、用途更多的网页，如大型门户网站、拍卖网站、购物网站等网站的网页，需要更专业、更高级的网页程序支持，如 Java、PHP、Java Script、ActiveX、.NET 等。网页程序的相关问题本书不进行讨论，有兴趣的读者请参考其他相关资料。

知识要点

在大型网站建设项目团队中，往往还包括内容架构策划师、交互设计师、网页程序设计师等。这时，网页设计师工作的重点就是处理好网页的表现。但要做好这项工作，网页设计师必须能很好地理解网页中要呈现的内容，并根据内容结构规划和设计网站的首页及各个子页面。但在中小型企业网站建设中，网页设计师往往还要承担内容策划、简单的交互式设计等多项工作。

四、网页风格的种类

视频：网页色彩与风格

“风格”一词在字典上的解释是“气度、作风；某一时期流行的一种艺术形式”。具体到网页设计的风格，是指网页设计师运用自己所拥有的手段，包括审美的能力、应用软件的能力、感受生活的敏锐觉察力等，建立起来的独特的设计形式和作风。

商务网页并不是纯粹的艺术设计作品。准确表达商务诉求，让浏览者方便易用，才是进行网页设计时首要考虑的问题。另外，网页设计还应尊重人们的习惯，以常见的风格为主，应符合主流的审美观。

总之，网页风格相当于网页的外衣，是指进行网页设计时使用的文字、颜色、布局等的组合搭配给人带来的视觉印象。有些用户喜欢韩版风格，有些用户喜欢欧版风格等。下面介绍几种主流的网页风格。

1．韩版风格

韩版风格的网页，其特点是大幅用图，且画面精美，颜色鲜艳，文字样式及图片排版活泼、优美，整个画面就像一个平面广告作品。如图 1-10 所示为韩版风格的网页，该网页中的 LOGO 和导航栏混在一起并且做了装饰，页面的板块间没有明显的界限，图标和装饰采用大面积、大板块装饰和包装，页面显得比较活泼。

图 1-10　韩版风格的网页

2．欧版风格

欧版风格的网页与韩版风格的网页，有明显的区别，其页面内容部分结构比较清晰、板块分明，页面颜色的使用主次分明，有较强的平面感。目前，国内大部分网站，尤其是企业网站，大多采用欧版风格。欧版风格的网页如图 1-11 所示。

图 1-11　欧版风格的网页

3．中式风格

中式风格的网页引入了中国传统美学中左右对称、竖排文字、国画留白、中国红等元素，显得气势磅礴、高贵典雅、独具韵味，页面具有平衡、和谐、庄重之美。中式风格的网页如图 1-12 所示。

4. 其他风格

（1）Web 2.0 风格

Web 2.0 风格的网页最大的特点是板块间的划分非常清晰，界限非常分明，页面简洁规整，便于信息的分类和阅读，颜色以非彩色搭配彩色为主。同时，网页中的 LOGO、Banner、导航栏的界线分明。Web 2.0 风格的网页如图 1-13 所示。

图 1-12　中式风格的网页

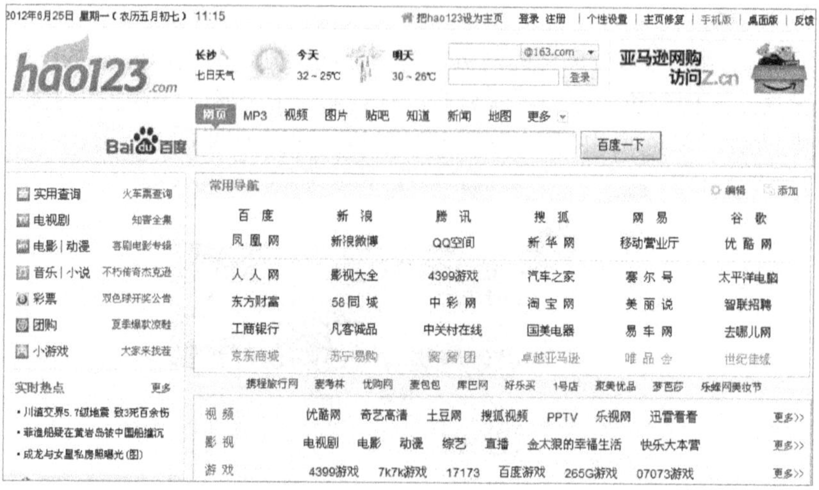

图 1-13　Web 2.0 风格的网页

（2）印刷体风格

网页也是一种媒体，只是与传统印刷媒体相比具有页面长度不受限制、交互式等特点。许多网页设计作品，吸取了传统印刷媒体的设计经验，采用边缘明显、能提高可视效果的衬线字体，以及能吸引浏览者注意力的大标题，或者采用多列式布局、大幅配图、图表和资讯图版式等设计方式，使页面看起来具有强烈的平面媒体效果，同时又多了一份平面媒体不具备的交互式体验。印刷体风格的网页如图 1-14 所示。

（3）简约风格

简单的设计更易于理解和操作，信息传播的目标也更明确。在简约风格的网页中，仅保留最基本的内容元素，从而让展示出来的元素具有最大的视觉冲击力。这类网页往往会留有足够的空白。空间留白是优秀设计作品的关键要素。在给眼睛一个休息的地方的同时，也很自然地提高了设计作品的质量。

简约风格的网页，有时候甚至采用单页布局，隐藏次要的元素。当用户希望看到这些次要元素时，通过单击即可看到。设计人员可以轻松地将海量信息容纳到一个页面上，不会让用户因层层分级的页面而感到厌烦。简约风格的网页如图 1-15 所示。

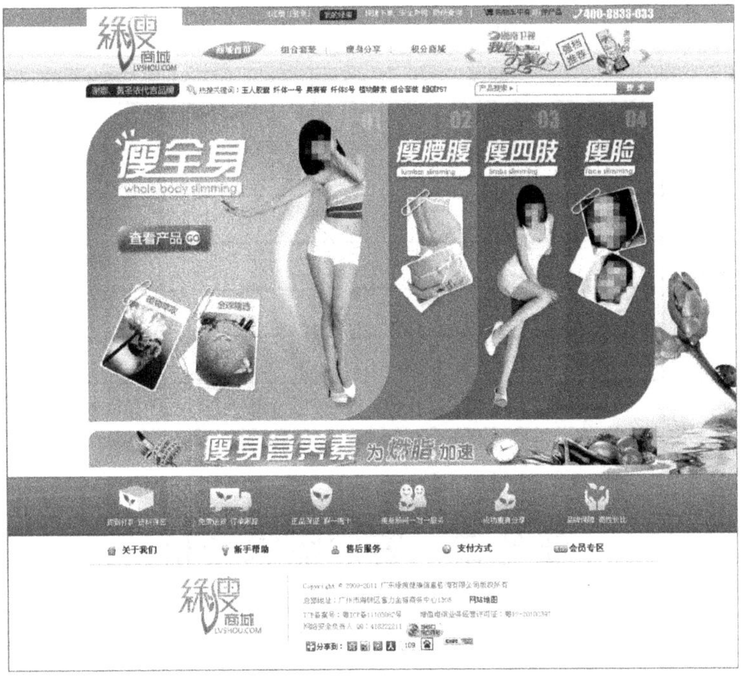

图 1-14　印刷体风格的网页

图 1-15　简约风格的网页

互联网是信息的海洋，更是创新的沃土。别具特色、富于创意的网站比比皆是。善于学习、勤于思考、模仿借鉴、创新超越，是提高网页设计水平的必由之路。

知识要点

网页风格是通过页面板块布局、颜色搭配，以及文字与图片组合呈现出来的。风格是个性化的艺术，但对商务网页而言，太个性化的网页，可能难以被大多数目标用户理解和接受，反而会影响商务诉求的表达。所以，在一般情况下，网页设计师应尽量采用常见的网页风格，再适当加入自己的创意。

视频：技能训练 1-1

技能训练 1-1　商务网页空间结构分析

请访问你所在地区一家知名企业的网站，分析该网站首页的空间结构，并将相应的分析结论填入表 1-1 中。

表 1-1　企业网站首页的空间结构分析

调查时间：________　　　　　　　　　　　　　　　　　　　　调查人：________

网页组成	截图	设计分析
网站 LOGO		
Banner		
导航栏		
网页正文区		
网页底部区		
企业名称		
网站网址		
分析结论		

任务二　客户需求分析

客户需求分析，即分析客户建立网站想要解决的问题或要达到的目标，以及相关的条件和要求。做好客户需求分析是做好网页设计的前提，只有充分理解和挖掘客户的建站目的、类型、喜好及预期投入、网站管理人员配备等情况，才能量身定制，设计出令客户满意的网页。

设计人员在分析客户需求时，首先要明确客户的建站目的：是通过网站发布企业信息、传播企业品牌，还是利用网站将产品销售出去？

在大型网站开发项目中，一般会安排专人来负责客户需求分析工作。但在很多场合中，尤其在中小型网站建设中，网页设计师往往要承担这部分工作。客户关心的是网页的呈现效果，至于网页程序是如何实现的，客户不会过多关注。

做好客户需求分析的关键，在于落实客户导向的基本原则。这就要求网页设计师始终从客户的角度想问题，始终关注如何将客户的价值最大化。

在了解客户需求的过程中，要正确处理网页设计师的设计思想和客户的想法间的关系。在大多数情况下，客户对想要实现的网页只有一个模糊的认识，对网页设计师给出的方案可能不一定完全理解和认可。这时，网页设计师应本着对客户负责的态度，充分与客户沟通，尽可能和客户达成一致意见，实现客户价值的最大化。

客户需求分析，一般可从行业背景分析、竞争对手分析、网页原型分析 3 个方面入手，如图 1-16 所示。

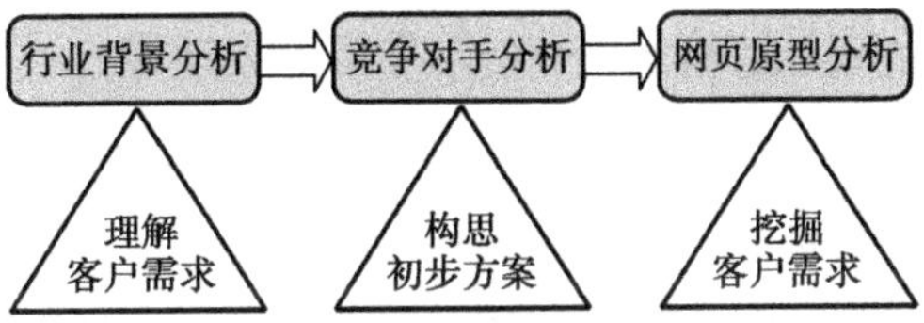

图 1-16　客户需求分析

一、行业背景分析

只有对客户所在行业的基本情况有所了解，在与客户进行沟通时，才能有共同的语言。因为客户关心的是商业目标，而不是网页设计的技术实现。不要指望客户成为网页设计专家。因此，网页设计师应主动熟悉客户所在的行业，与客户一起探讨网站的商务目标。当然，有时直接通过客户获得的行业相关信息，可能更为真实和有效。

行业背景分析是指通过深入研究某一行业的发展动态、规模结构、竞争格局等信息，再结合企业的微观环境和条件，对客户的建站需求形成一个整体的认识，使设计的网页符合客户实际的商务应用需求。

当然，对行业的把握，客户比网页设计师有更深刻的理解和认识，网页设计师可以通过与客户的有效沟通快速了解行业。在此基础上，整合行业、市场、企业、用户等多方面的数据和信息资源，准确理解和把握客户所在行业的基本状况和发展趋势。

一般来说，网页设计师需要了解以下几个方面的情况。

- 行业规模及竞争格局。
- 产品或服务的种类和特点。
- 目标用户群体及特征。
- 传统销售渠道及方式。

具体来说，行业背景可以从宏观及微观两个层面来进行分析，主要方法有 PEST 分析法和波特五力模型分析法。

在分析客户的行业背景时，应该认识到网页设计师并不是专业的行业分析师，在必要时，应由专业人员去做行业分析工作。

1. PEST 分析法

PEST 即 Political（政治）、Economic（经济）、Social（社会文化）、Technological（科技），是一种对企业所处宏观环境分析的模型。PEST 分析法考察的要点如下。

① 政治环境主要包括政治制度与体制、政局、政府的态度等；法律环境主要包括政府制定的法律法规。一个国家或地区的政治制度与体制、方针政策、法律法规等因素会制约、影响企业的经营行为，尤其影响企业较长期的投资行为。

② 经济环境是指国民经济发展的概况、国际和国内经济形式及经济发展趋势、企业所面临的产业环境和竞争环境等。在一般情况下，应从短期与长期两个方面来看待一个国家的经济与贸易，特别是在涉及国际贸易业务时。

③ 社会文化环境是指一定时期整个社会发展的一般状况，主要包括社会道德风尚、文化传统、人口变动趋势、文化教育、价值观念、社会结构等。各国的社会文化对企业的影响不尽相同。

④ 技术环境是指目前社会技术总水平及变化趋势、技术变迁、技术突破对企业的

影响，技术对政治、经济社会环境间的相互作用的表现等。技术环境具有变化快、变化大、影响面大等特点。

2. 波特五力模型分析法

波特五力模型由波特提出，波特认为行业中存在着决定竞争规模和程度的 5 种力量，这 5 种力量综合起来影响着产业的吸引力，而决定企业盈利能力的首要和根本因素是产业的吸引力。波特五力模型是用来分析企业所在行业竞争特征的一种有效的工具，对企业战略的制定产生了深远的影响。

波特五力模型涉及的 5 种力量包括供应方的议价能力、购买方的议价能力、新进入者的威胁、替代品或服务的威胁、现有企业间的竞争，如图 1-17 所示。

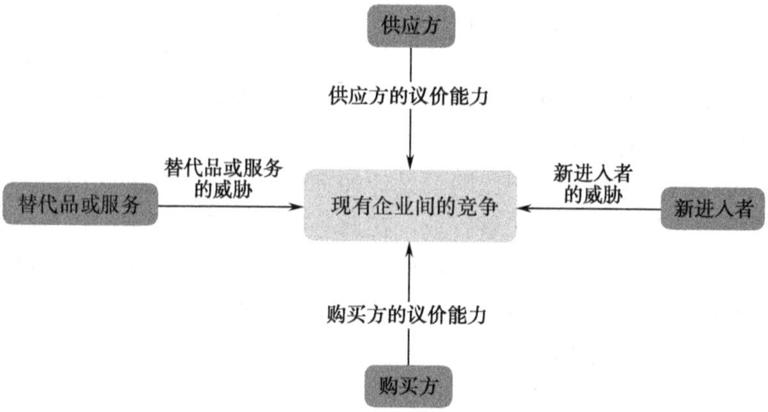

图 1-17　波特五力模型

（1）供应方的议价能力

供应方主要通过提高投入要素价格与降低单位价值质量，来影响行业中现有企业的盈利能力与产品竞争力。供应方的议价能力的强弱主要取决于他们所提供给购买方的投入要素，当供应方所提供的投入要素的价值构成了购买方产品总成本的较大比例、对购买方产品的生产过程非常重要，或严重影响购买方产品的质量时，供应方对购买方的潜在议价能力量就大大增强。

（2）购买方的议价能力

购买方主要通过压价与要求提供较高的产品或服务质量的能力，来影响行业中现有企业的盈利能力。一般来说，满足如下条件的购买方可能具有较强的议价能力。

① 购买方的总数较少，而每个购买方的购买量都较大，占了供应方销售量的很大比例。

② 供应方行业由大量规模相对较小的企业组成。

③ 购买方所购买的基本上是一种标准化产品，可同时向多个供应方购买。

④ 购买方有能力实现后向一体化，即收购一个或若干供应商；而供应方不可能前向一体化，即兼并和收购若干个处于生产经营环节下游的企业。

（3）新进入者的威胁

新进入者在给行业带来新生产能力、新资源的同时，也希望在被现有企业瓜分完毕的市场中赢得一席之地，这就会与现有企业发生原材料与市场份额的竞争，最终导致行业中现有企业盈利水平的降低，严重的还有可能危及一些企业的生存。新进入者的威胁的严重程度取决于两方面的因素：进入新领域的障碍大小和预期现有企业对进入者的反应情况。

（4）替代品或服务的威胁

两个处于同行业或不同行业的企业，可能会由于所生产的产品或所提供的服务可以互相替代而产生竞争行为，这种竞争行为会以各种形式影响行业中现有企业的竞争战略。第一，现有企业产品或服务售价及获利潜力的提高，将由于存在着能被用户方便接受的替代品或服务而受到限制；第二，替代品生产者或替代服务提供者的出现，使得现有企业必须提高其产品或服务质量，或者通过降低成本来降低售价，或者使其产品或服务具有特色，否则其销量与利润增长的目标就可能受挫；第三，源自替代品生产者或替代服务提供者的竞争强度，受产品或服务买主转换成本高低的影响。

（5）现有企业间的竞争

大部分行业中的企业，其相互间的利益都是紧密联系在一起的。作为企业整体战略一部分的各企业的竞争战略，其目标都是使自己的企业获得相对于竞争对手的优势，所以企业的竞争战略在实施中必然会产生冲突与对抗，这些冲突与对抗就构成了现有企业间的竞争。现有企业间的竞争常常表现在价格、广告、产品介绍、售后服务等方面，其竞争强度与诸多因素有关。

二、竞争对手分析

认真研究和借鉴竞争对手的网站，是迅速找到解决方案的重要途径。一方面，作为一个分析探讨的模板，竞争对手的网站可用作与客户高效沟通的桥梁；另一方面，从竞争对手的网站中可以快速获取客户所在行业最直接的信息，还可以从中借鉴好的设计思想和表现方法。

1. 典型网页选择

通过行业背景分析，大致了解了行业中的领头或标杆性企业，以及企业主要的竞争对手，这些企业的网站就成为要重点分析的对象了。

通过比较分析，了解该行业网站典型的表现形式及组织结构，以之为参照，可以快速给出企业的网页原型。除非客户要满足特定的商务诉求，需要定制个性化网页，否则，以用户体验良好的现成网页为原型设计、制作的页面，可能更容易被用户接受。

选择分析的网页越典型，越能与客户在设计层面达成一致。这里所谓的典型，并不是指网站主办者所具有的典型性，而是强调网页设计本身的典型性。当然，领头或标杆性企业主办的网站是我们首先要考察的对象。这类企业往往很重视网站的建设工作，资金投入比较大，有优秀的专业设计者参与，制作出的网页比较优秀。

2. 用户体验分析

在一般情况下，选择分析的典型网页应在用户体验度方面表现优异。用户体验是指用户访问某个网站的体验效果，如网站展示的内容是否是用户想看到的内容，能否带给用户一些有价值的信息。对商务网站来说，用户体验度的评价指标包括信任体验、访问体验、产品体验、情感体验及物流体验 5 个，如图 1-18 所示。其中，前两个指标是在网页设计时要特别关注的。

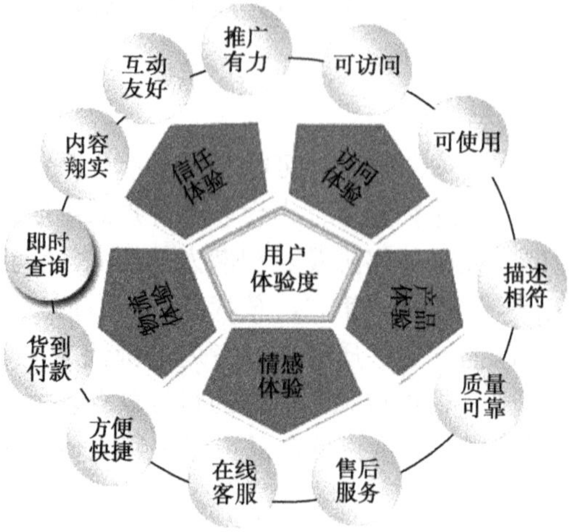

图 1-18　用户体验度的评价指标

（1）信任体验

这里的信任是指用户在存在风险的互联网市场环境中，对网站主办方或在线供应商的能力、服务和诚实的信心。信任体验良好的网站，一般具有以下 4 个方面的特征。

① 产品信息专业。属性描述完整或服务说明清晰明确，企业介绍信息完整、公开、真诚，新闻、资讯时效性强，资质荣誉、成功案例、营销网络等内容充实、可信。

② 互动性能良好。有快捷、方便的沟通工具、免费/半免费热线电话、客户服务热线及在线点评工具。另外，网站留言回复及时和高效。

③ 服务承诺明确。在服务能力及诚信方面的承诺具体明确，尤其是购物性质的网站，应在产品质量和价格、配送服务能力等方面提供比较优势；在售后服务、质保承诺等方面条款清晰，且用户评价良好。

④ 推广力度较大。企业对自身网站的营销推广也是提高用户信任体验的重要方面。能给人良好信任体验的推广方式包括知名网站广告投入、在大型网站上的活动推广、名人博客或微博推广等。

（2）访问体验

根据访问逻辑顺序，把可访问性分为 4 个层次：站点可访问性、服务可访问性、功能可访问性和内容可访问性。不同层次存在的问题对用户体验产生的影响程度不同。

① 站点可访问性，是指网站可以快速打开，不会出现影响用户体验的现象，如首页打不开、因病毒威胁被浏览器屏蔽、无意义的过渡页面、过多的弹出式窗口及浮动层广告、因脚本错误的警告窗口等。

② 服务可访问性，是指网站提供的服务是否与网站的设计宗旨一致、是否方便可用，服务方式和水平能否让用户满意等。例如，如果网站设置了用户只有注册成为会员并提供详细的资料才可以享受相应的服务，那么网站会赶走潜在用户，降低网站的服务可访问性。

③ 功能可访问性，是指网站系统的功能是否完善，完成某项功能操作的步骤是否简洁、有效。某些网站在提供下载服务功能时，需用户多次单击才出现下载链接，甚至不出现下载链接，这会降低功能可访问性。

④ 内容可访问性，是指网页的内容能正确显示、及时更新，内容组织或表现形式能适应用户的阅读习惯，能让用户快速、方便地浏览所需的信息。

3. 网页表现形式分析

竞争对手的典型网页，一般会在页面布局、颜色和搭配、文字图片样式控制等方面进行精心的考虑和设计。由于我们与竞争对手在目标受众群体、产品或服务特性、业务模式等方面存在着一定的相似性，甚至一致性，因此我们应该认真分析和借鉴竞争对手的网页风格。具体来说，应分析和借鉴以下两个方面。

（1）网页配色分析

网页配色即网页中各元素，包括背景颜色的使用和搭配。网页配色往往决定了网页设计质量的好坏。因为经常需要在网页中展示客户所经营的产品实景图片，所以必须保证网页的色调与产品颜色或产品性质相适应；同时，网页主体颜色要与客户所在企业或组织的 CI（Corporate Identity，企业标志）颜色一致或相容。因此，分析和借鉴竞争对手网站的颜色运用和搭配，是快速找到合适的配色方案的有效途径。

对网页设计师而言，需要多借鉴和学习其他优秀网页作品中的配色解决方案，以积累颜色运用的经验和感觉，理解各种色彩所能表达的思想，从而不断提升色彩的把握能力。

（2）网页布局分析

网页布局即网页中各组成部分的空间分布。网页虽然在高度上可以任意发挥，但在宽度上是受限于主流计算机屏幕分辨率的。在设计网页布局时，要尽可能合理地利用有限的空间，充分考虑浏览者的浏览习惯，在最合适的位置放置最重要的、最希望浏览者关注的内容。

这里要特别强调的是，网页布局与网页内容是密不可分的。不同的商务网站类型有着不同的商务诉求；不同的行业也有着不同的特点；网页中需要展示的内容不是千篇一律的。因此，网页设计师在进行具体设计时，应本着“先有内容，后有布局”的原则来开展工作。

分析竞争对手的网页布局，可以快速地形成合适的布局方案，包括网页头部的设计、网页正文区的划分、网页底部区的处理等。

4. 网站内容分析

形式是为内容服务的。因此，网页设计师在处理网页表现形式的同时，应特别关注内容的表达，如要展示哪些内容、如何展示这些内容。

在与客户沟通时，客户往往不会给出一个明确的需求清单，如他所想要展示的内容、这些内容布局的思路等。这需要网页设计师掌握沟通的技巧，尽可能挖掘客户的真实需求，以确定网站的内容结构、网站首页及子页面需要展示的内容。

典型的竞争对手网站，可以说是客户想要建立的网站的蓝本。通过分析其内容结构及页面内容组织，可以为主题的确定、客户需求的挖掘、资料清单的搜集和准备等工作提供明确的线索。在具体分析时，可从以下两方面着手。

（1）网站内容的结构

网站内容的结构一般由频道、栏目、子栏目、专题组成。频道是某一大类信息的集合；栏目是频道内信息的局部划分；子栏目是栏目内容的进一步细分；专题可以跨频道来组织，也可以根据需要在其中增加新的内容。网站内容的结构的概念图如图 1-19 所示。

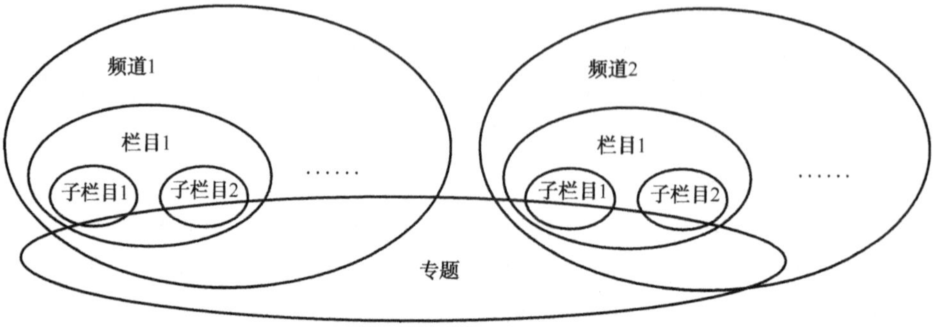

图 1-19　网站内容的结构的概念图

通过对网站导航的分析，可以快速整理出相应的信息结构，如新浪网“新闻中心”频道内容的结构（部分）如表 1-2 所示。

表 1-2　新浪网“新闻中心”频道内容的结构（部分）

频道	栏目	子栏目	专题
新闻	国内	内地新闻、港澳台新闻、综述分析、时政要闻	神舟九号发射、香港回归 15 周年等
	国际	国际滚动、环球视野、环球趣闻	伊朗核危机、朝鲜卫星发射等
	社会	社会与法、社会万象、真情时刻、奇闻轶事、热点图片、热点视频、心情排行	杭州飙车案、人肉搜索等
	军事	中国军情、国际军情、航空航天、军事论坛、军帖原创、三军论坛、军事微博、军事博客、军事视频、军事图库、新闻排行、回顾页面	七七事变、黄海问题等
	……	……	……

（2）网页内容的组织

网页内容的组织是指对网页需要呈现的内容进行信息序化和优化，最终确定在合适的位置放置合适的内容，从而帮助浏览者快速理解和获取信息，并准确地向浏览者传递要表达的商务诉求。以京东商城为例，其首页内容的组织如图 1-20 所示。

可以看到，京东商城网站首页内容的组织条理非常清晰，各类产品按产品属性、用户群体、销售模式、品牌特供等逻辑线路串接起来；左侧分类目录作为副导航，能帮助用户按层级逐次检索目标；各类活动放在视觉热点区，带来了更好的宣传效果，从而促进销量；抢购活动能利用从众心理挖掘用户的潜在需求；指南 | 向导中往往会有售后及相关服务说明，体现京东商城运作的良好实力和信誉；此外，还在网页中提

供了搜索工具，且放置在网页上部最显眼的位置，方便有明确购物目标的用户直接搜索；用户信息中会有我的订单、购物车结算、注册入口、常见问题解答等功能，放在顶部易被发现的位置，大大提升了网站的可访问性。

图 1-20　京东商城首页内容的组织

温馨提示

网站首页内容的组织，不同于栏目内容的组织，它可以将栏目内的重要信息提取出来在首页展示，也可以将不同栏目内的信息进行重组，以专题的形式在首页展示出来。但无论如何处理，都应以提升用户体验、清晰表达商务诉求为目标。

三、网页原型分析

网页原型是网页设计最终作品的模拟图。具体而言，就是将页面模块、元素进行粗放式的排版和布局，或者再加入一些交互性元素，使其更加具体、形象和生动。网页原型是网页设计成形前的一个简单框架。

在初步明确客户的需求后，可以制作相应的网页原型。基于网页原型，网页设计师可与客户进行深度沟通，以充分挖掘客户想要表达的商业诉求。

网页设计师必须清楚，客户的需求往往是需要深入挖掘的。在大多数情况下，客户不具备网页设计的相关知识，甚至对网站的目标、定位及作用都仅有模糊的认识，只有想建立网站的一个想法。网页设计师应通过前期的沟通，尽可能理解客户的真实需求，明确要建立的网站类型、网页要呈现的内容、网页展示风格等。在客户始终参与的情况下，通过建立网页原型，保证对客户需求挖掘的有效性。

在一般情况下，可以使用笔和纸直接绘制简单的网页原型示意图，或者在 Word、Excel 中创建简单的示意图。如果竞争对手的网页与客户的需求基本一致，那么也可以基于竞争对手的网页制作网页原型。但是，对于规模较大的网站建设项目，需要使用专业工具来制作网页原型，如 Axure 等。限于篇幅与定位，本书不对该类工具展开介绍，有兴趣的读者可自行阅读相关资料。

通过网页原型的分析，要就以下几个问题与客户进行深入的探讨。

1．网站建设目的分析

网站建设目的分析即为什么要建立网站，是为了树立企业形象、宣传产品、完善客户关系管理，还是建立行业性网站实现在线交易；是企业的基本需要，还是市场开拓的延伸。另外，客户能提供或整合的资源有哪些，网站要实现哪些具体的功能，实现的条件是否具备等，针对这些问题，也要分别给出明确的答案。

以长沙旅游网为例，长沙旅游网是长沙市旅游局主办的公益性网站，于 2011 年 1 月上线，定位于全方位展示长沙市的吃、住、行、游、购、娱资讯，力争办成国内一流的专业旅游网站，打造成长沙市最权威、最全面的综合型旅游信息网络服务平台。现在，面对快速发展的市场需求及不断提高的生活水平，人们对生活品质提出了更高的要求。长沙市旅游局在市场分析的基础上，进一步明确了长沙旅游网改版升级的目的：希望通过网站的升级改造，营造长沙作为全国知名娱乐之都的良好环境，着力构建集吃、住、行、玩等一系列资源于一身的服务支撑平台，将长沙旅游网建设为支撑和发展战略性旅游服务业的重要载体。

2．网站服务对象分析

网站服务对象分析即分析访问网站的一般会是哪些人群；这些人群中哪一部分相对来说更为重要；他们对网站的颜色、风格等有哪些偏好；网站提供的产品和服务能满足他们的哪些需求。总之，要明确以下问题：网站给谁看、他们有什么特点。

以长沙旅游网为例，其服务对象主要有旅游服务提供者、游客这两大类。

（1）旅游服务提供者

旅游服务提供者包括宾馆、出租车公司、酒店、著名的小吃店、旅游景点、酒吧等。对于提供旅游服务的旅游企业，网站不仅要起到帮助它们宣传的作用，还要通过信息化的手段，将规范化服务管理和客户管理的概念引入它们的日常运营中，帮助它们提升服务质量，建立长久的客户联系。

（2）游客

现有长沙旅游网与游客的黏合度不够高，游客通过该网站只能获得一些基本信息，缺乏互动环节。再加上现有长沙旅游网展现的信息有限，无法起到应有的宣传和引导作用。新长沙旅游网通过规范的运作和宣传，在游客心中建立起“到长沙旅游，先上长沙旅游网”的消费习惯。因此，新长沙旅游网需要为游客提供资讯丰富、操作简便的页面，让游客通过新长沙旅游网，实现查询、咨询、确定订单、投诉、交流等一站式操作并享受到极具特色的服务。

3. 网站产品或服务定位分析

网站产品或服务定位分析即分析与竞争对手比较，网站提供的产品或服务最大的不同有哪些；应该用什么样的页面表达形式来强化这一差异；网页内容如何组织才能更有效地表达这种差异。

以新长沙旅游网为例，其提供的服务主要包括以下几个方面。

（1）网站为旅游服务提供者提供的服务

① 注册：旅游服务提供者可通过网站自行注册，登记基本信息，并提交相关资质文档，待审核批准后，即可成为会员。在成为会员后，旅游服务提供者的基本资料就会出现在网站上。

② 会员自助管理：提供注册向导、上传基本资料、注册进程查询等功能。

③ 服务信息发布：发布住宿类、景点类、购物类、服务类等不同类型产品的信息。

④ 服务价格发布：对服务要素的价格采用多选发布机制。

⑤ 各种规范、制度、培训资料下载。

⑥ 交流平台：提供在线交流平台，短信发送等即时服务功能。

⑦ 客户管理：记录客户的基本信息和历史消费情况，以便更好地为下一次服务打好基础。在搜集了大量客户信息的基础上，进行分析，进行良好的客户关怀和互动。

⑧ 短信通道：用于旅游服务提供者向游客发送短信问候、短信促销、短信预订确认等消息。

（2）网站为游客提供的服务

① 信息查询：游客可以按照产品种类、地点、景区景点、时间等进行查询。

② 信息对比：游客将同类信息进行对比。

③ 统计排名：网站按照景区景点排名、服务水准等给出分类排名。

④ 服务预订：游客可以通过服务中心或旅游服务提供者预订客房、旅游项目。

⑤ 地图搜索：游客可以在电子地图上，以某个景点或某条道路为中心，查询附近的景区景点。

⑥ 场景浏览：游客能以场景为中心实现 720° 浏览。

⑦ 风景点及自驾车出游线路查询：对于自驾车出行的游客，网站亦提供方便的查询功能。类似于公交查询，游客只需要输入自驾车的起点和终点的大致名称，就可以搜索到系统推荐的最佳行车路线和里程数。游客除了可以在同一地区进行自驾车路线查询，还可以在全国范围内进行路线查询。

⑧ 城市实时路况：为了便于游客出行，此项服务提供城市实时路况查询，游客只需输入地区名称，就能查询到该地区当前实时的路况（以红色、黄色、绿色分别标示拥堵、缓慢和顺畅情况）。对于一些热点路段和干道，直接提供链接，无须输入，直接单击即可查看。

⑨ 兴趣点查询：网站提供吃、住、行、游、购、娱六大旅游要素的查询。具体包括酒店、宾馆、景点、商场、KTV、影院剧院、车站等旅游要素。

⑩ 旅游服务提供者的服务查询：游客检索到景区景点，可以马上看到相关的图片、服务内容、服务规模等级、诚信等级、环境卫生等级、服务产品空闲进度和状态、周边景点和服务产品，可以与景区景点进行匿名交流和实名预订。

温馨提示

做好客户需求分析，是商务网页设计的重要前提。要做好这项工作，网页设计师要尽可能熟悉客户的行业背景，分析其竞争对手的网站特点，迅速形成自己独到的思考和系统的解决方案。需要特别注意的是，在客户始终参与的情况下，基于网页原型进行的深度挖掘，是最终形成能准确表达客户商务诉求的设计方案的前提和关键。

视频：技能训练1-2

技能训练1-2　网站用户体验度分析

请选择你所在省份某家著名的网上商城，仔细浏览和分析其首页各栏目内容，对其主要功能进行在线访问，给出用户体验度分析，并将结果填入表1-3中。

表1-3　××网上商城用户体验度分析

调查时间：________　　　　调查人：________

体验项目	分析要素	体验度评价	改进意见
信任体验	主导航栏		
	产品分类		
	产品信息		
	互动评价		
	服务承诺		
	在线客服		
	色彩搭配		
	网页风格		
	页面布局		
访问体验	网站访问速度		
	用户注册		
	站内搜索		
	资料下载		
	常见问题		
产品体验（可选）	产品包装		
	质量保证		
	退换货		
物流体验（可选）	支付方式		
	配送方式		

续表

体验项目	分析要素	体验度评价	改进意见
情感体验（可选）	用户交流		
	会员优惠		
	售后反馈		
分析结论			

任务三　商务网站栏目规划

一个规划良好的网站栏目结构，不仅可以直观地告诉用户网站在表达什么、有哪些信息和功能，也能有效地引导用户访问、认识并接受网站想要传递的商务诉求。

网站栏目的规划，其实也是对网站内容的高度提炼。在明确了网站的商务诉求后，要对网站的定位形成一个清晰的认识，在此基础上，对网站的内容进行分类，用最简练的语言提炼出网站每个部分的内容，从而形成清晰的栏目结构。

一、栏目设置的基本原则

不同类型商务网站的定位和功能差别很大，因此在进行栏目设置时，要具体问题具体分析。在完成客户需求分析的前提下，还需遵循以下通用的原则。

① 简洁明了、层次清晰。要有利于网站的管理和运行的优化。

② 重点突出、定位合理。要仔细考虑内容的轻重缓急，合理编排栏目的顺序及层次结构。

③ 以客为尊，方便浏览。在一般情况下，要确保在 1～3 次单击后用户就可以查询到自己所关注的信息。

具体来说，在进行栏目设置时，应遵循以下基本原则。

1. 主题突出

网站栏目的设置应围绕网站的主题展开，并适当取舍。可采用的做法是将用户可能感兴趣或想知道的内容一一列出，分类形成相应的栏目，然后认真考察其与网站商务诉求表达的相关度，并依次排序，留下重要的，去掉其他的。

前面尽可能列出所有内容，不是要创建尽可能多的栏目，而是尽可能把重要内容找出来，以形成能突出网站主题的栏目设置。

2. 一目了然

网站首页也可以看成一个特别的专题，首页中一般放置其他栏目的重要信息，以及其他栏目未涉及的重要内容。尤其是首页的首屏内容，是用户进入网站第一眼看到的内容，它在很大程度上决定了用户对网站的认可度。所以，网站首页的内容及布局务必做到一目了然，让用户能很容易地理解网站中各栏目的设置及主要内容。

3. 层次分明

网站栏目的分层设置，可以使网站的内容显得有条理，结构清楚，易于用户浏览和理解。但需要注意的是，在网站内容较多时，应尽可能地合理设置栏目，不宜出现过多的层次。同时，要做好栏目间链接的优化工作。除设置主导航栏外，还可以适当设置副导航栏，并根据需要，设置站内搜索功能，以及设置网站导航类栏目，以确保用户在浏览过程中不会迷失方向。

4. 设置互动交流类栏目

互动交流类栏目是指论坛、留言本、在线调查、评论等，它们可以让用户有机会发表意见，参与网站活动。提供互动交流类栏目，比简单地留一个电子邮箱地址更具亲和力，显得更为正规、可信。对网站来说，用户留下的信息，反映了市场动向，可以帮助网站调整内容和栏目设置，改进经营策略和服务方式。

5. 提供下载类栏目

一个商务网站必定有大量的产品及相关服务信息，有些用户并不愿意逐页地浏览，而是希望能一次性下载，以便于详细研究。如果设置一个资料下载栏目，就会在很大程度上满足用户的信息获取需求，更有可能得到用户的好评，极大地提升用户体验。

温馨提示

对于企业网站，栏目设置应特别强调易读性，这与上述基本原则是一致的。在具体设计时可以遵循以下逻辑：我是谁→我是做什么的→我能做什么→我做得怎么样。另外，栏目的规划，包括栏目名称的设计，都应仔细分析和认真考虑用户的体验和感受，做到不要让用户想、不要让用户烦。

二、网站栏目的策划

网站栏目是网站内容的组织架构及表现形式。在一般情况下，网站的内容都比较庞大，不可能在一个框架下实现，因此往往包含多个子类主题。所以必须通过分类栏目的设置，才能清晰展现网站的内容体系。例如，百度网站设置的栏目有百度空间、百度知道、百度百科、百度音乐等，而百度音乐栏目又分为榜单、歌手、分类等子栏目。良好的栏目设置，是对用户友好性的最直接表现。

网站栏目的策划，首先要考虑网站的定位。当确定了网站的定位后，就可以围绕这个定位去搜集相关资料、寻找相关文章，并整理为相应的栏目。在确定网站栏目的结构时，定位既要考虑网站栏目的层次结构，又应设计好网站栏目的链接结构。

1. 网站内容的定位

网站的定位，实质上是网站内容的定位，即如何针对商务诉求来组织相应的内容。网站提供的信息不是越多越全越好，而是要考虑目标用户的特点和信息获取的需要，确定哪些是最重要的信息、哪些是最希望用户看到的信息，再把相关信息有条理地组织起来，达到准确、清晰表达商务诉求的目的。要做好网站内容的定位工作，可围绕以下 4 个问题展开思考。

（1）网站最重要的信息是什么

网站最重要的信息也是网站最希望用户关注的信息，这些信息与竞争对手或同行业者相比具有一定的独特性。

网页设计师可能不能轻易找到这一独特的信息，而需要通过与客户一起深度挖掘才能整理归纳出来。网站最重要的信息是在进行首页布局时要特别考虑的，一般放置在最显眼的位置。同时，还应围绕这一信息组织相关内容，以形成网站的重点栏目和特色栏目。

（2）哪些信息可以提升用户的信任度

有人说“在互联网面前，人人平等”，这是有一定道理的。互联网信息展示的技术门槛越来越低，企业无论规模大小，都可以利用这一平台，这里的关键问题是如何利用。对中小型商务网站而言，重点应围绕提升用户的信任度来认真、细致地组织相关内容，并做好栏目规划。在进行具体的页面设计时，所展示的每一张图片、每一段文字，都有必要仔细推敲。

（3）目标用户可能还想了解的信息有哪些

与网站商务诉求相关的内容，尤其是目标用户感兴趣的内容，在经适当取舍后，应融入网站整体栏目的结构中，这将有利于提升用户体验度。

（4）网页诉求风格的取向是什么

在组织网站内容、规划栏目结构时，应特别注意网页诉求风格的取向。以企业网站为例，常见的诉求风格有理性诉求型、感性诉求型和综合型 3 种类型。

① 理性诉求型：强调理性诉求的网站，以事实为依据，以产品或技术为核心，强化产品或技术内容的视觉冲击力和吸引力，网站栏目的设置也以此为线索进行组织。这类网站，往往在产品或技术方面不惜笔墨，以理性诉求确立其市场地位，力求在用户心中营造技术领先、产品卓越的印象，从而提升企业的可信度。

理性诉求型风格的网站在设计方面要求不高，但一定要在技术的先进性，产品的宣传、展示，以及产品的功效和性能方面大力渲染，并保持网站内容与网页风格一致，最好与企业的 CI 形象一致，以保持企业在线上、线下宣传推广的连续性和一致性。图 1-21 所示的是一个理性诉求型风格的网页，其中的“印刷品展示”栏目中的子栏目设置得非常详尽，以非常直观的形式展示了企业的业务水平和能力。

② 感性诉求型：强调感性诉求的网站，大多以服务为导向，以树立企业形象为主。这里的服务有两方面的含义：一是企业提供的就是服务，如服务行业企业；二是企业的售前、售后服务。通过提升服务来确立企业在客户心中的地位，从而促进销售。

设计感性诉求型风格的网站，一定要注重网站的风格设计和创意，以感性诉求为主。网站栏目的设置要着力渲染或营造一种特有的企业文化或团队氛围，来突出产品或服务的价值感。在表达方式上既不能平铺直叙，又不能只是将传统的服务搬到网上来。因此，一方面，要加强特殊氛围的营造，在感性诉求上下功夫，消除企业与客户在时间与空间上的距离，建立客户忠诚度；另一方面，选择独具特色的创意和设计，营造独特的企业文化——互联网企业文化。图 1-22 所示的是一个感性诉求型风格的网页，它着力通过重要新闻、在线查询、管理团队、企业优势等内容来强化企业的服务水平和资质能力。

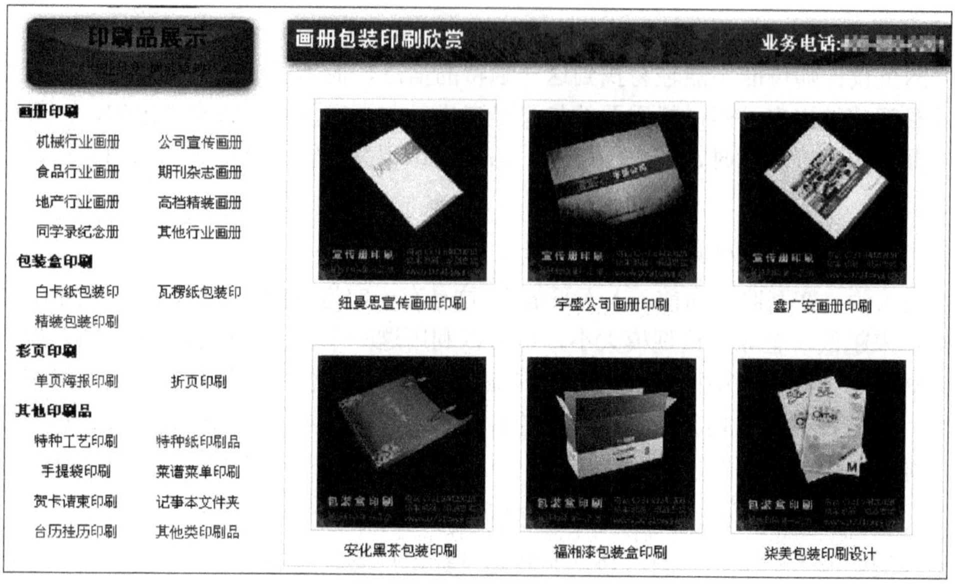

图 1-21　理性诉求型风格的网页

③ 综合型：综合型比较常见，就是将理性诉求型和感性诉求型结合起来。因为对同一种产品或服务，不同的人基于不同的原因来决定是否选择它，有时是理性的，有时是感性的。因此，在网站的氛围营造上就要注意分辨，如果不能充分表达产品或服务的独特性，就要将二者结合起来，在不同的部分分别进行理性和感性的诉求，借以打动不同类型的客户。既以大量的事实突出企业的技术优势，又营造感性的氛围，强调产品或服务给客户带来的价值，通过二者的结合，着力营造企业独特的文化氛围。

图 1-22　感性诉求型风格的网页

栏目设计案例

2. 网站栏目的结构

合理的栏目结构，能正确表达网站的基本内容及其内容间的层次关系，使用户可以方便地获取信息，而不至于迷失。合理的网站栏目结构，具有以下特点。

① 通过首页，可以到达任何一个一级栏目、二级栏目及最终内容页面。

② 通过任何一个网页，都可以返回上一级栏目页面，并逐级返回首页。

③ 主要栏目的结构清晰，并且全站统一。

④ 通过任何一个网页，都可以进入任何一个一级栏目首页。

通常，网站栏目的结构主要包括网站栏目的层次结构和网站栏目的链接结构。

（1）网站栏目的层次结构

无论是复杂的商业网站，还是简单的个人网站，在网站栏目的层次结构上都存在着一些共同点，即任何一个网站都可以用三级结构来实现，即"首页——级栏目页面—二级栏目页面"。制作好这三级结构，就能制作好其他类型的结构，一般网站都是以这三级结构为基础的。

在一般情况下，没必要将网站栏目的层级划分得很细，因为这样很容易犯逻辑错误；或者，很少有人会一级一级打开进去看。过深的栏目层次结构，会让重点信息难以突出，使网站的重点内容不能快速地传递给目标用户。

网站栏目的层次结构是指网站各级栏目的结构关系。不少网页设计的初学者不重视这种层次规划，导致网页风格不统一，网页导航结构混乱。按照专业的网页设计流程，制作网页前需要事先规划好网站栏目的层次结构。

一级栏目页面是每个栏目的起始页面，包含该栏目对应的信息架构，它有时相当于一个子网站的首页。在三级栏目层次结构中，一级栏目页面与二级栏目页面间应保持风格一致。整个网站栏目的层次结构关系，一般可以用一个目录树来表示，如某汽修网三级栏目的层次结构如图 1-23 所示。

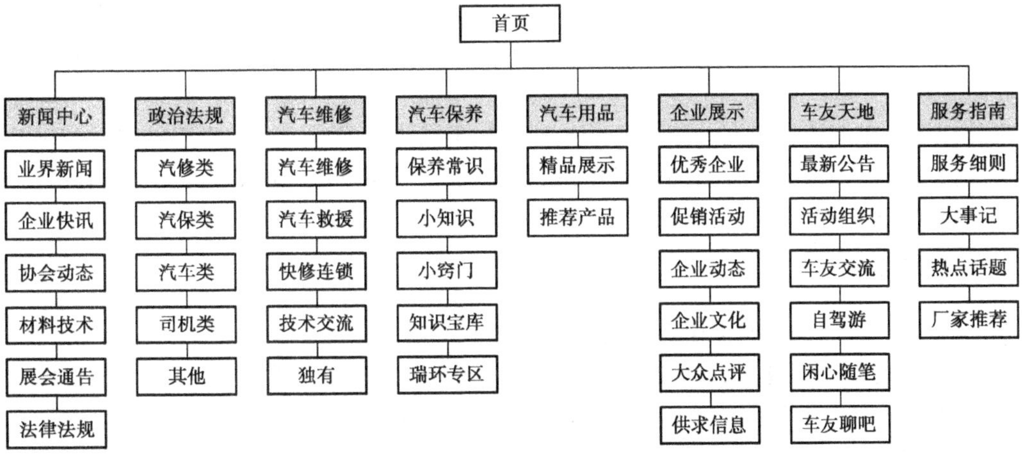

图 1-23　某汽修网三级栏目的层次结构

（2）网站栏目的链接结构

网站栏目的链接结构是指页面间相互链接的拓扑结构。形象地说，每个页面都是一个固定点，链接则是两个固定点间的连线。一个点可以和另一个点连接，也可以和多个点连接。更重要的是，这些点并不是分布在一个平面上的，而是存在于一个立体的空间中的。设计栏目间的链接结构，最重要的一个原则是用最少的链接，使浏览最有效率。

网站栏目的链接结构主要有以下两种表现形式。

一是树状链接结构（一对一）。类似一棵树，首页链接指向一级栏目页面，一级栏目页面链接指向二级栏目页面。在浏览这样的链接结构时，可以一级级进入，一级级退出。其优点是条理清晰，用户明确知道自己在什么位置，不会“迷路”；其缺点是浏览效率低，从一个栏目下的子页面到另一个栏目下的子页面，必须绕经首页。

二是星状链接结构（一对多）。这是指每个页面相互间都创建了链接。这种链接结构的优点是浏览方便，用户随时可以到达自己想看的页面；其缺点是链接太多，容易使用户“迷路”，让用户搞不清自己在什么位置、看了多少内容。

这两种基本结构都只是理想方式，在实际的网站设计中，总是将这两种结构结合起来使用。要让用户既可以方便、快速地到达自己想看的页面，又可以清晰地知道自己的位置，理想的办法是，首页和一级栏目页面间用星状链接结构，一级栏目页面和二级栏目页面间用树状链接结构。新闻网站栏目的链接结构如图 1-24 所示。

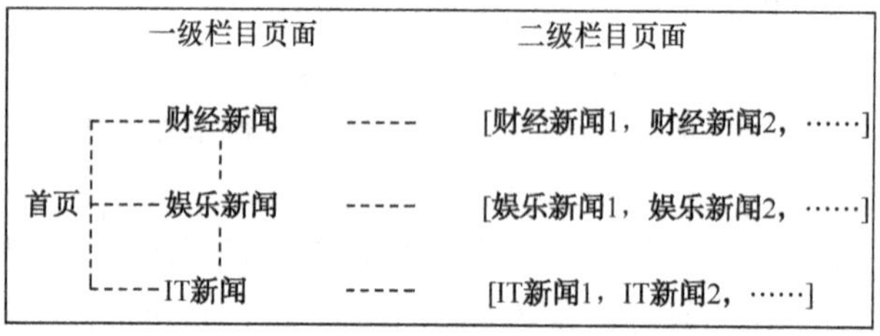

图 1-24　新闻网站栏目的链接结构

其中，“首页”“财经新闻”“娱乐新闻”“IT 新闻”这几个页面之间是星状链接，可以通过互相单击来直接到达；而“财经新闻”页面和它的子页面之间是树状链接，在浏览“财经新闻 1”页面后，必须回到“财经新闻”页面，才能浏览“财经新闻 2”页面。所以，有些站点为了免去返回一级栏目页面的麻烦，将二级栏目页面直接用新窗口打开，在浏览结束后关闭即可。当然，如果站点内容庞大，分类明细多，超过三级栏目页面，那么可以在页面中显示路径导航栏，以帮助用户明确自己所处的位置，如“您现在的位置是：首页→财经新闻→股市信息→深圳股→深发展”。

温馨提示

栏目层次结构，与频道、专题等的概念有所不同。大型门户或资讯类网站，往往先有频道，在频道里再细分栏目；中小型商务网站，则经常将频道及栏目的概念合二为一，仅以一级、二级栏目的形式进行分类。专题是围绕某一主题来组织内容，是栏目中相关内容聚合的一种形式。专题的内容大部分甚至全部来自相关栏目已有的内容，专题主要用于突出某一重要主题的表达，在严格意义上不属于栏目的结构层次。

三、网站栏目的设计方法

网站栏目设计的好坏，会直接影响网站商业目标的实现，而网站栏目的设计是以网站所要展示的信息分类为基础的，因此网站栏目的设计实质上是内容的分类与整理过程。这一分类与整理过程除要兼顾条理性、逻辑性、突显商务诉求外，还要站在用户浏览信息的角度来进行内容分析和处理。

从用户的角度来看，网站栏目应兼具以下两个功能，二者不可或缺。

一是提纲挈领，点题明义。网络中的信息越来越丰富，用户却越来越缺乏耐心。超过 10 秒才能打开网站，或者找不到自己所需的信息，网站就会被用户毫不犹豫地关闭。要让用户停下匆忙的脚步，就要清晰地给出网站的内容"提纲"，也就是网站的栏目，以吸引用户的眼球，引导用户进一步查看网站中的内容。

二是指引迷途，清晰导航。网站的内容越多，用户就越容易迷失。除给出网站的内容"提纲"外，网站栏目还应该能为用户提供清晰、直观的指引，帮助用户方便地浏览信息。这就要求网站导航中各栏目的名称简单明了，使人容易理解其层次关系。

温馨提示

成功的栏目设计，归根结底，还是基于对用户需求的理解。对用户需求理解得越准确、越深入，网站栏目设计就可能越具有吸引力、越能吸引用户的眼球，并有助于网站商业目标的实现。具体到栏目名称的确定，还需要网页设计师充分考虑网站用户的信息浏览习惯及 SEO（Search Engine Optimization，搜索引擎优化）的问题。关于 SEO，本书不进行深入探讨。

1. 归纳和演绎法

归纳是指由具体的事实概括出一般原理。在内容分类后，如要展示的信息包含企业文化、企业理念等，因其均为企业介绍性质的内容，可以将其归纳为"企业简介"栏目（一级栏目），并设置"企业文化""企业理念"作为二级栏目。

演绎是指由一般原理推出在特殊情况下的结论。当确定了要设置"企业简介"作为一级栏目后，与企业介绍相关的其他信息，如"总裁致辞""员工风采"等均可作为其下的二级栏目。

"归纳—演绎—再归纳"，重复这一过程，就可以设计出具有一定条理性的栏目结构。在执行这一过程时，可以考虑按以下栏目来逐一罗列相关内容：形象展示类栏目（如企业介绍类栏目）、核心服务类栏目（如产品展示类栏目）、互动类栏目、新闻类栏目、倾斜服务栏目（如特色栏目等）。

2. 借鉴引用法

在需求分析阶段，通过分析竞争对手的典型网页，可以了解竞争对手是如何处理网页内容的，同时，这些内容的栏目结构也已经清晰地摆在我们面前。在很多情况下，可以直接借鉴和引用这些优秀的网站栏目结构，尤其是在大量竞争对手都采用类似的设置情况下，借鉴、引用可能更为可取，因为用户已经习惯了这样的栏目设置。

在此基础上，需要处理的工作是如何进行适当的调整和修正，以符合客户的商务诉求。

3. 关键词选择法

把需要确定为栏目的栏目名称作为关键词，在搜索引擎中进行搜索，可以找到很多线索来设置栏目。尤其是比较特别的栏目或特色栏目，可能在某一竞争对手的网站上并没有将其设置为重要栏目（如一级栏目）或设置得不详细，将众多网站提供的线索集中起来则可以提供极为有价值的依据，达到集思广益的效果。

此外，通过搜索引擎搜索，还可以发现什么关键词是用户喜欢使用的。栏目名称的确定，应尽可能地符合用户的喜好。

从以上方法中可以看出，栏目设计不是一件很复杂的工作，在充分理解客户商务诉求的前提下，认真、细致地做好内容的定位，栏目设置将是水到渠成的事情。典型的企业网站栏目设计如表 1-4 所示，仅供参考。

表 1-4　典型的企业网站栏目设计

一级栏目	二级栏目	内容
企业概况	企业介绍	介绍企业的一些基本情况、企业的历史等信息
	组织机构	企业的组织机构拓扑图
	资质荣誉	企业的证书
	领导致辞	领导致辞及领导照片
	发展规划	企业的发展目标及发展计划
	企业文化	企业的理念及员工的风采等
新闻中心	企业要闻	企业的最新动态、活动
	行业信息	行业相关资讯
产品展示	主营产品	与其他竞争对手相比，最具竞争力的产品
	最新产品	企业最新开发研制的产品
	产品系列	完整的产品系列展示
客服中心	常见问答	用户常见的各类问题在线问答
	售后服务	各地营销中心及售后服务中心的联系方式
	下载中心	支持 Word、Excel、PDF、ZIP 等产品说明或相关文件下载
人才招聘	人才战略	企业的人才战略、人才发展计划等内容的发布
	招聘职位	具体的招聘信息，能以表格形式在线填写并提交应聘信息
联系我们	联系方式	企业的联系电话和联系地址介绍

视频：技能训练 1-3

技能训练 1-3　网站栏目设置分析

请自行挑选一家你所在地的知名企业，访问其相关网站（可以是企业网站，也可以是网上商城），分析其栏目设置，给出栏目分析结果，并填写表 1-5。

表 1-5　××网站栏目设置分析

调查时间：________　　　　调查人：________

网站名称：		
网址：		
一级栏目	二级栏目	主要内容
首页内容组织的特点		
分析结论	（改进建议或可借鉴的做法）	

注：在分析时要注意将栏目与专题区分开。

任务四　网页首屏设计

商务网站是以用户为中心的，因此在进行设计时，每个网站细节都需要反复推敲、精雕细琢，以提高用户转化率。其中，在设计商务网站首页时，网页首屏设计、产品特性处理、企业公信力打造等，是网页设计师必须反复推敲的细节。

网页首屏是指不滚动 Web 网页屏幕就能让用户看到的画面。美国著名的网站设计师杰柯柏·尼尔森曾在其报告中指出，首屏的关注度为 80.3%，首屏以外的关注度仅有 19.7%。这两个数据足以表明，首屏对需要提高转化率的网站来说异常重要，尤其是商务网站。

在商务网站中，用户的需求不外乎两点：吸引人的商品或店铺，以及网站能够给予他的信任感。信任需要积累，因此各类宣传推广信息就成了首屏展示的不二之选。一个能引人驻足的首屏，一定会为网站带来更多的用户和收益。要设计出一个好看、好用的首屏，需要考虑以下问题。

一、确定可视范围

统计报告显示，2014 年使用率最高的 Internet 用户屏幕分辨率为 1366 像素×768 像素。以此为例，浏览器边框宽度普遍在 21 像素左右，所以在无干扰因素的情况下，网页首屏宽度可以确定为 1345 像素；屏幕的总高度为 768 像素。除去任务栏高度 40 像素、店铺页头高度 106 像素、浏览器（头部栏、边框等）高度 160 像素和位置工具栏高度 30 像素，初步估算首屏高度控制在 432 像素较为合适。因此，最符合时下趋势的首屏的宽度是 1345 像素，高度是 432 像素，网站的重要内容应尽量放在这个区间。

二、展示吸引用户的信息

首页的首屏位置，在整个网站中称得上“寸土寸金”，正因为如此，此处展示的文字应力求短小精悍，要用最小的篇幅将信息表达清楚。标题性文字，更应该把商家的商业诉求直截了当、明确无误地表达出来。当然，这类文字在策划上，要符合网站的整体风格。

1 号店的 Banner 文案就很好地抓住了用户的眼球，有趣的标题文字加上“0 元领”这样醒目的字眼，让用户充满了好奇，如图 1-25 所示。

图 1-25　1 号店的首屏

图 1-26 是茵曼的首屏，虽然没有将广告的下半部分完整地展现出来，但这似乎并没有影响用户想要继续浏览的心情，因为真正吸引用户的信息点都被整齐地陈列在首屏中，可供用户逐一了解。

图 1-26　茵曼的首屏

三、视觉焦点要显眼

大多数用户的浏览习惯是走马观花式的，以如今国内电商网站普遍的布局来看，用户在首屏中的视觉焦点基本上以 Banner 和导航栏为主。因此，其中所表现的无论是文字还是大图，都应该让用户一眼看清内容，减少用户的思考时间。网页设计师在设计时可以用“去色”的方法来检验实际效果。例如，唯品会的首页在去色前后，Banner 上的内容都可以很容易地被辨认出来，文字和背景都很清晰，如图 1-27 和图 1-28 所示。

图 1-27　唯品会的首页去色前

图 1-28　唯品会的首页去色后

四、图片让内容更易于理解

想让用户在短短的几秒之内了解网站或商家发布的一系列信息，仅凭简短的文字是不够的，还需借助图片，这就是所谓的“一图胜千言”。图片的使用能从侧面含蓄地衬托主题，因此所选择的图片应对主题的表达有帮助，并且在视觉上保持风格一致。

凡客诚品的首屏走的是极简路线，没有什么修饰，让用户可以专注于商品本身。配图虽然没有把商品的全貌都展现出来，但在极简的风格下，也能增强用户的点击欲，如图 1-29 所示。

图 1-29　凡客的首屏

五、用风格强调主题

网页首屏的风格是根据目的来决定的，在设计前，必须了解首屏在网站中会起到什么样的作用。一般来说，电子商务网站首页的首屏会用来进行推广宣传，如单品推广、店铺推广、活动宣传等。

以单品推广为主题的首屏，一般会以卖点组成文案，再配上简单的图片，如图 1-30 所示。

图 1-30　以单品推广为主题的首屏

以店铺推广为主题的首屏，不需要用很大的篇幅来具体说明，只需将用户在意的关键点表现出来即可，如优惠信息、活动形式范围等，如图 1-31 所示。

图 1-31 以店铺推广为主题的首屏

一项活动的宣传，很难用简单的文案在首屏中描述清楚，所以要尽量用有冲击力的文字词来吸引用户进入详情页。以活动宣传为主题的首屏如图 1-32 所示。

图 1-32 以活动宣传为主题的首屏

六、锁定用户的视觉重点

当用户对网站还不太熟悉时，在进入首页时往往一头雾水，此时，给予用户视觉上的引导显得格外重要。引导的方法多种多样，如醒目的大字或图片、吸引人的标题、条理清晰的整体布局等。引导不仅意味着让用户购买商品，还意味着让用户进入其他页面，从而产生更多的消费。例如，好乐买的首屏干净整洁、分类明确、布局清晰，让用户一眼就能找到自己的需求，如图 1-33 所示。

图 1-33　好乐买的首屏

七、用动画吸引用户的注意

在网站用户体验比较流畅的基础上，在首屏中可以适当加入一些鼠标互动效果或者 Flash 动画效果，让页面看起来更加生动、有趣。这种做法也能增加一定的点击量，并且吸引用户的注意。但是，这些效果只能作为点缀，大面积地使用反而会适得其反。

淘宝网首屏的右上角曾有一个小小的鼠标交互效果，单击后进入的是一个活动专区，如图 1-34 所示，翻页效果更容易触发用户单击的欲望。

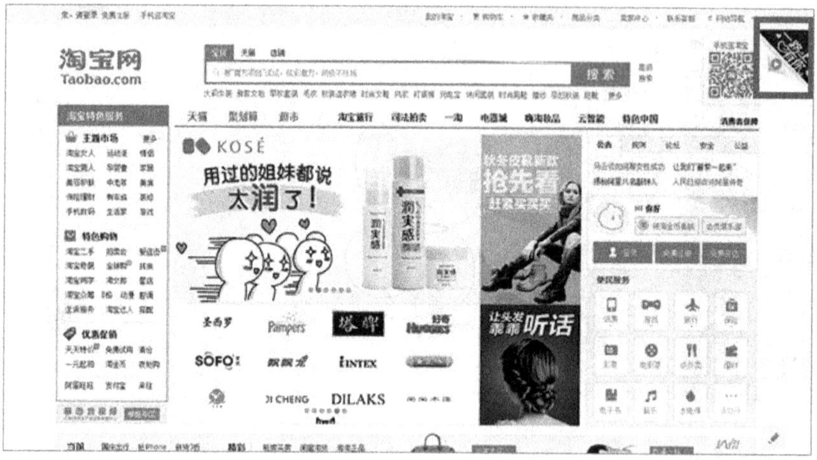

图 1-34　淘宝网的首屏

八、符合视觉习惯的图文混排

大片单一的文字或图片，会让用户产生厌倦感，而图文混排很好地克服了这一缺点。图文混排的方式有很多，如色彩上的对比、文字或图片的放大等。另外，在网页布局上还要尽量做到错落有致，让用户的视线能顺畅转移。但无论采用哪种形式，都必须确保主要内容的可读性。

一淘网的首屏就不太符合大多数人的使用习惯，其首屏采用了大段的文字介绍，如图 1-35 所示。当用户进入一个电商网站后，首先会被图片吸引，很少有人愿意逐字逐句地看完大段文字，所以详细的描述并不适合放在首屏。

图 1-35　一淘网的首屏

聚美优品的首屏图文搭配恰如其分，简单的大图和一些短句相辅相成，图片便于用户理解，文字精简，重点分明，如图 1-36 所示。

图 1-36　聚美优品的首屏

总之，首屏是吸引用户至关重要的通道，很多网站因为忽视了首屏设计而产生了用户体验上的问题。因此，在首屏设计上，要充分迎合用户的常规习惯，而不是漫无目的地把首屏变成布告栏。

九、产品特性的恰当处理

商务网站首页一般都会展示企业的主要产品。很多网站首页会有详细的商品分类，方便用户快速找到自己需要的商品，从而降低用户因为找不到自己需要的商品而离开的概率。图 1-37 所示的是一家以经营印刷业务为主的企业网站的首屏，其“印刷品展示”栏目中的子栏目设置得非常详尽，并且重要的商品用红色标记，以非常直观的形式展示了企业的业务水平和能力。

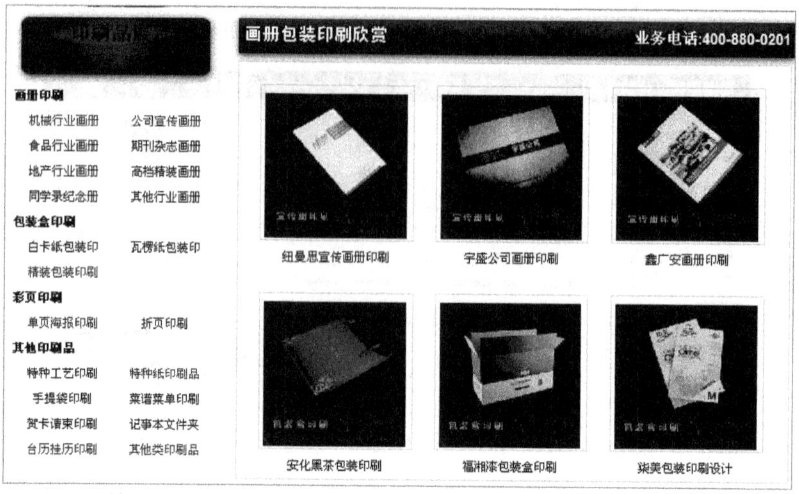

图 1-37　以经营印刷业务为主的企业网站的首屏

任务五　企业公信力打造

在成功的商品销售过程中，80%的时间是用来建立信赖感的。为了突显企业的实力，打消客户的疑虑，在进行商务网站设计的过程中，必须打造企业公信力。打造企业公信力的方式主要有以下几种。

一、专业性展示

专业性展示是指通过一系列规范的体系，来打造企业的公信力。例如，一个教育培训网站可以通过规划体系、课程体系、教辅体系、考务体系等教育培训方面的专业性内容，来赢得客户的尊崇和信赖，如图 1-38 所示。

图 1-38　公信力展示案例（1）

二、硬实力呈现

很多传统品牌企业都拥有强大的市场基础及资源能力，通过网页展示其硬实力非常重要。例如，一家不锈钢管业公司，其网站展示了公司强大的生产实力、完善的检测管理体系等内容，充分展示了公司的硬实力，如图 1-39 所示。

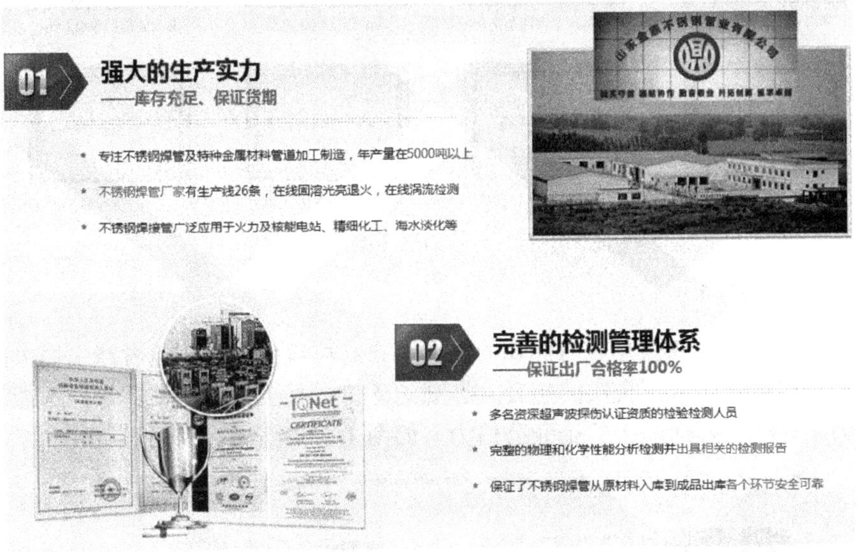

图 1-39　公信力展示案例（2）

三、专家团队

专家团队资质及业务能力的展示，也是打造企业公信力的重要途径，如图 1-40 所示。

图 1-40　公信力展示案例（3）

四、奖励、荣誉及资质

展示奖励、荣誉及资质也可以帮助打消客户的疑虑，从而增加企业的宣传力度和感染力，进一步实现企业公信力的打造，如图 1-41 所示。

图 1-41　公信力展示案例（4）

五、优质客户

展示优质客户，特别是业内熟知的重要客户，可以让网页浏览者产生巨大的信任感。另外，展现合作客户真实的感言、客观的评价，甚至善意的批评等，都能体现企业的实力和底气，打造强大的企业公信力，如图 1-42 所示。

图 1-42　公信力展示案例（5）

六、成功案例

展示企业的成功案例，也是打造企业公信力的良好途径，如图 1-43 所示。

图 1-43　公信力展示案例（6）

七、权威媒体报道

通过权威媒体的关注和相关报道，也可以打造企业一定的公信力，如图 1-44 所示。

图 1-44　公信力展示案例（7）

实训一　企业网站栏目规划

一、实训目标

- 能针对客户需求确定企业网站定位。
- 能快速地熟悉客户所在的行业。
- 能选择典型网站进行对比分析。
- 能合理规划和设计网站栏目。

实训：企业网站栏目规划

二、实训背景

湖南浏阳素有“烟花之乡”的美誉，目前其花炮年产值占全国总产值的一半，拥有各类上规模的花炮企业 1000 余家。湖南国际庆典烟花文化集团是一家与澳大利亚飞拓烟花集团（中国香港）有限公司合资创办的大型烟花企业。湖南国际庆典烟花文化集团的前身为浏阳市庆典烟花有限公司，历经 20 余年的不断进取，努力攻关，逐步成长为一家集科研、生产、销售、燃放、文化传播于一身的专业烟花文化企业集团，旗下拥有湖南省国际庆典烟花制造燃放有限公司、浏阳市国际庆典烟花出口贸易有限公司、浏阳市国际庆典文化传播有限公司等核心企业。湖南国际庆典烟花文化集团拥有现代化大型烟花生产工厂，环境优美，配备了先进的自动化烟花生产设备；荟萃了国内外顶级烟花科技人才；烟花的产品结构、花色效果、内质外观均领先于行业水平。其自主创新的产品包括手持柱形彩烟、舞台柱形彩烟、高空组合盆花、高空礼花弹、高空礼炮。

由于市场竞争日趋激烈，湖南国际庆典烟花文化集团的领导决定加强网络宣传与推广，建立企业网站。网站初期的功能定位是针对国内市场，打造集团统一对外的宣传窗口，强化集团的行业地位和影响，进一步提升集团的品牌影响力。

小王所在的智越网络公司承接了该集团的网站建设项目。网站建设部经理安排小王负责该项目，要求小王做好客户需求分析工作，确定网站的栏目结构。

三、实训环境

硬件环境：能接入互联网的计算机。

软件环境：IE 7.0、Flash。

四、实训内容与步骤

1. 网站定位

分析实训背景，确定网站的定位及营销功能。

2. 行业背景分析

认真阅读给定的烟花行业相关资讯报告，初步了解客户所在行业的基本情况；访问指定的烟花行业网站，浏览该网站上行业产品的分类信息，熟悉客户经营的产品特点。

3. 典型网站分析

认真浏览给定的5家烟花行业网站，评价其优劣点。

4. 网站栏目设计

在以上分析的基础上，规划和设计出网站的栏目结构。

思考与练习

一、选择题

1. 展示型企业网站的营销目标主要有（　　）。

A. 宣传企业形象　　B. 介绍产品服务　　C. 推广企业品牌
D. 加强客户管理　　E. 实现在线销售　　F. 办公自动化

2.（　　）不属于网上商城。

A. 阿里巴巴　　B. 淘宝商城　　C. 1号店
D. 中国化工网　　E. 新浪网　　F. 58同城

3. 网页在空间构成上，一般包括（　　）。

A. 网站LOGO　　B. Banner　　C. 网站地图
D. 网页正文区　　E. 导航栏　　F. 网页底部区
G. 表单　　H. 通栏广告

4. 欧版风格网页的典型特征有（　　）。

A. 内容部分结构比较清晰
B. 大幅用图

C．页面颜色的使用主次分明
D．板块分明
E．画面精美，颜色鲜艳
F．颜色的使用主次分明，有较强的平面感

5．在进行客户需求分析时，以下做法不可取的是（　　）。
A．坚持客户导向的原则　　B．使用网页原型挖掘客户需求
C．严格按客户说的做　　D．尽可能与客户协商，简化网站的功能
E．尽量了解和熟悉客户所在行业的情况
F．没必要比较同类相关网站

6．（　　）会影响网站的用户体验。
A．内容是否翔实　　B．图片是否精美　　C．网页打开的速度
D．网页导航清晰　　E．网页颜色搭配合理　　F．服务承诺明了、可信
G．使用大量动画　　H．频繁地弹出在线咨询窗口

7．在进行网页原型分析时，与客户要明确的重点问题包括（　　）。
A．网站后续维护计划　　B．网站要实现的主要功能
C．网站的访问群体特征　　D．网页需重点表达的商务诉求点
E．网站开发成本　　F．网站定位

8．网站栏目设置的基本原则包括（　　）。
A．简洁明了、层次清晰　　B．合理编排栏目的顺序
C．尽量减少栏目层级　　D．设置互动栏目
E．尽可能多地设置一级栏目　　F．采用网状结构

9．网页首屏是指不滚动 Web 网页屏幕就能被用户看到的画面，首屏的关注度为80.3%，首屏对网站的转化率异常重要，其设计原则主要有（　　）。
A．要尽可能展示对用户有吸引力的信息
B．视觉的焦点要突出
C．采用合适的风格来表达网站主题
D．首屏要锁定用户的视觉重点，让用户一眼就能找到自己的需求
E．首屏一般采用符合视觉习惯的图文混排方式

10．企业公信力打造的方法主要有（　　）。
A．进行专业性展示　　B．呈现企业的硬实力
C．展示专家团队及成功案例　　D．展示企业的优质客户
E．展示企业获得的奖励、荣誉及资质　　F．转发权威媒体报道

二、简答题

1．请列举 3 种本项目未提及的其他类型的网站，并指出其特点。
2．客户需求分析的基本原则是什么？请简要说明在网页设计时如何贯彻这一原则。
3．网上商城的用户体验主要包括哪些方面？
4．简述理性诉求型风格的网页与感性诉求型风格的网页在栏目设置方面的不同。
5．简述如何做好网站的定位。

项目二　商务网页布局设计及网页草图绘制

学习目标

1. 掌握网页布局设计的流程
2. 掌握网页布局设计的方法
3. 掌握网站首页草图的绘制方法

项目简介

网站建设的目的性、流程性很强，一般包括客户需求分析、网站栏目规划、网页版面设计及草图绘制、网页效果图设计与制作、前台页面制作、前后台网站系统集成与发布等环节。

本项目主要讲述网页布局设计及网页草图绘制。其中，在介绍网页布局设计时，介绍了竞争对手网站的对比分析，以及几种常见的网页布局类型。

项目概述

长沙市碧雅园花卉苗木基地成立于2008年，位于美丽的湘江河畔，是长沙市著名的花卉苗木公司。近几年来，长沙市碧雅园花卉苗木基地的面积稳居同行首位，荣获全国优秀苗木基地等多项荣誉。

长沙市碧雅园花卉苗木基地经营的苗木品种有乔灌木、移栽大树、扦插小苗、树桩盆景、竹类植物、藤本植物、草本花卉、草皮草种、造林苗、新优果苗、种子种苗等，其中红花紫薇、罗汉杉、红梅、广玉兰、海棠、樱花、香樟、桂花为其经营的特色苗木。

长沙市碧雅园花卉苗木基地希望通过企业网站的建设，提高其网络知名度，进而开拓网络销售渠道。

小王所在的智越网络公司承接了长沙市碧雅园花卉苗木基地的网站建设项目。网站建设部经理要求：在市场调研及企业需求分析的基础上，为长沙市碧雅园花卉苗木基地拟订网站建设方案，并绘制网站首页草图。

项目分析

通常，网站建设的流程如图2-1所示。

网页草图是进一步挖掘客户需求的网页原型之一，也是制作效果图的蓝本。因此，网页草图绘制是网页设计与制作中非常关键的环节，网页设计师应予以足够的重视。

为确保这一工作的顺利进行，网页设计师应与客户充分沟通，尽可能让客户理解并认可网页设计师所绘的网页草图，否则，后期再修改会比较麻烦。

图 2-1　网站建设的流程

网页草图既包括网页中要呈现的内容，又包括这些内容在页面中的布局情况。要高质量地完成这项工作，需要在客户需求分析的基础上确定网站栏目的结构，并对页面中要呈现的内容有清晰的认知和良好的把握。

首页是浏览者打开网站看到的第一个页面，因此首页内容的布局关系重大。另外，首页设计风格一旦确定，在原则上各子页面也应与其保持一致。这里所说的风格，在前面已介绍过，本项目重点介绍网页布局设计及网页草图绘制。

经过以上分析，本项目的实施可分解为以下两个任务。

任务一：网页布局设计

任务二：网页草图绘制

项目实施

任务一　网页布局设计

任务说明

网页设计的重点是研究内容的编排和页面的布局。虽然网页设计不同于平面设计，但二者也有许多相似之处，应加以借鉴和利用。为了实现最佳的视觉表达效果，应讲究整体布局的合理性，使浏览者有一个流畅的视觉体验。要完成这一任务，可以从分析同类网站入手，以快速形成初步的设计方案。

任务步骤

1. 竞争对手网站的对比分析

步骤 1：关键词选择

通过分析长沙市碧雅园花卉苗木基地的业务范围与主营产品，可初步设定几个关键词，如“苗木”“花卉苗木”“苗木基地”等。在一般情况下，在搜索引擎中搜索这些关键词，便可获取大量竞争对手网站的信息。

如有必要，可以借助百度指数工具，以扩大搜索关键词的范围，获得更多的相关网站资料。以“苗木”为例，在百度指数中进行搜索，在搜索结果页的“相关检索词”列表中，可挑选其他相近关键词，如“苗木网”“苗木价格”等，以进一步扩大搜索范围，如图 2-2 所示。

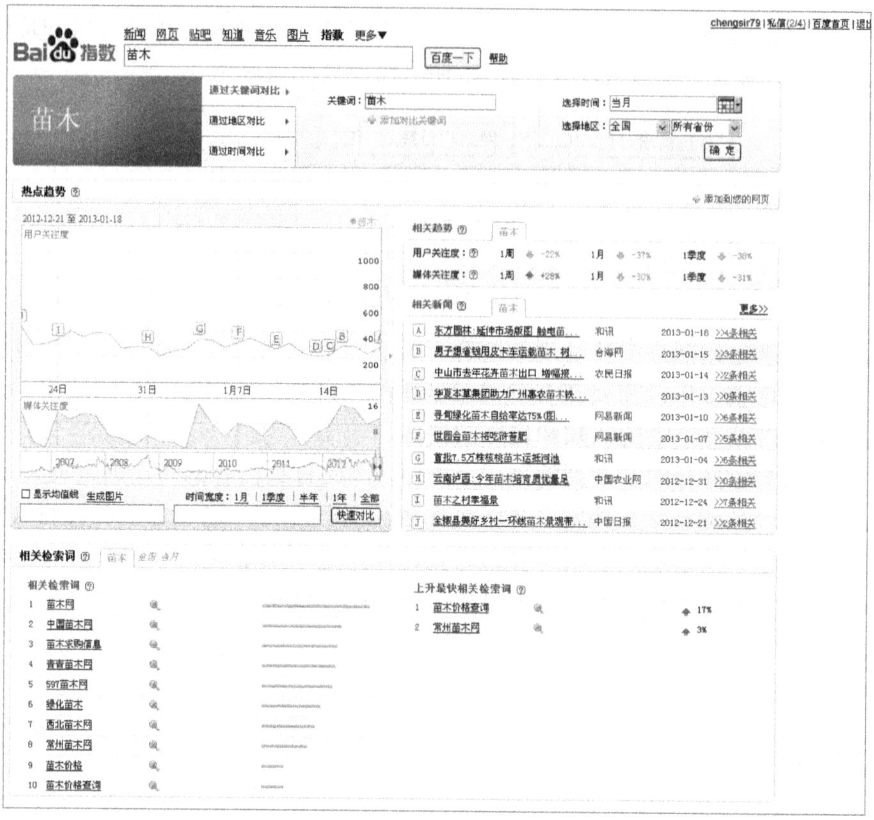

图 2-2　“苗木”的搜索结果

温馨提示

百度指数是以百度网页搜索和百度新闻搜索为基础的免费海量数据统计分析平台，用以反映不同关键词在过去一段时间内的用户关注度和媒体关注度。在某种意义上，百度指数代表了用户的搜索习惯。这一工具不仅可以帮助人们获得更多的关键词线索，在网页栏目名称的确定上也具有很高的参考价值。

步骤 2：网站筛选

依据设定的关键词，在百度或 Google 等搜索引擎中进行搜索，分析搜索结果页中第一页出现的相关网站，以用户体验度为判断依据，筛选出典型的 2～5 家网站。其中某苗木基地网站的首页如图 2-3 所示。

在筛选典型网站时，还可以用百度权重、Google 的 PR（PageRank，网页级别）值等指标对其进行评判。百度权重和 Google 的 PR 值，可以在站长工具或爱站网进行查询。这两个指标分别是百度和 Google 评判一个网页“重要性”的一种方法，按 0～10 级划分。通常，等级越高，该网页与所搜索的关键词的匹配程度越高，在搜索结果页中的位置也越靠前。因此，对百度权重和 Google 的 PR 值较高的网站，应给予高度关注。

步骤 3：对比分析

针对所选定的网站，分析其首页内容的布局与设置，以及网站的栏目结构。

图 2-3　某苗木基地网站的首页

① 首页内容的布局。该网站是典型的展示型企业网站，为突出所经营的苗木品种，在版面布局上采用了拐角型网页布局，网页上部是标题和 Banner 广告，左侧较窄，是产品分类及相关信息，右侧很宽，是服务承诺及产品图片展示。

② 首页内容的设置。网页上部使用了大幅 Flash 动画，以实景图片配以相关文字，重

点展示企业的特色亮点“农科院重点培养对象”，以及当季重点销售的产品和企业理念（截图中未显示）。正文部分，左侧给出了成功案例、主营产品及其他相关链接；右侧上部以 3 个承诺强调企业的服务理念，下部将典型主营产品以实景图片的形式直观地展现出来。

③ 网站的栏目结构。网站的栏目结构以二级结构为主，其中“产品展示”使用了三级栏目结构（“果树苗木”“绿化苗木”在该网站中并未设立相应栏目，由其下的子栏目共同构建了第三级栏目），如图 2-4 所示。

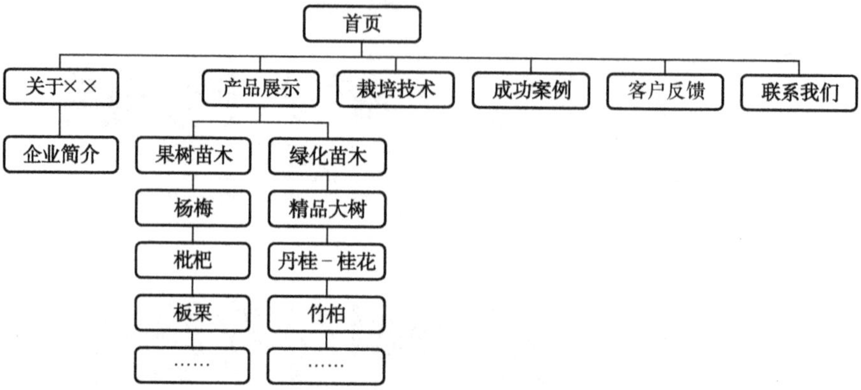

图 2-4　某苗木基地网站的栏目结构

总体而言，该网站的营销意识较强，尤其是首页内容的设置，以产品和服务承诺为诉求重点，较好地展示了企业形象。但不足的是，产品图片不够精美，栏目结构的设置也不太合理，在一定程度上可能会影响该网站商务目标的实现。

技能训练 2-1　典型竞争对手网站的筛选与对比分析

请针对任务一，筛选另外两家网站，并进行对比，将相关分析结论填入表 2-1 中。

表 2-1　典型竞争对手网站的筛选与对比分析

调查时间：________　　　　调查人：________

1．网站名称： 网址：	网页配色	
	文字、图像的编排	
	首页内容的布局	
	首页内容的设置	
2．网站名称： 网址：	网页配色	
	文字、图像的编排	
	首页内容的布局	
	首页内容的设置	
分析结论		

2．常见的网页布局类型

2006 年 4 月，杰柯柏·尼尔森发表了《眼球轨迹的研究》报告。该报告称，在大多数情况下，浏览者都不由自主地以 F 形状的模式阅读网页：第一，浏览者的眼睛首先是水平运动，常常是扫过网页内容的最上半部分，这样就形成了一条横向的运动轨迹，这就是 F 字母的第一条横线；第二，浏览者的眼光略微下移，很典型地扫描比第一步范围较短的区域，这就又画了 F 字母的第二条横线；第三，浏览者朝网页左边的部分进行垂直扫描，有时，这个举动缓慢且具有系统性，这样就画出了 F 字母的一条竖线。

杰柯柏·尼尔森报告中的 F 形热度图如图 2-5 所示。第一张为一般的说明网页；第二张为电子商务网页；第三张为 Google 搜索结果页，因搜索结果中的网站标题、网页摘要较长，第二条线会随之加长，但仍然是 F 的形状。用颜色来表示浏览者目光聚集的热度，分为最热（红色）、较热（黄色）、不热（蓝色）和基本不关注（灰色）4 种。

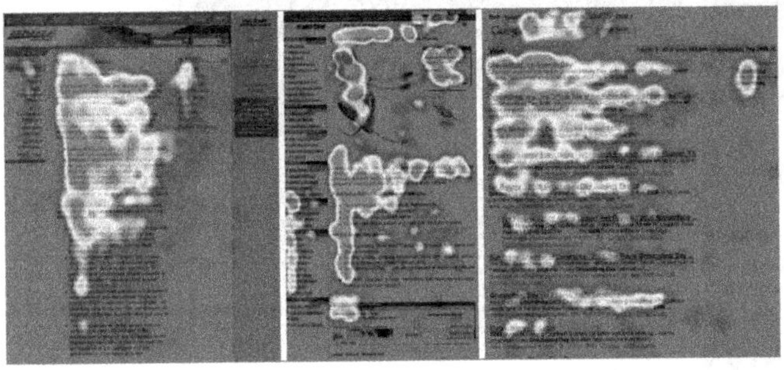

常见网页布局类型样例

图 2-5　杰柯柏·尼尔森报告中的 F 形热度图

在进行网页布局，即设计网页内容及各元素的空间分布时，应充分考虑 F 形阅读习惯，确保最重要的信息能有效展示在浏览者面前。目前，常见的网页布局大都基于这一原理，如国字型、拐角型、框架型等布局类型。

① 国字型网页布局。国字型网页布局也称同字型网页布局，是最常见的一种网页布局类型。国字型网页布局样例如图 2-6 所示。一些大型网站经常采用这种布局，即最上面是网站的标题及 Banner 广告，接下来是网站的主要内容，左、右分列两小列内容，中间是主要部分，最下面是网站的一些基本信息，如联系方式、版权声明等。

图 2-6　国字型网页布局样例

② 拐角型网页布局。拐角型网页布局也称厂字型网页布局，其与国字型网页布局只是形式上的区别，在本质上非常接近，即上面是标题和 Banner 广告，接下来的左侧是一窄列链接，右侧是很宽的正文，下面是一些网站的辅助信息。拐角型网页布局样例如图 2-7 所示。

图 2-7　拐角型网页布局样例

③ 框架型网页布局。框架型网页布局的框架结构左、右分为两页或者 3 页，一般左侧是导航链接，有时最上面会有一个小的标题或标志，右侧是正文。框架型网页布局样例如图 2-8 所示。很多大型论坛都采用了这种页面布局，也有些企业网站喜欢采用这种网页布局。这种网页布局，结构清晰，让人一目了然。

④ 回字型网页布局。回字型网页布局实际上是国字型网页布局的一种变形，即在国字型网页布局的下面增加了一个横向通栏。这种变形，将国字型结构不是很重视的页脚利用起来，增加了主体内容，充分利用了页面的有限面积。要特别注意的是，这样的布局，往往使页面显示着各种内容，容易给人造成拥挤的感觉。回字型网页布局样例如图 2-9 所示。

⑤ 自由式网页布局。前面 4 种网页布局都是传统意义上的网页布局，而自由式网页布局相对而言就没有那么“安分守己”了。这种网页布局的随意性特别大，颠覆了从前以图文为主的表现形式，将图像、Flash 或者视频作为主体内容，其他的文字说明、导航栏等，均被分布到不显眼的位置，仅仅起装饰作用。自由式网页布局样例如图 2-10 所示。时尚类网站，尤其是时装、化妆品类网站，经常使用这种网页布局。自由式网页布局的优点是富于美感、吸引眼球；缺点是因为文字过少，难以让浏览者长时间驻足，同时因为导航栏不明显，也不便于浏览者操作。

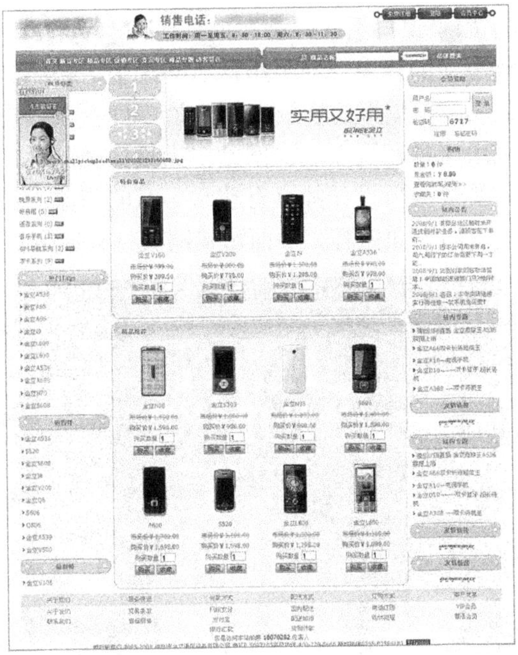

图 2-8　框架型网页布局样例

图 2-9　回字型网页布局样例

图 2-10　自由式网页布局样例

⑥ 另类网页布局。如果说自由式网页布局是现代主义的网页布局，那么另类网页布局可以被称为后现代主义的代表。在另类网页布局中，传统意义上的所有网页元素被全部颠覆、打散后融入一个模拟的场景中，如图 2-11 所示。在这一场景中，网页元素化身为某种实物。采用这种网页布局的网站多为设计类网站，以显示站长前卫的设计理念。这种网页布局要求网页设计师具有非常丰富的想象力和非常强的图像处理技巧，因为稍有不慎，就会因页面内容太多而影响网页打开或浏览的速度。

图 2-11　另类网页布局样例

步骤 1：网页布局类型选择

在展示型企业网站中，产品往往是展示的重点。在产品线较长、产品品种较多的情况下，一般需要在页面中给出相应的列表，并将该列表置于页面的左侧，以符合 F 形热度图规律。在本项目中，拐角型网页布局可以作为首选。上述典型网站的首页布局也采用这一类型。

步骤 2：示意图绘制

参照图 2-3，可以给出待设计的首页布局示意图，如图 2-12 所示。

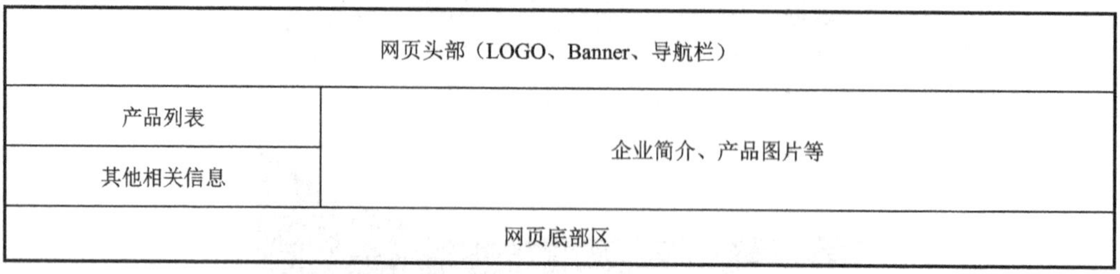

图 2-12　首页布局示意图

技能训练 2-2　子页面布局设计

请依据任务一中的网站首页布局，设计“产品展示”子页面的布局，对其中文字和图片的编排方式说明理由，并绘制“产品展示”页面的布局示意图。

任务二　网页草图绘制

任务说明

网页风格一旦确定，就可以开始确定网站的栏目及页面中要展示的内容，并在此基础上绘制网页草图。

需要特别注意的是，在这一阶段中，保持与客户的及时联系和充分沟通非常重要，因为客户对网页内容的把握比网页设计师更专业。

任务步骤

1. 网站栏目设计

根据网站栏目的设置原则及设计方法，参照竞争对手的网站栏目结构，设计本项目的网站栏目结构，如图 2-13 所示。

2. 首页内容组织

对本项目的企业而言，苗木产品的展示是最重要的。但是，企业规模及资质荣誉等，也是客户重要的诉求点。据此，除在 Banner 中使用大图并配以文字说明外，还可以在首页中重点展示基地各类实景图片，以及各类典型案例。企业的资质荣誉、400 电话等强化表达，可以考虑将其放在顶部显眼的位置，还可以将文字用红色来进行突出表达。

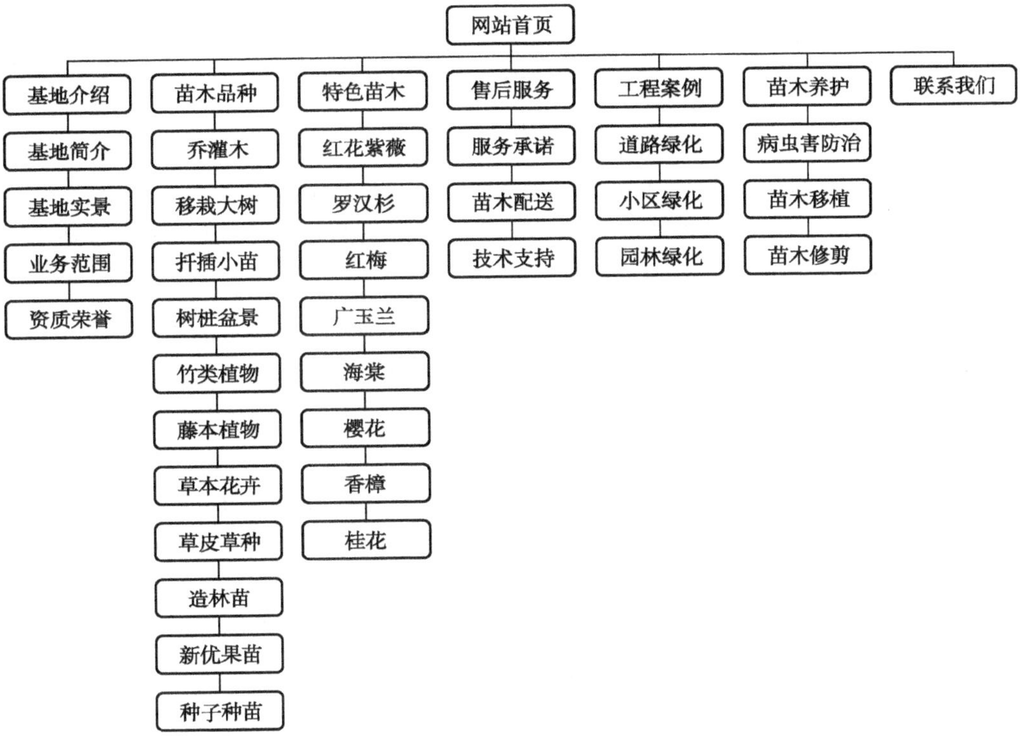

图 2-13　本项目的网站栏目结构

根据以上分析设计出的网站首页草图如图 2-14 所示。

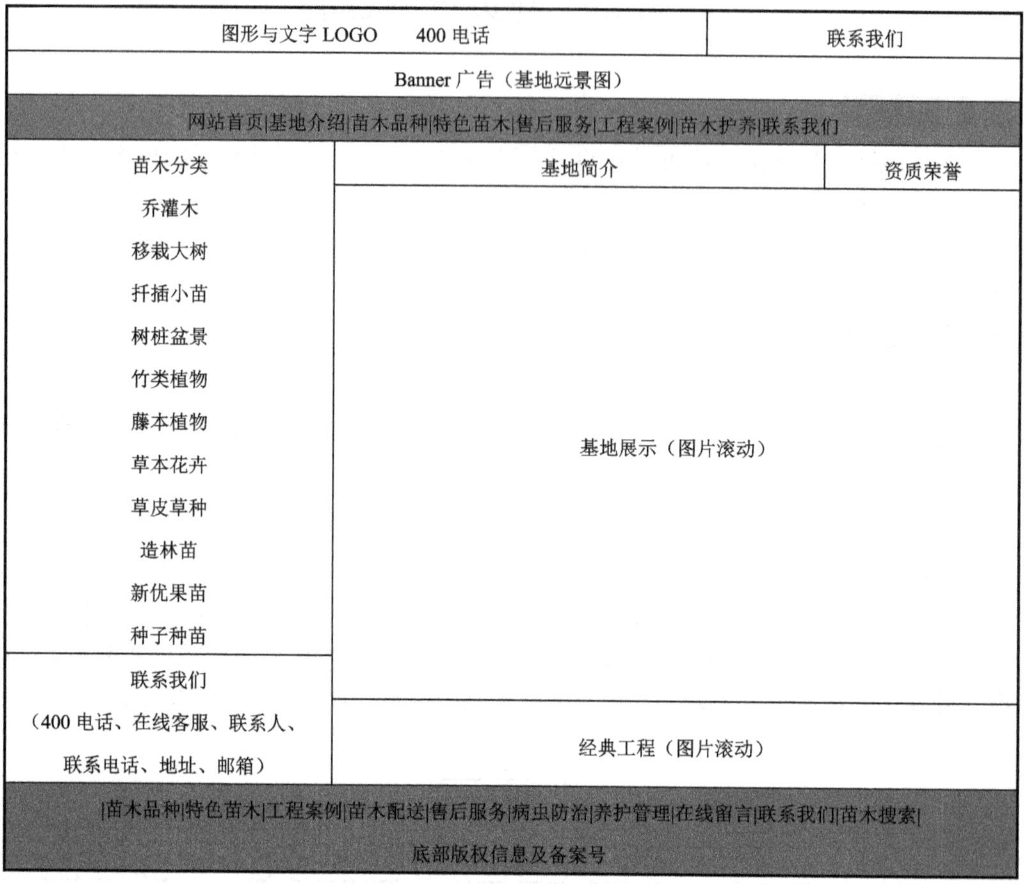

图 2-14　网站首页草图

图 2-14 所示的网站首页草图，因其结构简单，可用 Word 来绘制。如果页面的内容布局比较复杂，那么可用 Excel 来绘制。用 Excel 绘制的网站首页草图如图 2-15 所示。

3．结构参数设置

显示器大小及分辨率高低，是影响页面尺寸的主要因素。网页的局限性，在于无法突破显示器的范围，而浏览器本身也占去不少空间，因此留给网页显示的范围更加有限。通常，如果分辨率为 1024 像素×768 像素，那么网站页面的显示尺寸为 1007 像素×600 像素。

当然，浏览器菜单栏“查看”菜单中“工具栏”选择的栏目的数量，对网页高度会有一定影响。应适当考虑，重要内容在浏览器的首屏显示，即控制在 1007 像素×600 像素这一尺寸范围内。

向下拖动页面，可以浏览更多的网页内容。实际上，网页的高度，在理论上不受任何限制，但在原则上，不要让浏览者拖动页面超过 3 屏。

在本项目中，页面各部分参数的设置如图 2-16 所示。

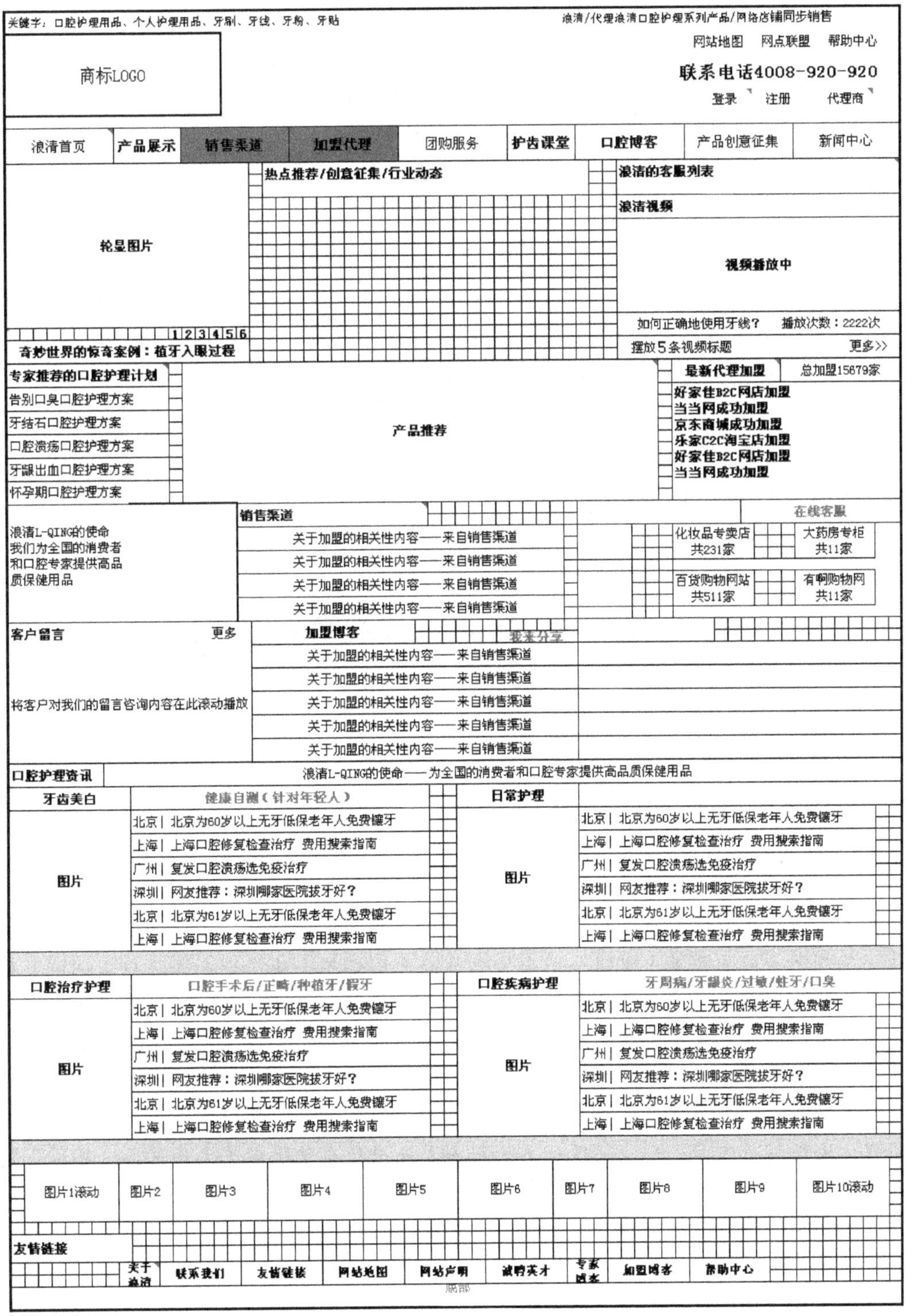

图 2-15　用 Excel 绘制的网站首页草图

项目二

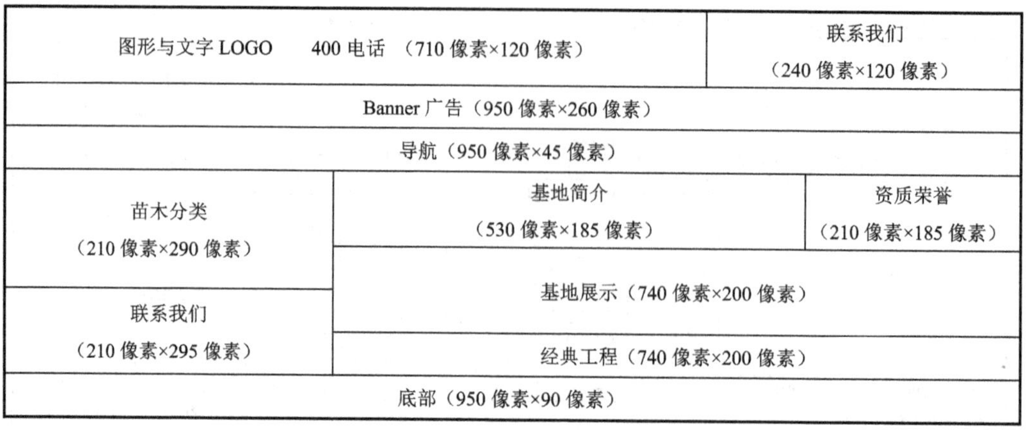

图 2-16　页面各部分参数的设置

以上设定的参数，在制作效果图时，还可以适当调整。

技能训练 2-3　使用 Excel 绘制网页草图

请依据图 2-14，在 Excel 中绘制相应的草图。

实训二　企业网站首页草图绘制

实训：企业网站首页草图绘制

一、实训目标

- 能针对网页展示的内容设计恰当的网页布局。
- 能使用 Word 等工具绘制网站首页草图。

二、实训背景

湖南浏阳素有“烟花之乡”的美誉，目前其花炮年产值占全国总产值的一半，拥有各类上规模的花炮企业 1000 余家。湖南国际庆典烟花文化集团是一家与澳大利亚飞拓烟花集团（中国香港）有限公司合资创办的大型烟花企业。湖南国际庆典烟花文化集团的前身为浏阳市庆典烟花有限公司，历经 20 余年的不断进取，努力攻关，逐步成长为一家集科研、生产、销售、燃放、文化传播于一身的专业烟花文化企业集团，旗下拥有湖南省国际庆典烟花制造燃放有限公司、浏阳市国际庆典烟花出口贸易有限公司、浏阳市国际庆典文化传播有限公司等核心企业。湖南国际庆典烟花文化集团拥有现代化大型烟花生产工厂，环境优美，配备了先进的自动化烟花生产设备；荟萃了国内外顶级烟花科技人才，烟花的产品结构、花色效果、内质外观均领先于行业水平。其自主创新的产品包括手持柱形彩烟、舞台柱形彩烟、高空组合盆花、高空礼花弹、高空礼炮。

由于市场竞争日趋激烈，湖南国际庆典烟花文化集团的领导决定加强网络宣传与推广，建立企业网站。网站初期的功能定位是针对国内市场，打造集团统一对外的宣传窗口，强化集团的行业地位和影响，进一步提升集团的品牌影响力。

智越网络公司的小王根据该集团的要求，已经完成了该集团网站的栏目规划，网站建设部经理安排小王继续为该集团完成网站首页草图的绘制。

三、实训环境

硬件环境：能接入互联网的计算机。

软件环境：IE 7.0、Flash、Word 2010。

四、实训内容与步骤

1．网页布局设计

就上述 3 个典型的网站首页，分析其网页布局及内容组织情况；结合实训一给出的网站栏目结构图，确定首页布局，并组织和规划各板块的内容。

2．草图绘制

在 Word 中绘制网站首页框架草图，并初步确定各板块尺寸的参数。

思考与练习

一、选择题

1．在进行网页草图绘制时，从竞争对手网站中可以借鉴的是（　　）。

A．网页配色　　B．文字、图像的编排　　C. 首页内容的布局与组织

D．网站的栏目结构　　E．产品规格描述　　F．网站地图

2．在进行网页布局时，正确的方法有（　　）。

A．尽量将最重要的信息放置在 F 形热点位置

B．应通盘考虑页面整体效果，不要在网页顶部放置联系电话、资质荣誉等内容

C．网页布局应充分发挥设计师的创意，以达到突出个性、与众不同的效果

D．拐角型网页布局比较适合以产品展示为重点的中小型企业

E．页面文字应尽可能使用大的字号，以保证可阅读性

F．客户是上帝，网页布局应完全按客户的意见来处理

G．在浏览器中，页面长度是没有限制的，因此可将所有产品图片都放置在首页，以达到一目了然的效果

H. 页面横向宽度的设计应保证在所有显示分辨率下都能正常浏览，因此通常做法是将其设为不超过 800 像素

3．关于首页内容的组织，以下方法正确的是（　　）。

A．尽量在首页展示所有栏目内容，做到一览无余

B．Banner 占页面空间往往较大，一般尽量去掉

C．网页中有顶部导航即可，没必要在页面中再设置其他形式的导航链接

D．对于企业简介信息，应在首页使用较多文字重点描述

E．如果有与企业相关的重大新闻，那么将其放置在首页显要位置是一种不错的方法

F．在企业网站首页中应尽可能保留用户注册界面，便于管理和挖掘潜在用户

G．可考虑将不同栏目的内容重新组织，将其放置在首页，以突显商务诉求

二、简答题

1．简述竞争对手网站获取的途径。

2．常见的网页布局类型有哪些？各有什么特点？

3．现在要建立一个品牌型网上商城，请给出你的首页内容组织方案。

项目三　商务网页效果图制作

学习目标

1. 掌握使用 Photoshop 制作网页效果图的流程
2. 掌握网页元素的制作方法
3. 掌握 Photoshop 中图层组的设置方法
4. 掌握利用 Photoshop 制作网页效果图的方法
5. 掌握使用 Photoshop 对网页效果图进行切片的方法

项目简介

在商务网站客户需求分析的基础上，前面已经规划了网站的栏目结构，绘制了网站首页草图，确定了网页的基本风格及网页布局。本项目要介绍的是如何制作网页元素，以及制作与真实网页完全一致的网页效果图，并对网页效果图进行切片，以获得制作最终页面所需要的所有图片素材及页面布局结构尺寸。

下面以 Photoshop 为工具，介绍网页元素和网页效果图的制作及切片方法。

项目概述

小王所在的智越网络公司承接了长沙市碧雅园花卉苗木基地网站建设项目。通过前期的客户需求分析，已经明确客户需要制作的网站为典型的展示型企业网站，并确定了网站的栏目结构（见图 3-1），绘制了网站首页草图（见图 3-2）。网站建设部经理要求小王依据图 3-1 和图 3-2，为长沙市碧雅园花卉苗木基地设计与制作网站首页效果图。另外，因客户不能提供企业标志图，还需一并设计与制作网站 LOGO。

项目分析

网页效果图是实际网页的静态图片复制，是后续页面制作和生成的重要基础。另外，它还是进一步明确客户需求的重要依据。当网页效果图制作完成后，应交由客户确认，并与客户进一步探讨如何实现企业的商务诉求。

对于展示型企业网站，可依据网站的栏目结构直接设计网页的主导航栏。一般而言，一级栏目名称就是主导航栏中的各个链接项。但要注意的是，它的顺序排列，除力求逻辑顺畅外，还要充分考虑客户的实际情况。

例如，在图 3-1 的一级栏目中，“苗木品种”“特色苗木”“售后服务”3 个一级栏目放在主导航栏前列，是为了强调客户的主营业务，即苗木出售。

图 3-1　网站的栏目结构

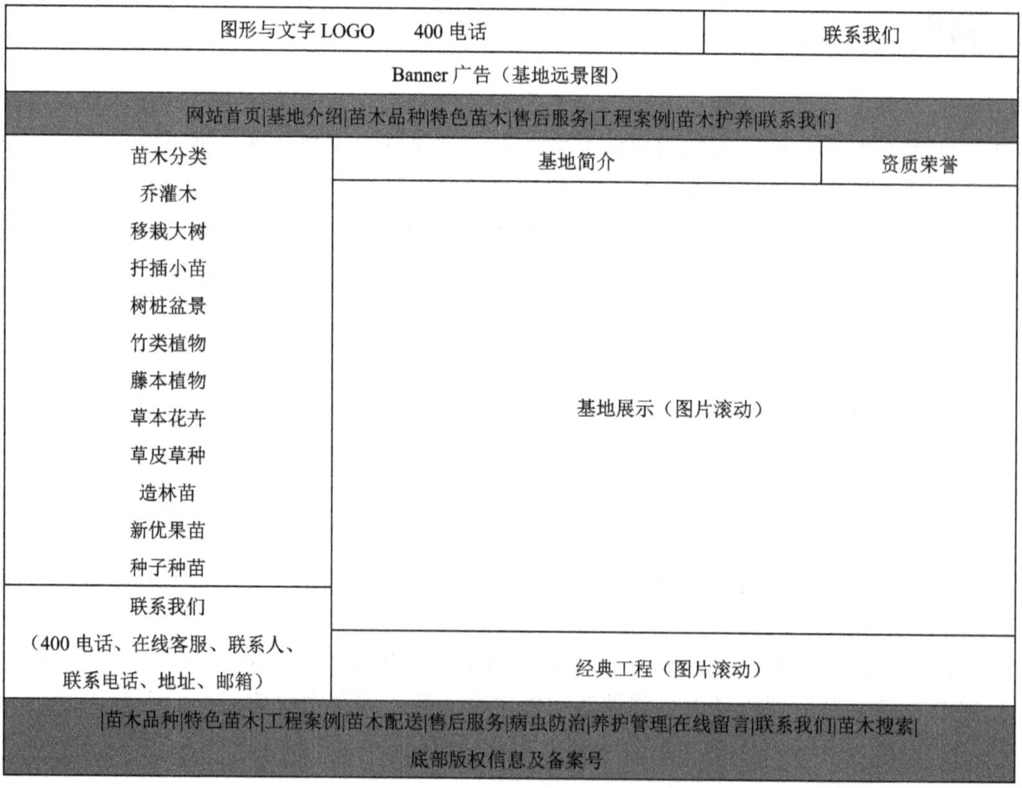

图 3-2　网站首页草图

“工程案例”放在其后，起补充业务的作用，告诉浏览者该基地不仅提供各类苗木，同时还具备苗木相关的绿化工程施工能力，这对提升该基地的可信度及整体形象起到强化作用。

“苗木养护”是一个知识性栏目，为浏览者提供苗木种养的相关知识及信息。该栏目可进一步提升浏览者的体验度，但与该基地的主营业务不直接相关，因此放在主导航栏稍后的位置。

网站首页草图采用的是拐角型网页布局。在制作网站首页效果图时，可将其分为5个部分：标志区、Banner区、导航区、内容区、底部区，分别对应图3-2中的第一行、第二行、第三行、中间区及最后一行。根据要展示的内容，内容区又可以分为“苗木分类”“基地简介”“基地展示”“经典工程”“资质荣誉”“联系我们”6个部分，每个部分均可在Photoshop中创建相应的图层组来进行管理。当然，根据需要还可以进一步划分更细的区域，以便单独进行编辑和处理。因网页内容一般较多，在制作网页效果图时要用到很多图层，因此应养成良好的习惯，使用Photoshop图层组功能来进行管理。

此外，完成这一项目任务还有一个最重要的前提——准备好网页效果图中要用到的素材，包括文字和图片。因为网页效果图要交由客户确认，所以准备的这些素材必须真实并对其进行优化处理。例如，LOGO的设计与制作、文字的内容、使用何种字体、使用什么样的表现形式等，要事先有一个全盘的考虑。

再者，该基地网站网页使用的主色调是绿色，一经确定，一般不要随意变更。网页中的各个部分，包括各种小图标，均应以绿色为基调进行设计和处理。

经过以上分析，可以将本项目的实施分解为以下5个任务。

任务一：网页素材选取

任务二：图层组管理

任务三：网页元素制作

任务四：网页效果图制作

任务五：网页效果图切片

首页效果图示例

温馨提示

网页效果图中用到的文字和图片素材，是商务诉求表达的直接载体，大部分需由客户提供。在进行素材搜集时，应与客户进行良好的沟通，确保理解并把握好每个素材。尤其应注意的一点是，网页设计师不是全能的，不是每个素材的准备都要由网页设计师一个人来完成，如实景和产品图片的拍摄，应由专业的摄影师来完成，以确保得到的优质图片能更好地表达客户的商务诉求。

本项目最终将实现的网站首页效果图如图3-3所示。

图 3-3　网站首页效果图

项目实施

任务一　网页素材选取

任务说明

在完成客户需求分析并绘制网站首页草图后，网页制作的后续流程如图 3-4 所示。

图 3-4　网页制作的后续流程

在搜集素材阶段，有的素材，尤其是产品图片、企业介绍等，是需要客户提供的，但网页设计师要做好相关整理工作。有的素材是可以从互联网或其他渠道中拿来借鉴或直接使用的，如 QQ 在线客服图标、特殊字体等。

本任务要求学习者熟悉常见的提供各类源素材的网站，并能根据网站首页效果图制作的需要搜集相应的素材。

任务步骤

1. 图片素材获取

在网页制作过程中，图片是必不可少的，几乎每个网页中都有或大或小的图片。这些图片的获取渠道很多，如可从互联网上下载、用数码相机拍摄、扫描各种图案、从视频或页面中抓取等。

图片的格式有很多种，常见的图片格式有 BMP、JPG、GIF、PNG，如表 3-1 所示。

表 3-1　常见的图片格式

图片格式	特　点	优　势	劣　势
BMP	Windows 系统下的标准位图格式，未经过压缩	图片清晰	图片文件比较大，不支持透明背景图片
JPG	采用一种特殊的有损压缩算法，将不易被人眼察觉的图片颜色删除，从而达到较大的压缩比	文件尺寸较小，图片品质较高	不支持透明背景图片
GIF	不仅可以是一张静止的图片，还可以是动画	文件尺寸小，支持透明背景图片	色域不广，只支持 256 种颜色，图片品质低
PNG	压缩比高于 GIF 格式的图片	文件尺寸小，支持透明背景图片	某些 Web 浏览器不支持 PNG 格式的图片

在这 4 种常见的格式中，除 BMP 格式的图片占用存储空间太大，不推荐使用外，其他 3 种都是在制作网页时经常使用的图片格式。

对网页设计初学者来说，要绘制一张好图并非易事，特别是要绘制一张符合企业网页风格的图，则难度更大。大部分的网页设计者不大可能驾轻就熟地使用影像处理软件或绘图软件，所以，借助网页素材网站不失为一个事半功倍的好办法。若能将互联网上的素材资源合理利用，则完全可以设计出特定风格的网页。

在互联网上有很多不错的图片素材网站，以下是几个具有代表性的网站。

（1）站酷

网站网址：http://www.zcool.com.cn。

网站介绍：创建于 2006 年 8 月，是一个专业的素材下载与设计分享网站，提供矢量素材、PSD 分层素材、图标素材、高清图片、原创作品等内容。该网站的特点是设计风格流行、时尚，日韩、欧美设计素材应有尽有。另外，网站简洁、美观，视觉冲击力强，广告排列整齐有序。

（2）素材中国

网站网址：http://www.sccnn.com。

网站介绍：提供各类设计素材的下载，包括图片素材、壁纸、网页素材、动画素材、矢量图、PSD 分层素材、字体、教材、图标等。素材中国收录了很多商业广告的源文件（包括 PSD、CDR、AI 格式），部分资源需要收取一定费用，只支持迅雷、快车下载。

（3）站长素材

网站网址：http://sc.chinaz.com。

网站介绍：提供各类设计素材的下载，包括图片、网页模板、图标、QQ 表情、矢量素材、PSD 分层素材、音效、桌面壁纸、网页素材等。网站资源丰富，更新及时。另外，专题素材下载也是它的特色。

（4）昵图网

网站网址：http://www.nipic.com。

网站介绍：提供各类设计素材的下载，包括图库，摄影作品，设计作品，矢量，PSD、AI、CDR、EPS 格式的图片等。网站资源丰富，但因为是资源共享和交易平台，所以这里的素材下载都需要共享分或昵币，经典的设计素材还需要充值购买。

在网站首页效果图中，我们要使用的 QQ 在线客服图标，可在昵图网中搜索“QQ”关键词，找到相应图片并对其进行适当处理。

2. 图片格式转换

如果是 BMP 格式的图片，则往往文件很大，需要对图片格式进行转换。网上有很多图片转换软件，如 ACDSee、美图秀秀等，能自动识别图片的真实格式，可以实现 JPG、GIF、BMP、PNG 等格式的互转。这些软件操作简单，大家可自行下载使用。

3. 特效字体选取

步骤 1：下载字体

在百度搜索框中输入“字体下载”，选择一个字体下载网站，挑选喜欢的字体，将它下载到桌面上，如图 3-5 所示。

图 3-5　下载字体示例

步骤 2：添加所下载的字体到系统字体库

在 Windows 7 系统中，选择“开始”|“控制面板”命令，在控制面板中打开“字体”窗口，如图 3-6 所示。把下载的字体复制到“字体”窗口中，该字体就会自动安装了。

此时 Photoshop 的可选字体中就添加了新字体，如图 3-7 所示。

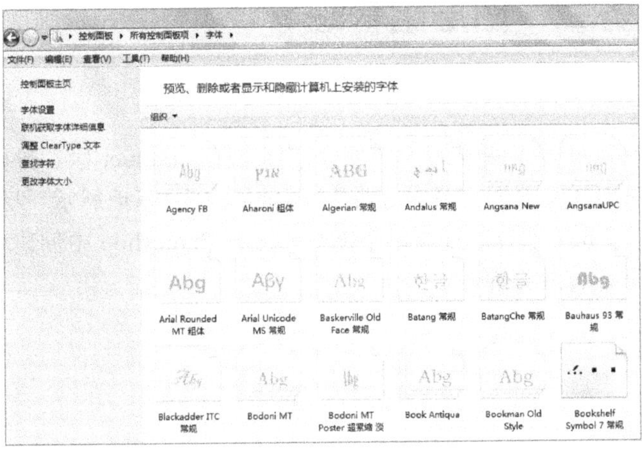

图 3-6　“字体”窗口

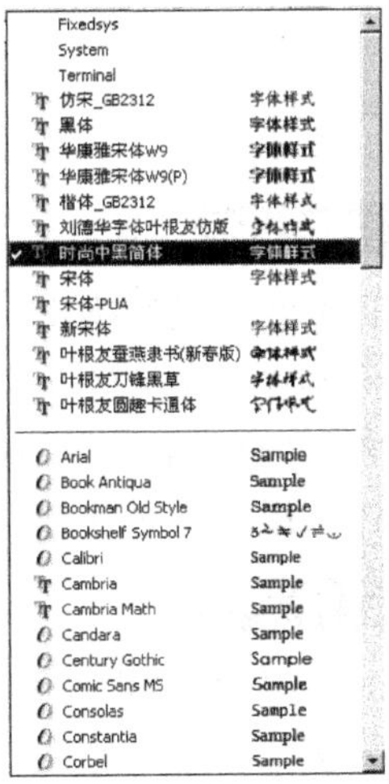

图 3-7　Photoshop 的可选字体中添加了新字体

技能训练 3-1　图片素材下载与处理

在图 3-3 左侧的“联系我们”处要用到电话的小图片，请上网下载该图片，并适当调整大小，填写表 3-2。

表 3-2　图片素材下载与处理

操作时间：__________　　　　操作人：__________

操 作 内 容	图　　片	显示大小/像素	存储大小/KB
下载的图片			
处理后的图片			
素材来源网址			
网站特点分析			

技能训练 3-2　字体下载与安装

请给出 3 个可以下载字体的网址，比较它们的特点，并下载“微软雅黑”字体到系统字体库中，填写表 3-3。

表 3-3　字体下载与安装

操作时间：__________　　　　操作人：__________

网　　址	提供下载的字体种类	网 站 特 点
1.		
2.		
3.		
运用“微软雅黑”字体处理右方的文字	这是微软雅黑字体的效果	
操作总结		

任务二 图层组管理

任务说明

前面我们已经确定，将网站首页效果图分为 5 个部分：标志区、Banner 区、导航区、内容区、底部区。其中，内容区又分为“苗木分类”“基地简介”“基地展示”“经典工程”“资质荣誉”“联系我们”6 个部分。针对每个部分，应在 Photoshop 中创建相应的图层组，以对各部分图层进行有效管理。

任务步骤

1．图层组结构规划

步骤 1：安装并启动 Photoshop

Photoshop 是 Adobe 公司旗下知名的图像处理软件之一，它集图像扫描、编辑修改、图像制作、广告创意、图像输入与输出于一身，深受广大平面设计人员和计算机美术爱好者的喜爱。

Photoshop 的专长在于图像处理，而不是图形创作。图像处理是对已有的位图图像进行编辑加工处理及应用一些特殊效果。利用图形创作软件，创作者可以按照自己的构思，使用矢量图形来设计图形，图形创作软件如 Adobe 公司的 Illustrator 等。

本项目制作网站首页效果图所采用的软件是 Photoshop CS5。在使用之前，需要先安装它。另外，在后期的网站制作过程中，还需要使用网页制作软件 Dreamweaver 和动画制作软件 Flash，也同样需要先下载再安装。

在成功安装 Photoshop CS5 后打开它，其启动界面如图 3-8 所示。

图 3-8 Photoshop CS5 的启动界面

温馨提示

计算机中显示的图形一般可以分为两大类——矢量图和位图。

① 矢量图：使用直线和曲线来描述图形，可通过公式计算获得，文件体积一般较小。矢量图无论放大、缩小还是旋转，都不会失真。

② 位图：又称光栅图，一般用于照片品质的图像处理，是由许多像小方块一样的像素组成的图形。由其位置与颜色值表示，能表现出颜色阴影的变化。Photoshop 主要用于处理位图，位图在放大后会失真。

步骤 2：新建网站首页效果图文件

选择“文件”｜“新建”命令，打开“新建”对话框，根据实际需要设置对话框中的参数，如图 3-9 所示（注意：宽度和高度的设置原则在项目一中提到过）。单击“确定”按钮，即创建了一个 950 像素×1100 像素的白色背景的 Photoshop 文件。

这时，“图层”面板中出现一个图层，自动命名为“背景”图层。

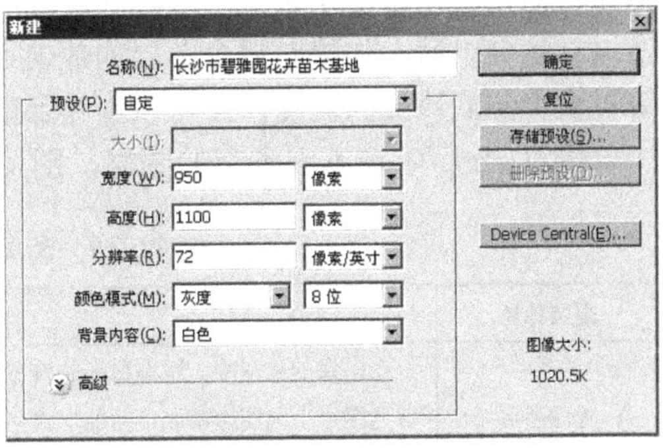

图 3-9　“新建”对话框

温馨提示

Photoshop 中图像的颜色模式有多种，其中 RGB 模式是默认的色彩模式。该模式源于色光三原色（红色、绿色、蓝色），R（Red，红色）、G（Green，绿色）、B（Blue，蓝色）的值分别为 0～255，所有其他颜色都是通过红、绿、蓝 3 种颜色叠加而成的。这是在制作网站首页效果图时最常用的模式。

以上步骤已生成制作网站首页效果图最基础的“背景”图层。当重新打开该 Photoshop 文件时，“背景”图层往往处于锁定状态，如图 3-10 所示，需要解锁才可进行相关操作。双击“背景”图层后的锁的图标即可解锁，如图 3-11 所示。通常，为了保证某一图层不受后面操作的影响，可以在对该图层进行操作前复制该图层，保留该图层的副本。

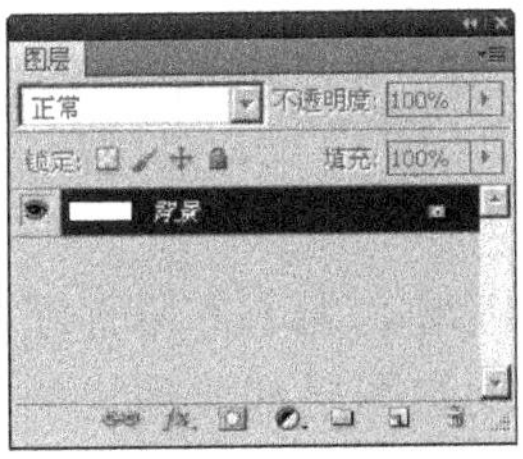

图 3-10　“背景”图层的锁定状态

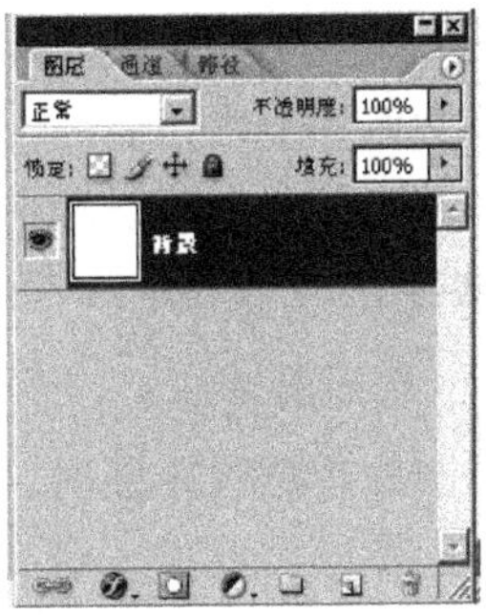

图 3-11　解锁后的“背景”图层

温馨提示

Photoshop 中的图层如同堆叠在一起的透明纸，可以透过图层的透明区域看到下面的图层，也可以移动图层来定位图层上的内容，就像在堆栈中滑动透明纸一样。另外，还可以更改图层的不透明度，使内容部分透明。图层文件组和图层的命名可以用中文，也可以用英文字符。命名的原则是尽量做到短小，最好见名知义。

当要制作一张比较复杂的图像时，如果只能在一张纸上画，一旦小部分的细节画错，就必须重画整张图像。而使用图层可以简化画面，如将画面分割成背景、中景、前景等，然后将简化的元素分别画到相应的图层上，最后按要求相互叠加，以求达到最终效果。在这样划分以后，如果对哪个图层的效果不满意，则只需针对相应图层进行修改。不仅可以大大降低修改的难度，还可以继续保留其他元素，从而大大提高工作效率。

Photoshop 中有不同类型的图层，图层种类及其说明如表 3-4 所示。

表 3-4　图层种类及其说明

图层种类	图层说明
普通图层	在图像的处理中，用得最多的就是普通图层。在普通图层上能够运用大多数图层编辑命令。在普通图层上的图像都以位图的形式存在，图层没有像素的地方默认是透明的，使用灰白间隔的方格表示。如果将图像中的某部分删除，该部分就会变成透明的，并透出下面图层上的内容
文字图层	文字图层用来输入和编排文字，它是矢量化的图层。在没有栅格化为普通图层或合并图层前，都可以放大或缩小而不影响品质
蒙版图层	蒙版图层是进行图像合成的重要手段，它附加在图层上，用于遮住图层上的部分区域，并显露出其下方图层上的图像，操作起来灵活、方便
调整图层	调整图层专用于图像的色彩调整，它的调整效果可以跨多个图层，将影响位于其下方的所有图层。调整图层可以将色彩调整过程单独使用图层的形式保存，并不改变原图像的像素信息，一旦将调整图层删除，图像就可以恢复到原始状态
填充图层	填充图层是一种带图层蒙版的图层，使用填充图层可以创建纯色、渐变或图案填充图像。填充图层不影响其下方的图层
形状图层	形状图层是一种带矢量蒙版的填充图层，它具有矢量特性，通过矢量的蒙版区域控制图层显示内容，并可在放大时仍保留光滑的图像边缘

“图层”面板说明如图 3-12 所示。

步骤 3：保存网站首页效果图文件

选择“文件”|“存储为”命令，打开“存储为”对话框，如图 3-13 所示。选择保存的路径，文件名为“长沙市碧雅园花卉苗木基地”，格式为“.psd”。

Photoshop 的源文件格式为*.psd，能够保存图像文件的完整信息。

步骤 4：规划图层组

在制作网站首页效果图时，需要创建和使用很多图层。为了方便管理和使用，需创建图层组。图层组就像一个文件夹，可以把所有相关的图层都放到这个文件夹中。例如，将与网页头部相关的图层全部放置到“头部”图层组中。

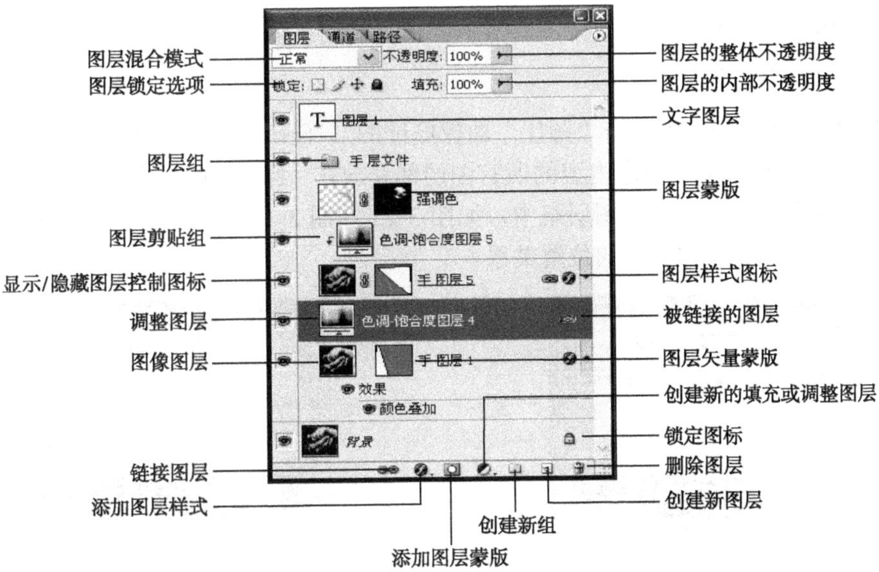

图 3-12　“图层”面板说明

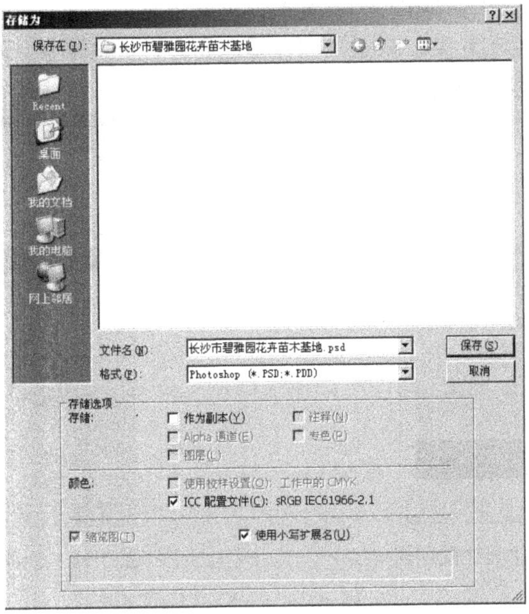

图 3-13　“存储为”对话框

根据网站首页草图，可对网站首页效果图的图层组进行划分，如图 3-14 所示。

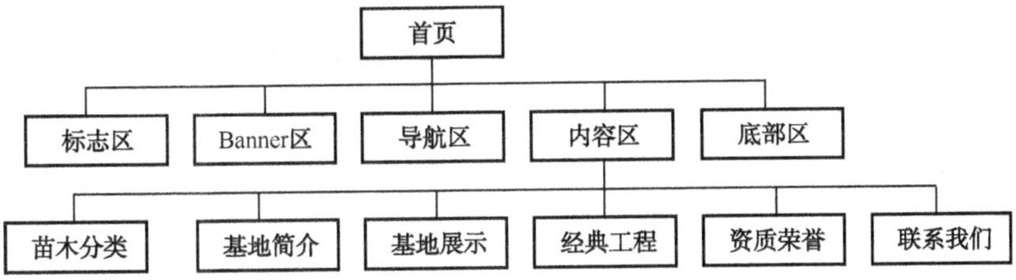

图 3-14　网站首页效果图的图层组划分

图层组可以嵌套使用，即在图层组中创建新的图层组，进行进一步细分管理。

2. 图层组创建

在 Photoshop CS5 中单击“图层”面板底部的按钮，新建“文件组 1”，并命名为“标志”。将制作头部标志内容的所有图层都存放在“标志”图层组中。选中“背景”图层，将其拖动到“标志”图层组中，如图 3-15 和图 3-16 所示，注意图 3-16 中“背景”图层与“标志”图层组的位置关系。

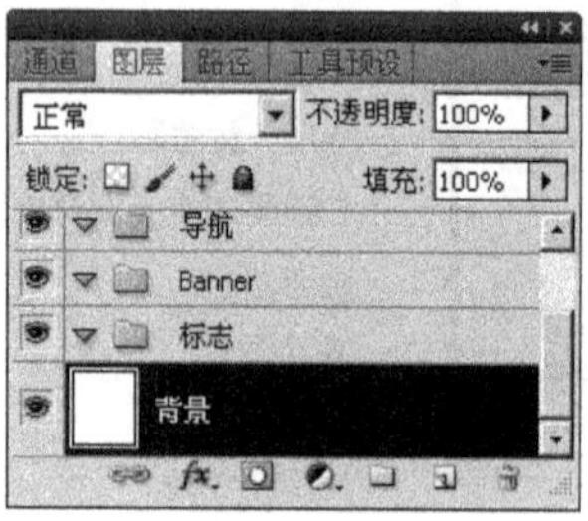

图 3-15　图层移动（1）

图 3-16　图层移动（2）

依次新建其他图层组，如图 3-17 所示。

内容区部分包括苗木分类、联系我们、基地简介、资质荣誉、基地展示、经典工程 6 个部分，因此在“内容”图层组中分别新建对应的 6 个内部图层组，如图 3-18 所示。

图 3-17　新建其他图层组

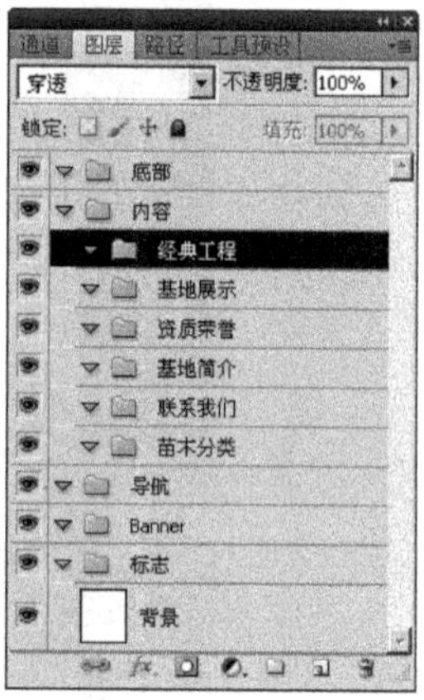

图 3-18　新建内部图层组

技能训练 3-3　图层结构规划

请依据图 2-15 规划该网站首页效果图的图层结构，并在 Photoshop 中实现。

任务三　网页元素制作

任务说明

在制作网站首页效果图前，除了获取必要的文字和图片素材，还要设计 LOGO、Banner、导航栏等网页元素。

本任务要求学习者熟悉常见的网页元素，并能根据网站首页效果图制作的需要制作出相应的网页元素。

任务步骤

1. LOGO 设计与制作

视频：LOGO 制作

网站 LOGO 的设计，与其他标志图案的设计一样，要遵循人们的认知规律，突出主题，引人注目。所谓认知规律，是指从上到下、从左到右、从小到大、从远到近的视觉习惯，以及人们的审美能力和审美心理等。要做到突出主题，就要求设计者非常了解网站的定位和发展方向，能够在方寸之间概括出网站的理念。引人注目是指视觉效果要强烈——容易识别、辨认和记忆。

（1）LOGO 的设计手法

常用的 LOGO 的设计手法有以下几种。

① 标志性手法：用标志、文字、头字母的表音符号来设计 LOGO。标志性 LOGO 样例如图 3-19 所示。

② 卡通化手法：通过夸张、幽默的卡通图像来设计 LOGO。卡通化 LOGO 样例如图 3-20 所示。

③ 几何图形构成法：用点、线、面、方、圆、多边形或三维空间等几何图形来设计 LOGO。由几何图形构成的 LOGO 样例如图 3-21 所示。

图 3-19　标志性 LOGO 样例

图 3-20　卡通化 LOGO 样例

图 3-21　由几何图形构成的 LOGO 样例

当然，在设计时往往以一种手法为主，几种手法交叉使用。

此外，部分企业喜欢使用变形的企业名称作为其 LOGO，这是一种很好的视觉识别符号，简单、紧凑、美观，而且具有趣味性。这种字母的变形有着各种各样的形式。企业名称变形形成的 LOGO 样例如图 3-22 所示。

大写字母和小写字母结合起来往往有很好的效果，一个大写的 I 不可以与任何字母结合，否则它会消失，但是小写的 i 不会产生这个问题，它的独立圆点让它很有亲和力和辨识度，如图 3-23 所示。

图 3-22　企业名称变形形成的 LOGO 样例

图 3-23　大写字母和小写字母结合形成的 LOGO 样例

（2）LOGO 的设计技巧

LOGO 的设计技巧很多，概括起来主要有以下几点。

① 保持视觉平衡，讲究线条的流畅，使整体形状美观。

② 用反差、对比或边框等强调主题。

③ 选择恰当的字体。

④ 注意留白，给人想象空间。

⑤ 运用色彩。人们对色彩的反应比对形状的反应更为敏锐和直接，因此运用色彩更能激发人们的情感。

（3）网站 LOGO 的一般尺寸

网站 LOGO 的一般尺寸有如下几种。

① 88 像素×31 像素，这是互联网上最普遍的 LOGO 尺寸。

② 120 像素×60 像素，这种尺寸用于一般大小的 LOGO。

③ 120 像素×90 像素，这种尺寸用于大型的 LOGO。

（4）LOGO 的设计原则

在设计 LOGO 时还应该遵循以下原则。

① LOGO 外观尺寸和基本色调要根据页面整体版面设计来确定，而且要考虑在印刷、制作过程中进行缩放等处理时的效果变化，确保 LOGO 能在各种媒体上保持相对稳定。

② 重视简单的法则——简单容易被接受，简单给人们想象空间，简单提高了效率，简单更能突出主题。

（5）LOGO 的设计与制作方法

LOGO 的设计与制作可以借助一些专业软件来实现，如 AAALogo。AAALogo 是一款 LOGO 设计与制作软件，它操作简单、功能强大，在几分钟内就可以设计与制作出专业的 LOGO，可用于网页，也可以打印出来。AAALogo 内置 60 个模板，可允许设计者自己定制模板。它还附带 2000 多个 LOGO 对象和剪贴画的图库。所有内置 LOGO 对象都是基于矢量的，可以轻易地缩放和旋转。在 AAALogo 中，还可以对任意单独对象应用不同的样式，从而可以得到几乎无限的对象和效果组合。

启动 AAALogo，其运行界面如图 3-24 所示。

图 3-24　AAALogo 的运行界面

选择合适的 LOGO 模板，如图 3-25 所示。

图 3-25　选择合适的 LOGO 模板

编辑制作的 LOGO 图形如图 3-26 所示。

图 3-26　编辑制作的 LOGO 图形

将该图形保存为透明的“LOGO.png”文件，如图 3-27 所示。打开“LOGO.png”文件，效果如图 3-28 所示。

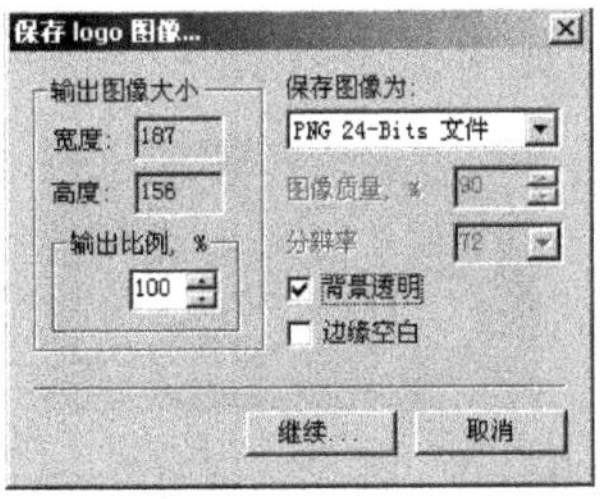

图 3-27　保存编辑制作的 LOGO 图形

图 3-28　“LOGO.png”文件效果

在 Photoshop CS5 中新建一个空白文档，打开“LOGO.png”文件，选择移动工具，将它移动到新建的空白文档中；选择文字工具，输入文字“长沙市碧雅园花卉苗木基地”，文字大小为 24 点，字体为微软雅黑，颜色代码为#008500，其效果如图 3-29 所示，并将文件保存为“LOGO.psd”。

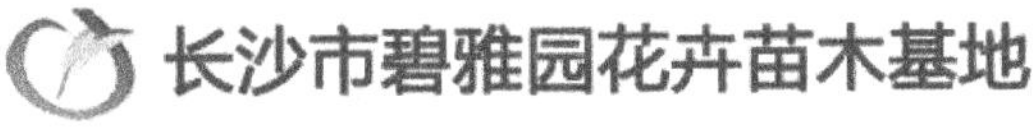

图 3-29　图形与文字 LOGO 的效果

技能训练 3-4　LOGO 设计与制作

请为你所在学校的网站重新设计与制作一个 LOGO，并将操作的结果填入表 3-5 中。

表 3-5　LOGO 设计与制作

操作时间：__________　　　　　　　　操作人：__________

设计与制作 LOGO 所使用的软件	
LOGO 效果图	
设计思路	

2. Banner 制作

视频：Banner 制作

Banner 是网站中网络广告的主要表现形式，可以使用静态图形，也可以用多帧图像拼接成动画图像。Banner 可根据需要放置在网页顶部、中部、底部任意一处，甚至横向贯穿整个或者大半个页面。当浏览者访问一个网站时，首屏的信息展示是非常重要的，它在很大程度上影响了浏览者的停留时间。因为仅靠大面积文字的堆积很难直观而迅速地告诉浏览者来到这里会得到什么有价值的信息，所以 Banner 的设计至关重要。一般可以使用轮播图片或动画，将公司理念、公司特点、实景或产品图片、促销信息等商务诉求信息以生动有趣的互动形式展现出来。

（1）Banner 的设计原则

① 具有鲜明的色彩。Banner 只有使用鲜明的色彩，才能在第一时间吸引浏览者的注意，如图 3-30 所示。在选用色彩时，应该尽量使用红、橙、蓝、绿、黄等鲜明的色彩。

② 文字的字体清晰。Banner 的设计目的是最大限度地吸引浏览者的注意力。因此，文字的字号不能过小，文字的间隙也不能太小。一般来说，文字要大小适中，文字之间要有足够的间隙，使其能清晰地展现在浏览者的视线中，如图 3-31 所示。

图 3-30　色彩鲜明的 Banner

图 3-31　文字清晰的 Banner

③ 语言具有号召力。广告的目的是在消费者心中树立该产品的形象，促使消费者了解或购买广告所宣传的产品。Banner 也具有同样的特点，要使语言具有号召力，如图 3-32 所示。

图 3-32　语言具有号召力的 Banner

④ 图形的位置合适。在 Banner 的设计中，一般主体图形都会按照浏览者的视觉习惯放置在 Banner 的左侧，这样符合浏览者的浏览习惯。因为在看物体时，浏览者都是按照视觉习惯从左到右浏览的，只有遵循这样的规律，才更能吸引浏览者的注意。

⑤ 广告条的文字方向正确。广告条的文字方向正确是指让浏览者从一个方向上看文字，图 3-33 所示为正确的文字方向，而图 3-34 所示为杂乱的文字方向。

图 3-33　正确的文字方向

图 3-34　杂乱的文字方向

图 3-35 中的文字方向也是正确的，仍是从左向右的。

⑥ 按钮一般放在右侧，如图 3-36 所示。

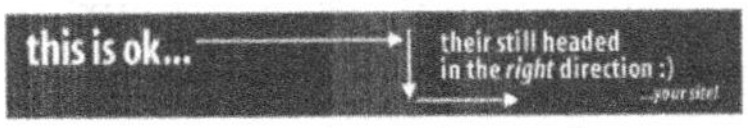

图 3-35　从左至右的文字方向

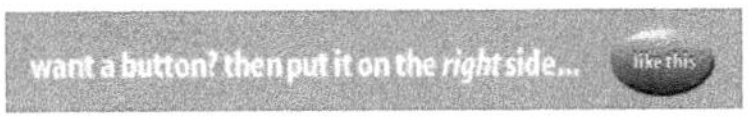

图 3-36　按钮摆放示意图

这样做会更快、更有效，因为浏览者的习惯是从左向右看，浏览者基本上不会在看广告条的内容前单击按钮。

⑦ 广告条要留白。广告条需要留白，不留白的广告条让人看起来很不舒服，如图 3-37 所示。文字的旁边留有一定的空间，才能使它们更明显。避免广告条的每个角都有文字，这样才会感觉比较清晰，如图 3-38 所示。

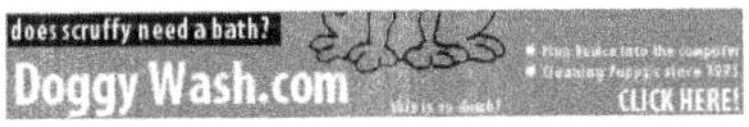

图 3-37　不留白的广告条

图 3-38　留白的广告条

⑧ 内容不宜太多。不要放没用的内容，虽然设计亮点很重要，但当亮点过多时，就没有了主次，也就失去了真正的亮点，会显得杂乱无章，如图 3-39 所示。

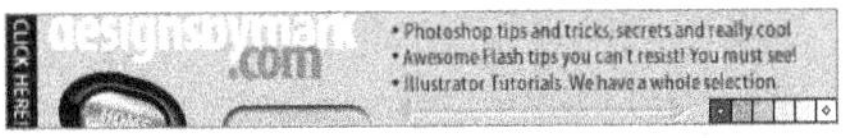

图 3-39　内容过多的 Banner

⑨ 控制颜色种类。为了提高浏览速度，尽量选择只用一种颜色作为背景，这也有利于形成强烈对比。当然，为了实际需要，可以采用丰富的色彩，但是主体颜色不宜超过两种。

（2）Banner 的制作步骤

以长沙市碧雅园花卉苗木基地网站为例，完成其 Banner 的设计，要求能够调整图片大小，运用 Photoshop 的裁切工具截图，Banner 的最终效果如图 3-40 所示。

图 3-40　Banner 的最终效果

步骤1：打开制作Banner所需的背景图片，截取适当大小

打开背景图片“苗木基地全景.jpg”，选择“图像”｜“图像大小”命令，打开“图像大小”对话框，可以看到文件尺寸为970像素×518像素，如图3-41所示。将其等比例缩放到950像素×507像素，如图3-42所示。

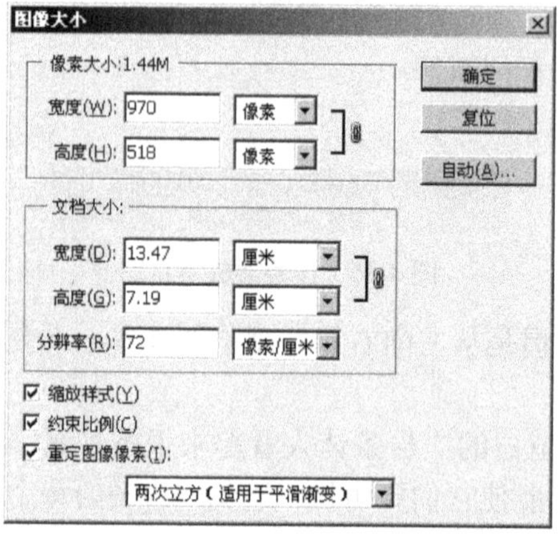

图3-41　“图像大小”对话框

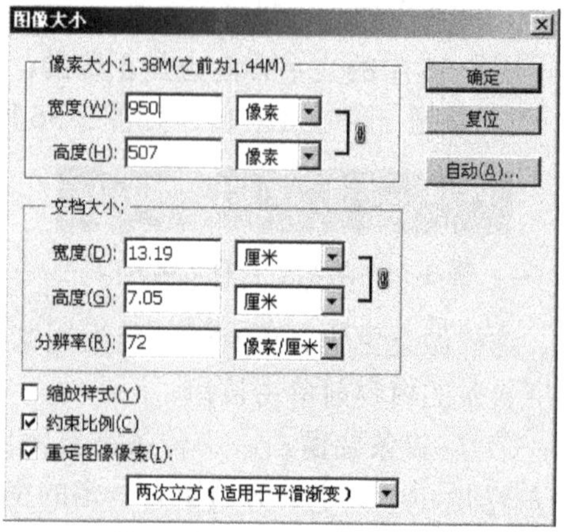

图3-42　设置图像大小

双击“背景”图层使之解锁，使用裁切工具设置裁切区域的宽度为950厘米，高度为260厘米，如图3-43所示。选定裁切区域，如图3-44所示。在确定裁切后，按Ctrl+A组合键全选，按Ctrl+C组合键复制，然后在“长沙市碧雅园花卉苗木基地.psd”中选中“Banner”图层组，在此图层组中新建“基地背景”图层，按Ctrl+V组合键将剪贴板中的内容粘贴到该图层中。使用移动工具将其移动到合适位置，效果如图3-45所示。

图3-43　使用裁切工具设置裁切区域的尺寸

图3-44　选定裁切区域

图3-45　粘贴裁切内容后的效果

步骤2：添加文字

使用文字工具在“长沙市碧雅园花卉苗木基地.psd”中输入“基地面积2000余亩”，字体为微软雅黑，文字大小为24点，文字的颜色为#FFFFFF，数字“2000”的颜色为#FF0000。输入文字“主营红花紫薇、罗汉杉、红梅、广玉兰、海棠、樱花、香樟、桂花等南方花卉苗木”，文字大小为20点，颜色为#FFFFFF，效果如图3-46所示。

图 3-46　添加文字后的 Banner 效果

步骤 3：添加轮显标识

新建图像图层，命名为“渐变”图层。选中该图层，在 Banner 图片的右下角绘制矩形选区，大小为 200 像素×30 像素。选择渐变工具，设置前景色为#00000，背景色为#858585，在矩形选区内进行渐变填充，效果如图 3-47 所示。设置该图层的不透明度为 50%，效果如图 3-48 所示。

图 3-47　在“渐变”图层添加渐变填充的效果

图 3-48　设置“渐变”图层的不透明度为 50%的效果

新建“轮显标识”图层，选择椭圆选框工具，按住 Shift 键在右下角绘制正圆，填充颜色为#FFFFFF，不透明度为 60%，效果如图 3-49 所示。同样绘制 4 个正圆，效果如图 3-50 所示，并将文件保存为“Banner.jpg”。

图 3-49　绘制正圆的效果

图 3-50　绘制 4 个正圆的效果

技能训练 3-5　Banner 轮播图片设计与制作

请为长沙市碧雅园花卉苗木基地网站首页设计与制作第二张 Banner 轮播图片。该轮播图片要重点展示长沙市碧雅园花卉苗木基地的资质荣誉或特色苗木，相关素材可从网上搜集，并将操作结果填入表 3-6 中。

表 3-6　Banner 轮播图片设计与制作

操作时间：__________　　　　操作人：__________

长沙市碧雅园花卉苗木基地网站首页 Banner 轮播图片截图	
设计思路	

3．导航栏制作

视频：导航栏制作

在本任务中，要运用图层样式设置来完成导航栏的制作。使用图层样式可以制作出各种不同效果的导航栏。

步骤1：制作渐变矩形

新建一个图层，命名为“矩形”。选择矩形选框工具，调整为固定大小：118像素 × 45像素。选择渐变工具，设置为线性渐变，前景色为#00CC00，背景色为#008500。在矩形选区中按住Shift键进行垂直填充，效果如图3-51所示。

图3-51　垂直填充的效果

步骤2：设置“矩形”图层的样式

选中“矩形”图层，设置其图层样式，分别设置“内发光”“渐变叠加”“描边”3种样式，具体设置内容如图3-52～图3-55所示。

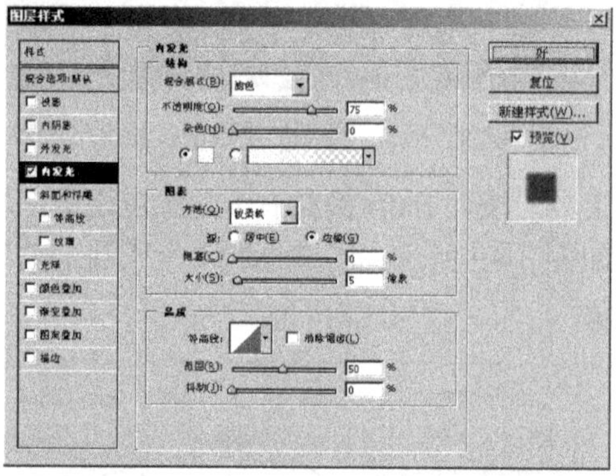

图3-52　设置“内发光”样式

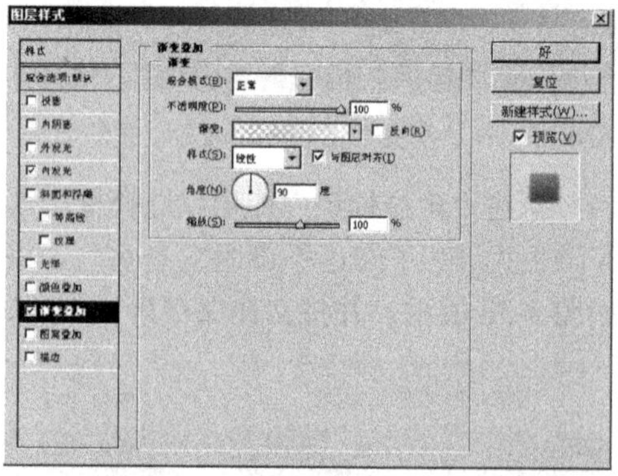

图3-53　设置“渐变叠加”样式

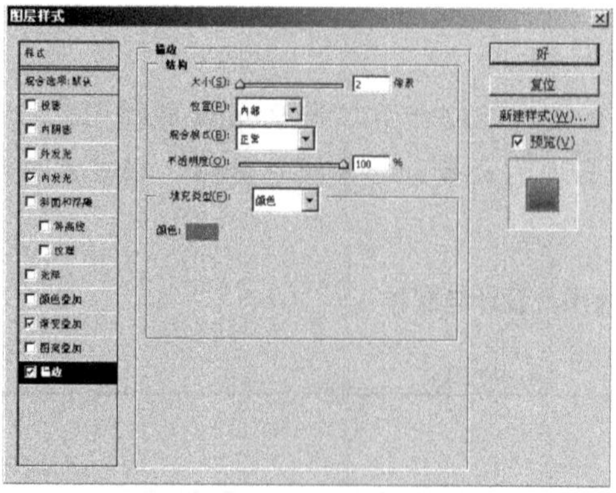

图3-54　设置“描边”样式

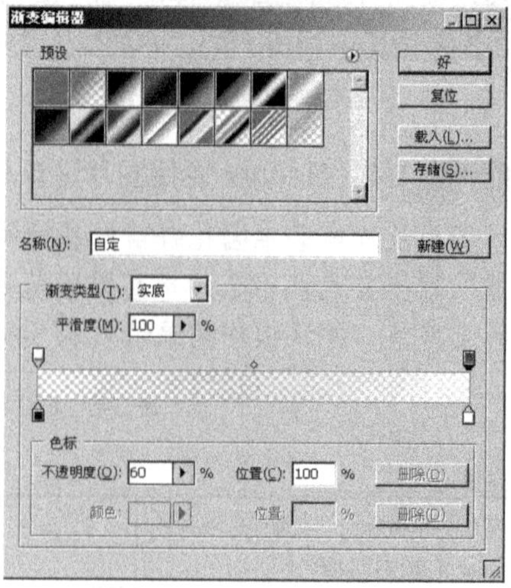

图3-55　设置渐变填充

制作好的渐变按钮如图 3-56 所示，将渐变按钮保存为“jianbian.jpg”。

图 3-56　渐变按钮

图层样式说明如下。

- 投影：为图层对象、文本或形状添加阴影效果。
- 内阴影：在图层对象、文本或形状的内边缘添加阴影，让图层产生一种凹陷外观。内阴影效果对文本效果更佳。
- 外发光：从图层对象、文本或形状的边缘向外添加发光效果，可以让图层对象、文本或形状更精美。
- 内发光：从图层对象、文本或形状的边缘向内添加发光效果。
- 斜面和浮雕：通过“样式”下拉列表为图层添加高亮显示和阴影的各种组合效果。
- 光泽：对图层对象内部应用阴影，与图层对象的形状互相作用，通常创建规则波浪形状，产生光滑的磨光及金属效果。
- 颜色叠加：在图层对象上叠加一种颜色，即将一层纯色填充到应用样式的图层对象上。
- 渐变叠加：在图层对象上叠加一种渐变颜色，即将一层渐变颜色填充到应用样式的图层对象上。通过“渐变编辑器”还可以选择使用其他渐变颜色。
- 图案叠加：在图层对象上叠加图案，即用一致的重复图案填充图层对象。从“图案拾色器”中还可以选择其他图案。
- 描边：使用颜色、渐变颜色或图案描绘当前图层对象、文本或形状的轮廓，对于边缘清晰的形状（如文本），这种效果尤其有用。

任务四　网页效果图制作

任务说明

前面已经确定将网站首页效果图分为 5 个部分：标志区、Banner 区、导航区、内容区、底部区。其中，内容区又分为“苗木分类”“基地简介”“基地展示”“经典工程”“资质荣誉”“联系我们”6 个部分。本任务将完成网站首页效果图的制作。

任务步骤

1. 标志区制作

步骤 1：添加渐变背景

新建“渐变背景”图层，选择矩形选框工具，设置矩形选区的宽度为 950 像素，高度为 120 像素，如图 3-57 所示。

图 3-57　矩形选区的宽度及高度设置

在头部绘制矩形选区，如图 3-58 所示。

图 3-58　绘制矩形选区

如果选区不理想，则可以取消当前选区。取消当前选区最快捷的方法是按 Ctrl+D 组合键，也可以选择“选择”｜“取消选择”命令。

当然也可以进行选区的修改，如扩大、减小选区。扩大选区可以使选区包含具有相似颜色且位置相邻的区域。选择“选择”｜“修改”｜“扩展”命令，就可以扩大选区。

温馨提示

Photoshop 中有 3 个重要的概念：选区、图层和路径，这三者是 Photoshop 的精髓。选区就是对图像的某个部分进行选取形成的区域。Photoshop 中的选区大部分是使用选区工具来实现的。选区工具共有 8 个，分别是矩形选框工具、椭圆选框工具、单行选框工具、单列选框工具、套索工具、多边形套索工具、磁性套索工具、魔棒工具。其中前 4 个属于规则选区工具。

关于选区的操作，要注意以下几点。

① 选区是封闭的区域，可以是任何形状，但一定是封闭的，不存在开放的选区。

② 选区一旦建立，大部分的操作就只针对选区范围内的对象有效。如果要针对全图操作，就必须先取消选区。

设置前景色为#00CC00，背景色为#FFFFFF，选择渐变工具，单击按钮，打开“渐变编辑器”窗口，如图 3-59 所示。拖动白色色标分别到 20%和 80%的位置，如图 3-60 所示。

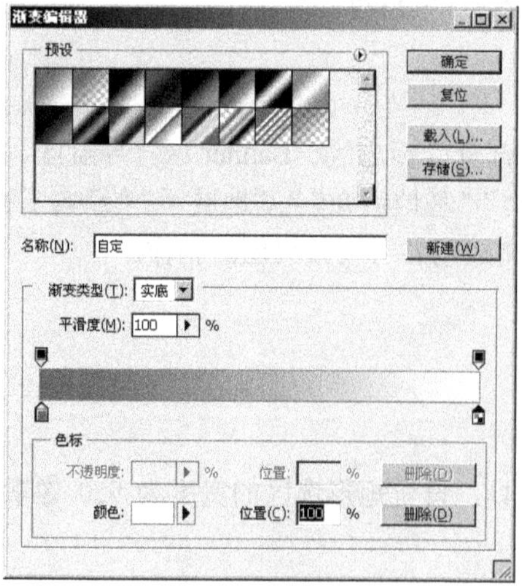

图 3-59　“渐变编辑器”窗口

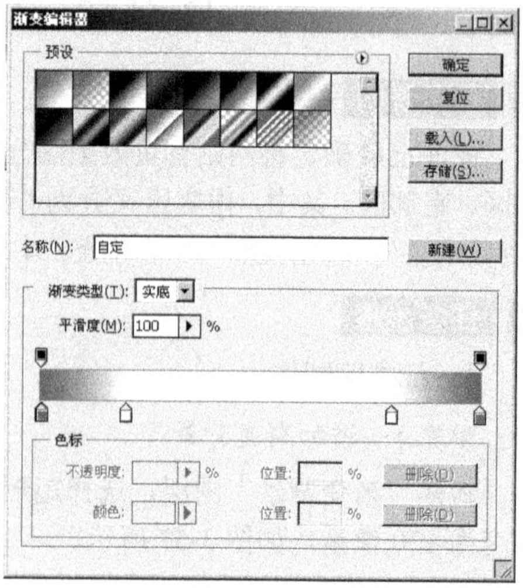

图 3-60　拖动白色色标

在矩形选区中按住 Shift 键进行渐变填充，效果如图 3-61 所示。

填充完毕，按 Ctrl+D 组合键取消选区。

图 3-61　渐变填充效果

步骤 2：添加 LOGO

在 Photoshop CS5 中打开“LOGO.png”文件，全选并复制，在“长沙市碧雅园花卉苗木基地.psd”的“标志”图层组中新建“图形 LOGO”图层，将剪贴板中的 LOGO 图像粘贴到该图层中。同时，选择文字工具，在“背景”图层中输入文字“长沙市碧雅园花卉苗木基地”，设置文字大小为 24 点，字体为微软雅黑，颜色为#008500，设置后的 LOGO 效果如图 3-62 所示。

图 3-62　设置后的 LOGO 效果

接着，输入 400 电话，设置字体为 Georgia，文字大小为 24 点，颜色为#FF0000，操作步骤同上，其效果如图 3-63 所示。

图 3-63　400 电话效果

步骤 3：制作“添加收藏”和“联系我们”按钮

选择圆角矩形工具，设置半径为 15 像素，在头部绘制两个圆角矩形，颜色为#008500，图层名称分别设置为“椭圆形状 1”“椭圆形状 2”。移动两个圆角矩形，使之并列。

分别在两个圆角矩形上使用文字工具添加文字“添加收藏”“联系我们”，设置字体为微软雅黑，文字大小为 9 点。选择移动工具，将两个圆角矩形移动到合适的位置，此时标志区的效果如图 3-64 所示。

到此，标志区的制作已经完成，此时“标志”图层组的结构如图 3-65 所示。

图 3-64　标志区的效果

图 3-65　“标志”图层组的结构

项目三

2. Banner 区制作

在 Photoshop CS5 中打开“Banner.jpg”文件，全选并复制，在“长沙市碧雅园花卉苗木基地.psd”的“Banner”图层组中新建“Banner”图层，将剪贴板中的 Banner 图像粘贴到该图层中，此时完整的 Banner 如图 3-66 所示。

图 3-66　完整的 Banner

3. 导航区制作

运用图层样式设置来完成导航区的制作。导航区的最终效果如图 3-67 所示。

图 3-67　导航区的最终效果

步骤 1：制作导航区的背景

在“导航”图层组中新建一个图层，命名为“矩形”。选择矩形选框工具，调整为固定大小：950 像素×45 像素，并将“jianbian.jpg”填充为背景图片，如图 3-68 所示。

图 3-68　填充背景后的导航区

步骤 2：拉出参考线

内容区有很多地方需要对齐，所以需要用到参考线。选择“视图”|“标尺”命令，屏幕上会出现左、右两个标尺，当前效果图的尺寸为 328 毫米，如图 3-69 所示。

右击标尺，可以设置标尺的单位，如图 3-70 所示。

图 3-69　标尺效果

图 3-70　设置标尺的单位

温馨提示

参考线是指浮动在图像窗口上的直线，为设计者提供一个位置参考。参考线在打印或输出时不显示。通常，参考线与标尺配合使用。将鼠标指针置于窗口顶部的标尺上，按住鼠标左键将标尺拖动到需要的位置，释放鼠标左键即可创建水平方向上的参考线；如需创建垂直方向上的参考线，则可将鼠标指针置于窗口左侧的标尺上，按住鼠标左键将标尺拖动到需要的位置，释放鼠标左键即可。

拉出的垂直方向上的参考线将导航区分成了 8 个部分，如图 3-71 所示。

图 3-71　拉出的垂直方向上的参考线

步骤 3：绘制分割线

选择单列选框工具，新建“分隔线”图层，在第一根参考线处单击，产生单列选区，如图 3-72 所示。

选择矩形选框工具，将选区设置为“与选区交叉”，如图 3-73 所示。

绘制矩形选区与单列选区交叉，形成分割线选区，如图 3-74 所示。

图 3-72　单列选区

图 3-73　设置选区

图 3-74　分割线选区

在分割线选区中填充白色（#FFFFFF），设置图层混合模式为叠加，效果如图 3-75 所示。

图 3-75　分割线效果

复制“分割线”图层 6 次，将复制的图层分别移动到对应标尺的位置，如图 3-76 所示。

图 3-76　复制并移动分割线

取消选择“视图”|“显示额外内容”命令，标尺将不再出现，分割线的最终效果如图 3-77 所示。

图 3-77　分割线的最终效果

现在来看选区的几种运算方式。所谓选区的运算，是指添加、减去、交集等操作。它们以按钮形式分布在工具栏上，分别是“新选区”、“添加到选区”、“从选区减去”、“与选区交叉”。添加到选区及从选区减去的示意图如图 3-78 所示。

以上 4 种选区的运算方式对所有的选区工具都是通用的。

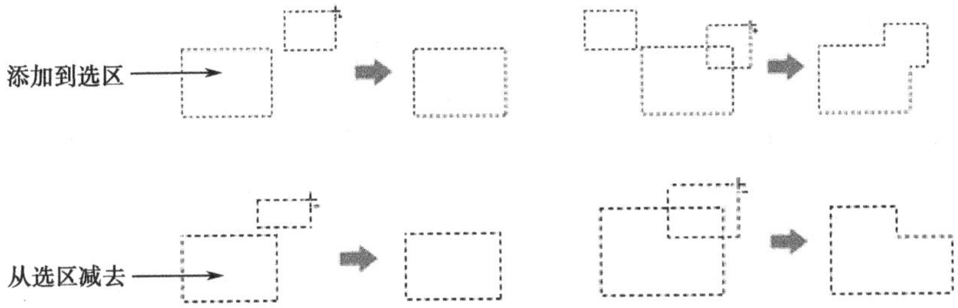

图 3-78 添加到选区及从选区减去的示意图

步骤 4：输入导航文字

使用文本工具输入导航文字："网站首页""基地介绍""苗木品种""特色苗木""售后服务""工程案例""苗木养护""联系我们"，设置字体为微软雅黑，文字大小为 12 点，文字颜色为#FFFFFF，效果如图 3-79 所示。

图 3-79 导航文字效果

4. 内容区制作

运用图层样式设置和 Photoshop 中的各种基本工具来完成内容区的制作。内容区的最终效果如图 3-80 所示。

视频：内容区制作

图 3-80 内容区的最终效果

项目三

步骤 1：制作“苗木分类”模块

在“苗木分类”图层组中新建“模块标志”图层。拉出参考线，如图 3-81 所示，在红色圆圈处绘制三角形。需要注意的是，圆圈内的 3 根横向参考线的间距相等。

图 3-81　拉出参考线

选择钢笔工具，选择“形状图层”模式，在几根参考线相交处依次单击，形成闭合图形，如图 3-82 所示。

生成的“模块标志”图层如图 3-83 所示。

图 3-82　模块标志对应的标尺

图 3-83　“模块标志”图层

将标尺的单位切换为“像素”，将“模块标志”图层中的图像移动到距左边 20 像素、距导航下边界 25 像素处，调整后的模块标志效果如图 3-84 所示。

图 3-84　调整后的模块标志效果

在模块标志旁输入文字“苗木分类”，文字大小为 14 点，颜色为#008500。

新建“分类图标”图层。选择自定义形状工具，在形状中选择星形，颜色设置为#008500，绘制星形图形，效果如图 3-85 所示。

复制“分类图标”图层 10 次，将复制的图层均匀排列。在每个分类图标后添加苗木分类名称，设置文字大小为 11 点。为了对齐，在制作过程中需不断使用标尺。“苗木分类”模块的最终效果如图 3-86 所示。

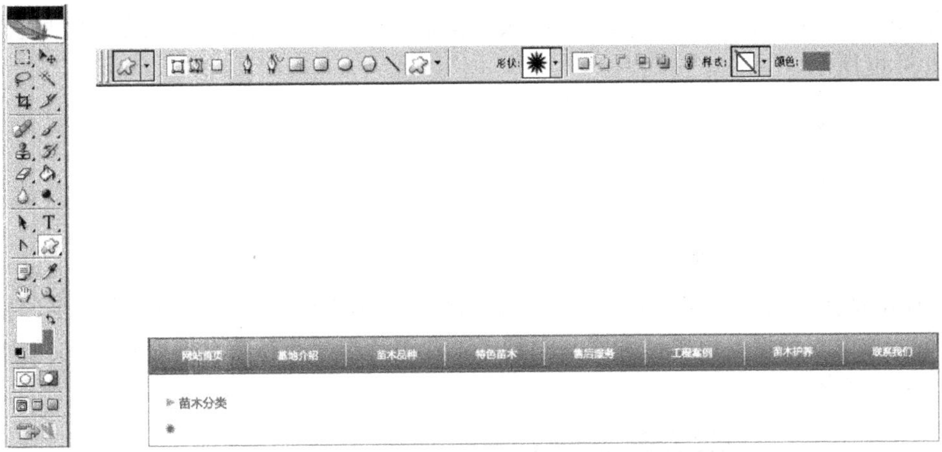

图 3-85　分类图标的效果

图 3-86　“苗木分类”模块的最终效果

步骤 2：制作“联系我们”模块

复制“苗木分类”图层组中的“模块标志”图层，将复制的图层移动到“联系我们”图层组中，并在模块标志后添加文字“联系我们”，设置文字大小为 14 点，颜色为#008500，效果如图 3-87 所示。

图 3-87　“联系我们”效果

在添加完文字后，还需要制作电话标志，这时可以在 Photoshop CS5 中打开“电话.jpg”文件，如图 3-88 所示。选择魔棒工具，设置选区模式为“添加到选区”，容差值为 10%，不断单击“电话.jpg”中的灰色背景，然后按 Delete 键，将灰色背景去除，如图 3-89 所示。

图 3-88 电话.jpg

图 3-89 去除灰色背景

在电话图案对应图层上右击，在弹出的快捷菜单中选择“复制图层”命令，打开“复制图层”对话框，将电话图案复制到“长沙市碧雅园花卉苗木基地.psd”文档中，如图 3-90 所示。

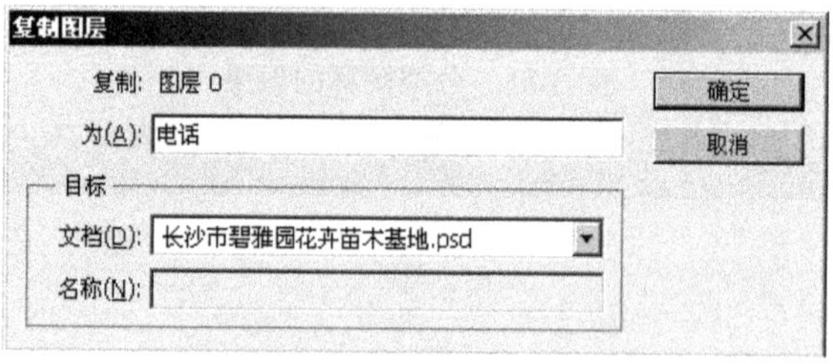

图 3-90 “复制图层”对话框

在“长沙市碧雅园花卉苗木基地.psd”文档中，调整电话图案的大小，并将其移动到“联系我们”文字下方，效果如图 3-91 所示。然后依次添加 400 电话、在线客服及 QQ 图案、市场部电话及联系人、工程部电话及联系人、企业地址及邮箱，最终效果如图 3-92 所示。

图 3-91 加入电话图案的“联系我们”模块的效果

图 3-92 “联系我们”模块的最终效果

各个模块的操作步骤大体相同，在此不一一赘述。所有模块全部完成后的效果如图 3-3 所示，内容区各模块的尺寸如图 3-93 所示。

需要注意的是，在网站首页效果图中，“基地展示”和“经典工程”中的各图像大小一致，间距一致，当图像与白色背景边界不明晰时，可用描边工具为图像加入像素边框。

在“图像”|“调整”子菜单中有很多命令可以进行图像颜色、亮度、对比度的调节，其中常用的有“曲线”命令，可以实现任意局部亮度与颜色的调整。例如，网

站首页效果图中的校园图像来自“校园.jpg”，如图 3-94 所示，该图像上的树木部分颜色偏暗，想提高图像的亮度可以进行如下操作。

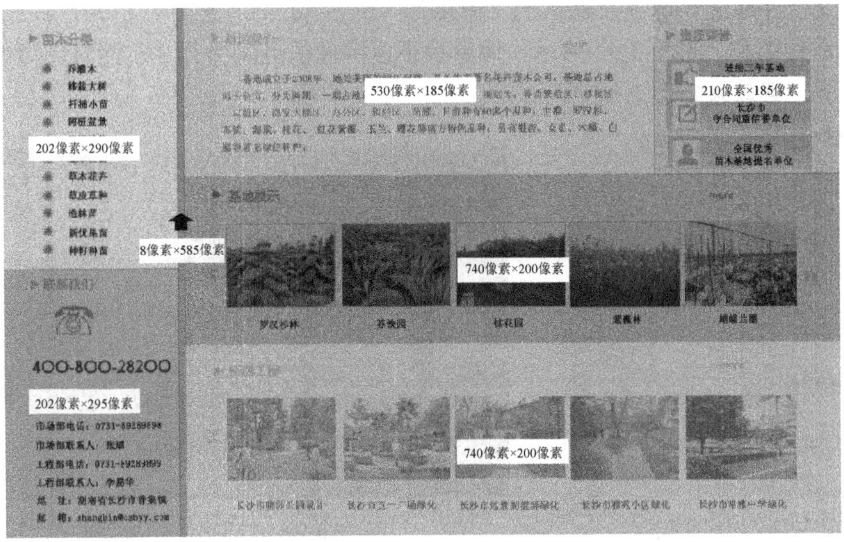

图 3-93　内容区各模块的尺寸

选择磁性套索工具，单击暗色的树木，形成封闭选区，如图 3-95 所示。

图 3-94　校园图像

图 3-95　选中暗色树木部分的校园图像

选择“图像”｜“调整”｜“曲线”命令，或者按 Ctrl+M 组合键，打开“曲线”对话框，如图 3-96 所示。

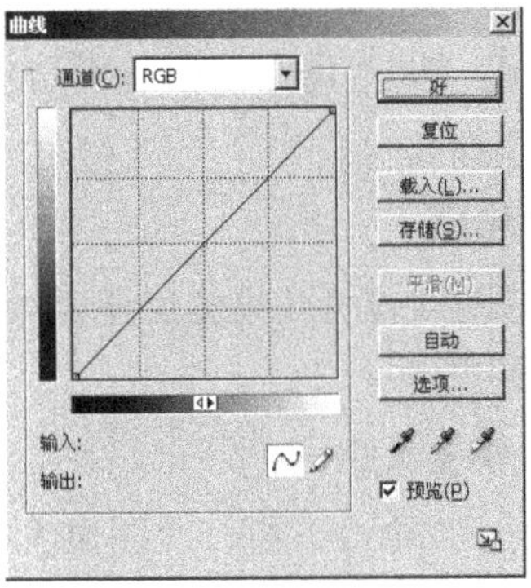

图 3-96　“曲线”对话框

“曲线”对话框中有一条呈 45° 的线段，这就是所谓的曲线。线段左下角的端点代表暗调，右上角的端点代表高光，中间的过渡段代表中间调。注意，“曲线”对话框最上方有一个“通道”选项，默认为“RGB”。

调整曲线值，如图 3-97 所示，调整后不但图像的亮度提升了，而且图像的色彩更加亮丽了，其效果如图 3-98 所示。

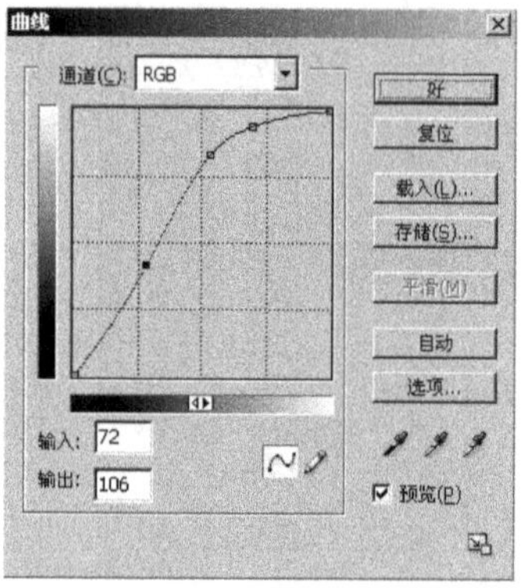

图 3-97　调整曲线值

图 3-98　调整后的图像效果

技能训练 3-6　网站首页效果图编辑

对给定的网站首页效果图（内容区仅完成部分）进行操作，参照图 3-93 中的尺寸要求，完成“基地简介”“资质荣誉”“基地展示”“经典工程”4 个内容区模块的制作，以形成完整的网站首页效果图。

5．底部区制作

底部区的制作比较简单，添加版权信息及备案号即可。

温馨提示

在网站首页效果图中，主要文字的字体一般设置为宋体，大小为 11 点，样式为无。这样的设置使得人眼更舒服。

6．生成.jpg 格式的文件

选择“文件”|“存储为”命令，打开“存储为”对话框，选择存储的文件夹，输入文件名称，选择 JPEG 格式，单击“保存”按钮，即可生成.jpg 格式的文件，如图 3-99 所示。

视频：图像修整

7．图像修整

在制作好网站首页效果图后还要对其进行适当修整，如调整其大小、色相/饱和度等。

步骤 1：调整大小

选择“图像”|“图像大小”命令，打开“图像大小”对话框，如图 3-100 所示。选中“约束比例”复选框，设置图像宽度为 950 像素，高度则会等比例缩放，变为 1100 像素，单击“确定”按钮，图像大小便会发生相应变化。

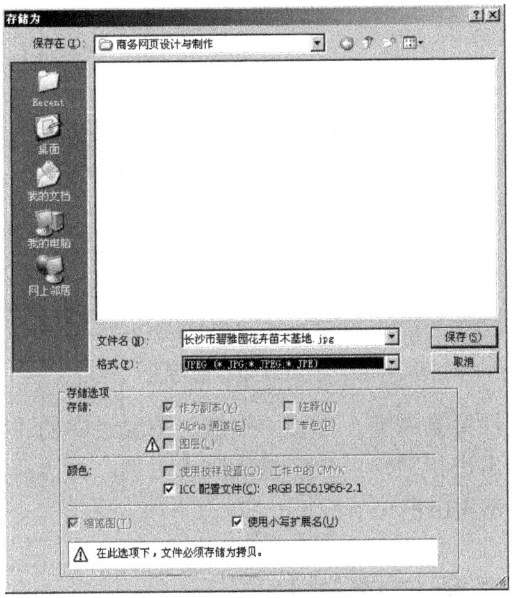

图 3-99　“存储为”对话框

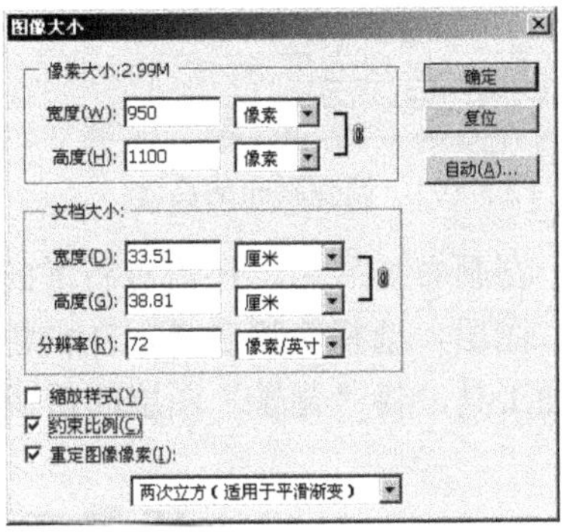

图 3-100　“图像大小”对话框

步骤 2：调整色相/饱和度

色相调整主要是指改变图像的色相，如将红色变为蓝色、将绿色变为紫色等。饱和度调整主要是指调整图像色彩的浓淡程度。

选择“图像”|“调整”|“色相/饱和度”命令，或者按 Ctrl+U 组合键，打开“色相/饱和度”对话框，如图 3-101 所示。

拖动滑块，可以改变色相、饱和度和明度。如有选区，则是对选区内的图像进行调整；如无选区，则是对整个图像进行调整。

步骤 3：扩展画布

在绘图过程中，一般应按照草图规定的比例绘图，但可能出现页面大小不够用的情况，如发现底部区域太小，因此需要扩展画布。这时，可以选择“图像”|“画布”命令，打开“画布大小”对话框，如图 3-102 所示。

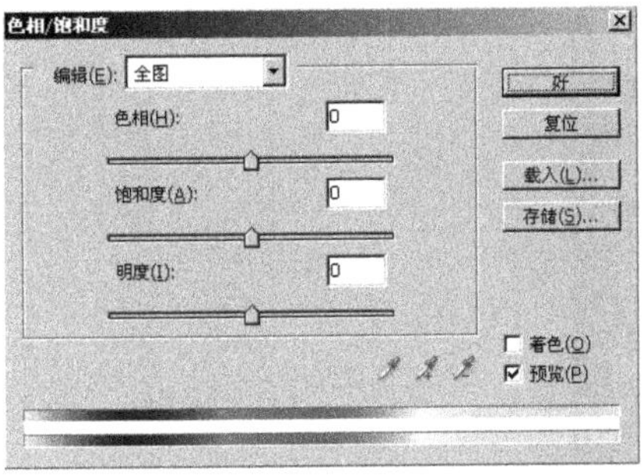

图 3-101　“色相/饱和度”对话框

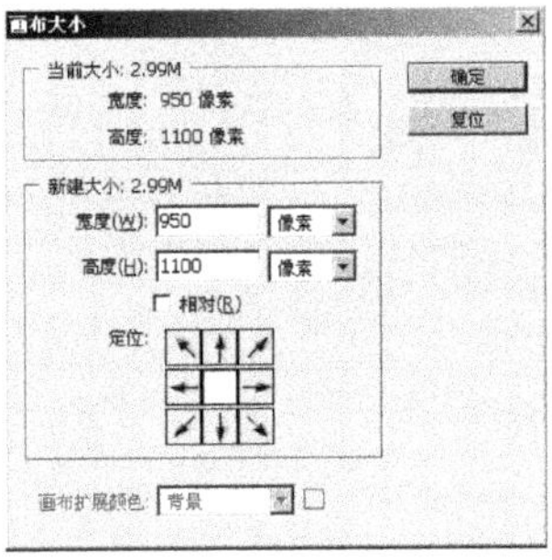

图 3-102　“画布大小”对话框

通过箭头调节画布大小，如单击向上的箭头，输入新的高度为1200像素，如图3-103所示。单击“确定”按钮，扩展画布后的效果如图 3-104 所示。

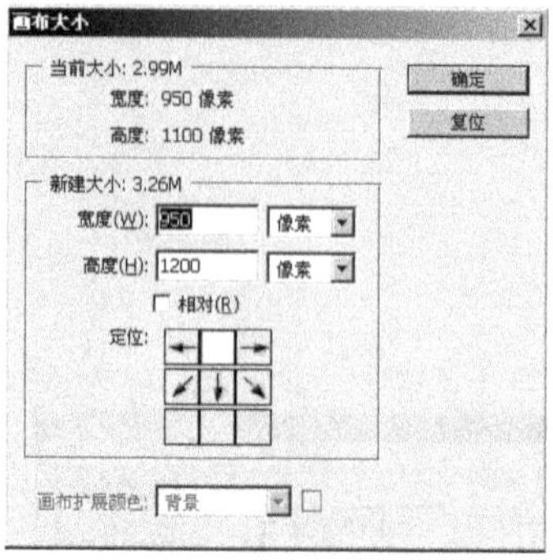

图 3-103　调整画布的高度

图 3-104　扩展画布后的效果

在画布扩展后，还需对新增的画布进行背景调整。选择“头部”图层组中的“背景”图层，选择滴管工具，在白色区域单击进行采样，让前景色变成白色，再选择油漆桶工具，将“背景”图层的透明区域填充为白色。

任务五　网页效果图切片

任务说明

现在已经制作好了网站首页效果图，但在依据它制作网页时，还需对它进行切片，这一过程也称为切图。通过切片，可以获得在制作实际网页时所需要的图片和页面规格尺寸。

视频：网页效果图切片

任务步骤

1. 切片工具的使用

划分切片是指使用切片工具，在原图上进行切分的操作。切片工具如图 3-105 所示。

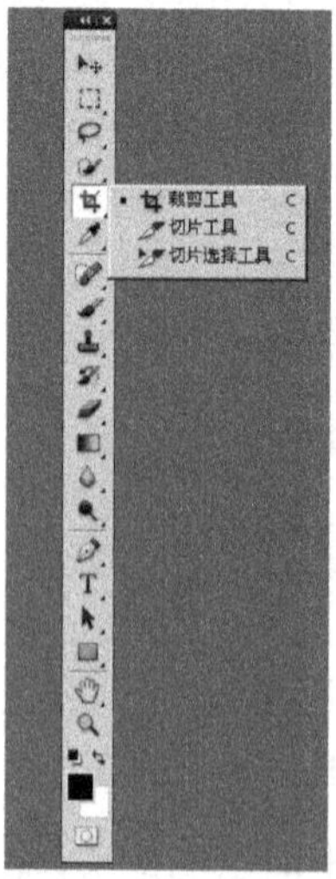

图 3-105　切片工具

打开已设计好的.psd 格式的图片，选择切片工具，先做大框架切片，将网站首页效果图切为标志区、Banner 区、导航区、内容区、底部区 5 个部分，如图 3-106 所示。再做局部切片，以标志区为例，将标志区切为 LOGO.jpg、400 电话、添加收藏、加入我们这几个部分，如图 3-107 所示。切片的大小和位置可以通过切片选项进行调整。

图 3-106　大框架切片

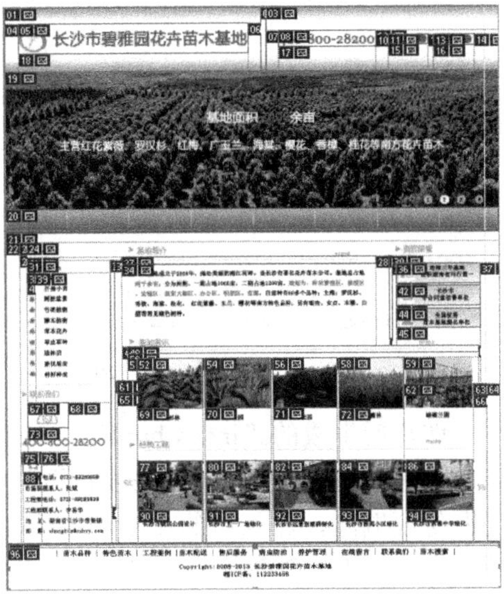

图 3-107　局部切片

2. 编辑切片

编辑切片是对切分好的切片进行编辑的操作，编辑包括对切片的名称、尺寸等的修改。例如，切片 20，我们希望将其调整为正方形，可以选择切片选择工具，右击切片 20，在弹出的快捷菜单中选择“编辑切片”命令，打开“切片选项”对话框，如图 3-108 所示。调整宽度和高度均为 18 像素，如图 3-109 所示。

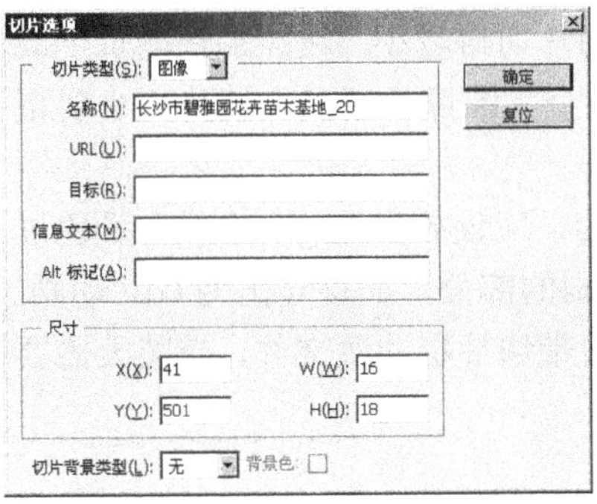

图 3-108　切片 20 的原始尺寸

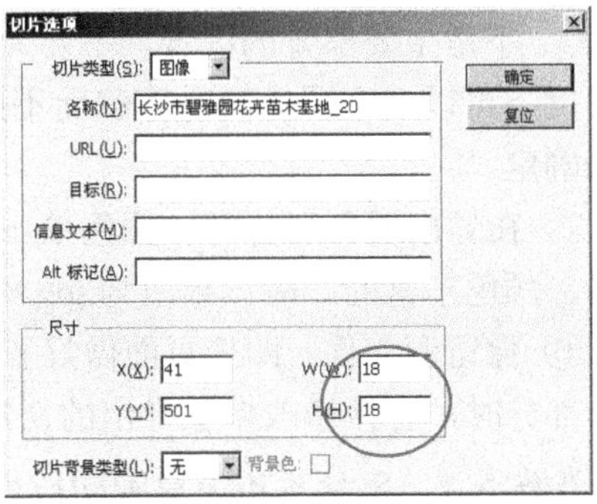

图 3-109　调整切片 20 的尺寸

调整后单击“确定”按钮，选择“文件”｜“另存为 Web 所用格式”命令，选择存储为 HTML 和图像，单击“保存”按钮。保存后会生成“index.html”文件和“images”文件夹，切片生成的所有图像文件都会存放在“images”文件夹中。

最终生成的“images”文件夹的结构如图 3-110 所示。

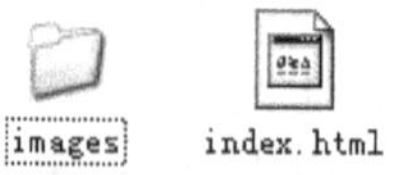

图 3-110　最终生成的“images”文件夹的结构

打开“images”文件夹可以看到切片后生成的文件，如图 3-111 所示。

图 3-111　切片后生成的文件

切片后生成的“index.html”文件是不可以直接使用的，在实际运用时要进行调整，如有文字的地方，经常需要在页面中输入文字而不是直接使用图像，那么该位置的图像要删除，加入新的文字。如果在直接生成的“index.html”文件中删除图像再添加内容，整个页面就可能走形。因此，我们需要用后面所学的网页布局技术重新搭建网页。

3．切片的注意事项

① 切片是生成表格的依据，在切片的过程中要先总体后局部，即先把网页整体切分成几个大部分，再切分其中的小部分。

② 对于渐变效果或圆角等图像特殊效果，需要在页面中表现出来的，要单独切出来。

③ LOGO 等主要部分尽量切在一个切片内，以防在遇到特殊情况时只显示一部分。

④ 不是主要部分的区域，不要大块切片。切片切得越小，越能加快网页下载图像的速度，可以多个图像同时下载而不是只下载一个大图像。所以，切片大小要根据需要来确定。

⑤ 在导出网页切片时，颜色单一、过渡少的，应该导出为.gif 格式；颜色过渡比较多、颜色丰富的，应该导出为.jpg 格式；有动画的部分，应该导出为 GIF 动画。

⑥ 保留源文件。即使页面做好了，也要保留带切片层的源文件，当某天需要修改某个部分时，直接修改单独导出的切片即可。

技能训练 3-7　网站首页效果图切片与管理

请自己动手完成网站首页效果图的切片。注意养成一个好的习惯，为各个重要的切片设置一个有意义的名字。最后，将整个网站首页效果图另存为 Web 格式，观察生成的“images”文件夹中的文件与图 3-111 所示的文件的区别。

实训三 企业网站首页效果图制作

一、实训目标

- 能在 Photoshop 中合理地规划和使用图层组。
- 能使用 Photoshop 完成网站首页效果图的制作。
- 能在 Photoshop 中对网站首页效果图进行恰当的切片处理。

二、实训背景

湖南浏阳素有“烟花之乡”的美誉，目前其花炮年产值占全国总产值的一半，拥有各类上规模的花炮企业 1000 余家。湖南国际庆典烟花文化集团是一家与澳大利亚飞拓烟花集团（中国香港）有限公司合资创办的大型烟花企业。湖南国际庆典烟花文化集团的前身为浏阳市庆典烟花有限公司，历经 20 余年的不断进取，努力攻关，逐步成长为一家集科研、生产、销售、燃放、文化传播于一身的专业烟花文化企业集团，旗下拥有湖南省国际庆典烟花制造燃放有限公司、浏阳市国际庆典烟花出口贸易有限公司、浏阳市国际庆典文化传播有限公司等核心企业。湖南国际庆典烟花文化集团拥有现代化大型烟花生产工厂，环境优美，配备了先进的自动化烟花生产设备；荟萃了国内外顶级烟花科技人才；烟花的产品结构、花色效果、内质外观均领先于行业水平。其自主创新的产品包括手持柱形彩烟、舞台柱形彩烟、高空组合盆花、高空礼花弹、高空礼炮。

由于市场竞争日趋激烈，湖南国际庆典烟花文化集团的领导决定加强网络宣传与推广，建立企业网站。网站初期的功能定位是针对国内市场，打造集团统一对外的宣传窗口，强化集团的行业地位和影响，进一步提升集团的品牌影响力。

小王在之前已经完成了该集团网站的栏目规划、首页草图绘制等工作，现在网站建设部经理要求小王在做好客户需求分析的基础上，绘制网站首页效果图。

三、实训环境

硬件环境：能接入互联网的计算机。

软件环境：IE 7.0、Flash、Photoshop CS5。

四、实训内容与步骤

1. 图层组规划

依据实训二完成的网站首页草图，在 Photoshop CS5 中规划相应的图层组。

2. 网站 LOGO 制作

为网站设计并制作出符合网站特点的 LOGO。

3. 导航区制作

依据实训二完成的网站首页草图，设计并制作出相应的导航区。

4. Banner 区制作

依据实训二完成的网站首页草图，设计并制作出相应的 Banner 区。

5. 内容区制作

依据实训二完成的网站首页草图，设计并制作出网页内容区效果图。

6. 底部区制作

依据实训二完成的网站首页草图，设计并制作出网页底部区效果图。

7. 网站首页效果图切片

针对完成的网站首页效果图，完成切片工作。

思考与练习

一、选择题

1. 用 Photoshop 软件保存的文件，默认的扩展名是（　　）。

A. .psd　　B. .jpg　　C. .gif　　D. .tif

2. 在抠图时，下面的选择工具中，（　　）更适合快速选择背景颜色比较单一的图像。

A. 多边形套索工具　　B. 磁性套索工具

C. 魔棒工具　　D. 套索工具

3. 下列关于.psd 格式的说法，不正确的一项是（　　）。

A. 该格式可以存储图像的图层信息

B. 该格式可以存储图像的路径信息

C. 该格式可以存储图像的通道信息

D. 该格式可以存储图像的历史记录信息

4. 在 Photoshop 中，选区的修改操作不包括（　　）。

A. 扩边　　B. 平滑　　C. 放大　　D. 收缩

5. 在 Photoshop 中，在“新建文件”对话框中不可设定的是（　　）。

A. 宽度和高度　　B. 分辨率　　C. 色彩模式　　D. 文件格式

6. 在计算机 RGB 颜色模式中，表示黑色的是（　　）。

A. RGB（255，255，255）　　B. RGB（0，0，0）

C. RGB（255，0，0）　　D. RGB（0，255，255）

7. 在使用椭圆选框工具时，需配合（　　）键才能绘制出正圆。

A. Shift　　B. Ctrl

C. Tab　　D. Photoshop 不能画正圆

8. 文字图层中的文字信息（　　）不可以进行修改和编辑。

A. 文字颜色

B. 文字内容，如加字或减字

C. 文字大小

D. 将文字图层转换为像素图层后可以改变文字的排列方式

二、简答题

1．简述图层的分类及其特点。
2．简述“存储”与“存储为”命令的区别。
3．简述位图与矢量图的区别。
4．简述.psd 格式的图片与.jpg 格式的图片的区别。
5．简述网页切片的操作要点。

项目四　表格制作网页

学习目标

1. 熟悉 Dreamweaver 站点的设置方法
2. 掌握 Dreamweaver 的使用方法
3. 掌握使用表格布局网页的方法
4. 掌握常见网页元素中基本样式的设定
5. 掌握子页面链接的创建方法
6. 掌握常见的 HTML 的使用方法

项目简介

以网站首页效果图为蓝本，可以制作静态网页。静态网页的制作，关键是处理好页面的布局。页面布局常见的方法有使用表格布局、使用 DIV+CSS 布局及混合布局。本项目主要介绍基于 Dreamweaver 软件，使用表格进行网页布局。编写代码是一个设计人员必备的技能，为了加深学习者对代码的熟练度，本项目在设计视图中插入对应的网页元素时，会同时切换到代码视图展示相应的代码。

项目概述

在承接长沙市碧雅园花卉苗木基地网站建设项目后，经过前期的客户需求分析，小王已经绘制出长沙市碧雅园花卉苗木基地网站首页效果图（见图 4-1）。网站建设部经理要求小李依据该效果图，使用表格制作长沙市碧雅园花卉苗木基地网站首页静态页面，以便于编写脚本代码，进而制作出一个完整的动态网站。

图 4-1　长沙市碧雅园花卉苗木基地网站首页效果图

项目分析

在制作网页时，需要用到HTML。随着Dreamweaver等网页制作软件的出现及完善，HTML的使用难度大大降低，有时甚至不需使用HTML，也能完成简单页面的制作。但无论如何，理解和掌握常用的HTML还是非常必要的。

前面根据客户需求已经完成了企业网站首页的布局设计及效果图制作，还搜集和整理了制作首页所需要的素材。随着网页制作工作的开展，后续还将不断新建各类文档。良好的文档管理结构，包括文件夹和文档的命名及归类，不仅能提高工作效率，在以后优化网站时还能派上大用场。

网站建设项目要顺利实施，首先要完成首页的制作。绝大多数子页面的生成，都可以在首页制作完成后，通过复制首页、局部编辑来完成。首页的制作耗时较长，需要足够的耐心和细心。

本项目的完成可分解为以下两个任务。

任务一：本地站点配置

任务二：使用表格制作网页

项目实施

任务一　本地站点配置

任务说明

可以把Dreamweaver站点看成一系列文档的组合，这些文档通过各种链接连接为一个整体。站点是一个管理网页的场所，对应一个文件夹，网页设计的全部文档都保存在这个文件夹中。

本任务主要是在Dreamweaver中新建站点，并建立首页文档。同时，简要介绍HTML的使用，以及为网站首页设置头部信息，如网页关键词、网页标题、网页描述等。

任务步骤

1. 认识HTML

HTML（Hypertext Markup Language）即超文本标记语言，它是一种用于描述网页文档结构的标签语言，也是制作网页最基础的语言。HTML的语法主要由标签和属性组成。所有标签都由一对尖括号“< >”括起来。网页内容位于<HTML>和</HTML>之间。网页HTML的结构通常由3个部分构成，如下所示。

```
<!DOCTYPE HTML PUBLIC "-//W3C//DTD XHTML 1.0 Transitional//EN">
<html>
<head>
头部信息，如<title>、<meta>等
</head>
<body>
```

```
网页主体，正文部分
</body>
</html>
```

（1）HTML 版本的说明

在 Dreamweaver 中新建 HTML 文档时，会自动在代码顶部添加如下内容："<!DOCTYPE HTML PUBLIC "-//W3C//DTD XHTML 1.0 Transitional//EN">"，表明采用的 HTML 的版本是 XHTML 1.0。通常建议保留这行代码，删除它可能会引起某些样式表失效，或者产生其他问题。

（2）HTML 的头部信息

位于<head>和</head>标签间的内容就是头部信息，如网页标题（title）、meta 信息、CSS 样式定义等。其中除<title>和</title>标签间的网页标题显示在网页顶端外，其他内容并不在网页上显示。

① 网页标题。在浏览网页时，网页顶端的蓝色显示条出现的信息就是网页标题。网页标题是对一个网页的高度概括。一般来说，网站首页的标题就是网站的正式名称。在网站中，文章页面的标题就是文章的题目，栏目首页的标题通常是栏目名称。当然，这种规则并不是固定不变的。

② <meta>标签。<meta>标签用来描述 HTML 网页文档的属性，如作者、日期、时间、网页描述、网页关键词、页面刷新等。因此，<meta>标签的内容设计，对搜索引擎营销来说是至关重要的一个因素，尤其是"description"（网页描述）和"keywords"（网页关键词），这两个属性尤为重要。

（3）网页主体内容

位于<body>和</body>标签间的内容是网页的主体部分，也是网页所要显示的所有信息。

温馨提示

HTML 标签的特点如下。

- 绝大部分标签都有开始标签和结束标签。
- 左、右尖括号为标签间的分界符。
- 属性值放置在开始标签中，如 <标签名 属性="属性值">，结束标签为</标签名>，有些结束标签可以省略。
- 标签不区分大小写。

视频：Dreamweaver 安装

2. 启动 Dreamweaver

Dreamweaver 是 Macromedia 公司早期推出的"网页三剑客"之一。"网页三剑客"是指 Dreamweaver、Flash、Fireworks 3 个软件，它们联合起来，就像江湖中最厉害的剑客一样，成为网站开发中的专用利器。Dreamweaver 是集网页制作、网站管理功能于一身，提供所见即所得界面的网页编辑器，它是一套为专业网页设计师开发的可视化网页开发工具。

启动 Dreamweaver CS5 后，进入其开始页，如图 4-2 所示，用户可以从中选择新建或者打开最近的项目。

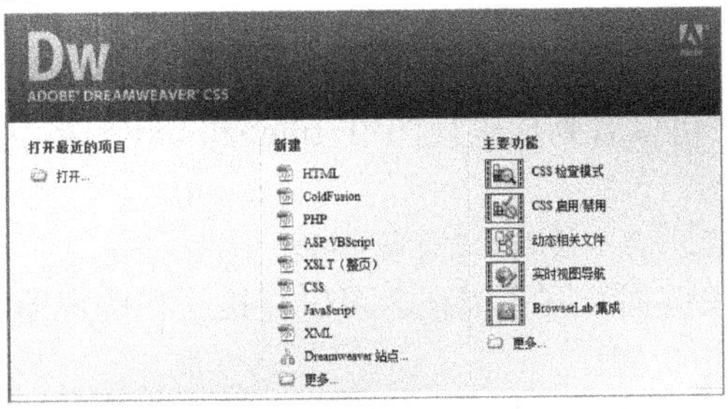

图 4-2　Dreamweaver CS5 的开始页

（1）新建首页 HTML 文件

选择“新建” | “HTML”命令，即可进入 Dreamweaver CS5 的工作界面，如图 4-3 所示。

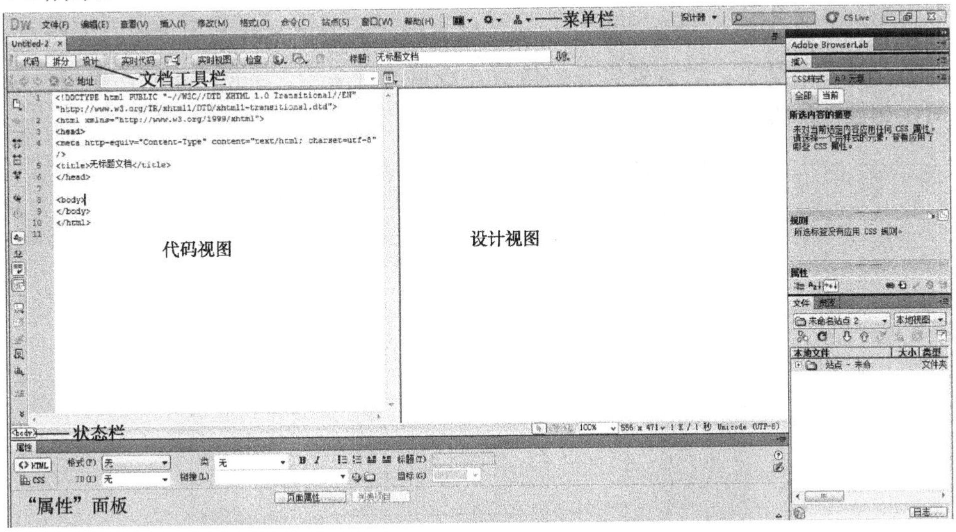

图 4-3　Dreamweaver CS5 的工作界面

在默认情况下，Dreamweaver CS5 的文档窗口显示拆分视图：一边是代码视图，用于编写和编辑 HTML 代码，可以在该视图中输入代码来编辑网页；另一边是设计视图，用于可视化页面布局、可视化编辑，即使用户不懂 HTML 代码，也可以在该视图中直接编辑网页。需要注意的是，除了这两个视图，还有实时视图和实时代码视图，但在这两个视图中均不可编辑。实时视图可在不离开 Dreamweaver 工作区的情况下，实时查看页面的外观，预览网页效果；实时代码视图仅在实时视图查看文档时可用，实时代码视图显示浏览器用于执行该页面的实际代码，当用户在实时视图中与该页面进行交互时，它会发生动态变化。

（2）设置网页标题、网页关键词及网页描述

在文档工具栏中输入网页标题“长沙市碧雅园花卉苗木基地网站首页”，如图 4-4 所示。

图 4-4　输入网页标题

切换到代码视图，可以看到代码视图中<title>和</title>标签中出现对应代码，如下所示。

```
<title>长沙市碧雅园花卉苗木基地网站首页</title>
```

接着，设置网页关键词及网页描述。可以直接在代码视图中操作，如在<head>和</head>标签中添加以下代码。

```
<meta name="keywords" content="长沙市碧雅园花卉苗木基地,苗木,花卉苗木基地,长沙花卉苗木基地,长沙苗木基地,碧雅园花卉苗木,碧雅园花卉苗木基地,桂花,香樟,广玉兰,罗汉松,红梅,樱花,桂花" />

<meta name="description" content="长沙市碧雅园花卉苗木基地是融生产、销售、园林施工、绿化、养护为一体的大型苗木基地。地处“长株潭中心地带”。主要供应桂花、香樟、广玉兰、罗汉松、红梅、樱花、桂花等南方苗木品种。" />
```

设置完网页标题、网页关键词及网页描述后，选择“文件”｜“保存”命令，打开“另存为”对话框，选择要保存的位置，设置文件名为“index.html”，单击“保存”按钮，如图 4-5 所示。

图 4-5　“另存为”对话框

温馨提示

网站的首页文档一般命名为“index.html”或“index.htm”，也可以命名为“default.html”或“default.htm”。在没有特别指定的情况下，当打开一个网站时，看到的第一个页面就是该文档对应的页面。

网页文件的命名规则如下。

① 所有的文件名一律使用英文小写字母，这样就不会因为服务器系统不同而混淆。

② 不可以使用中文。

③ 文件名中不可以有标点符号等特殊符号。

3. 设置 Dreamweaver 站点

存储在本地计算机中的站点（文件夹）称为本地站点，发布到 Web 服务器上的站点（文件夹）称为远程站点。

（1）建立网站文件夹

在硬盘中建立网站文件夹“BYYWeb”，将切片形成的“images”文件夹放入该文件夹中。如上文制作的“index.html”文件没有保存在该文件夹中，需将其移入该文件夹中。

（2）创建本地站点

打开 Dreamweaver CS5，选择“站点”|“新建站点”命令，打开“站点设置对象 BYYWeb”对话框，如图 4-6 所示。输入站点名称“BYYWeb”，并设置本地站点文件夹的路径，然后单击“保存”按钮，完成本地站点的创建。

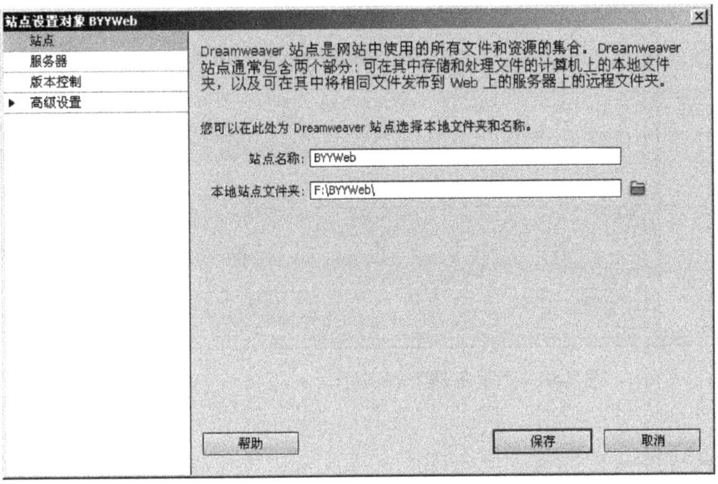

视频：本地站点配置

图 4-6　“站点设置对象 BYYWeb”对话框

创建本地站点后，可以对本地站点进行编辑。选择“站点”|“管理站点”命令，打开“管理站点”对话框，可以对新建的站点 BYYWeb 进行编辑、复制、删除等操作，如图 4-7 所示。本地站点创建完成后，在计算机“文件”面板的“本地文件”中会显示该站点的根目录，如图 4-8 所示。

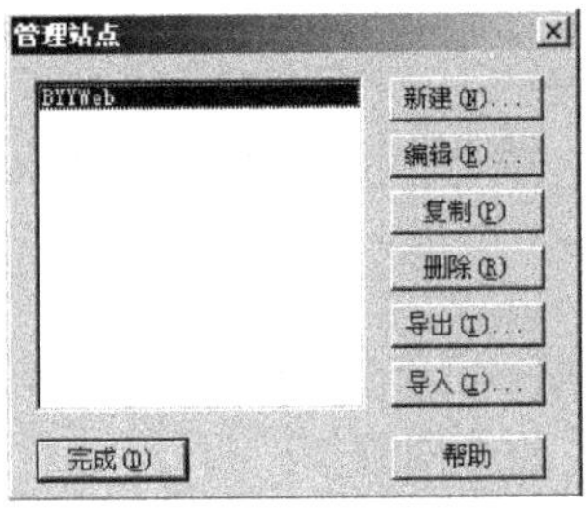

图 4-7　“管理站点”对话框

图 4-8　本地站点的根目录

项目四

（3）创建远程站点

如果已经申请好远程服务器空间，就可以创建远程站点了。同样步骤，打开站点设置对象对话框，选择“服务器”选项卡，如图 4-9 所示。单击左下角的加号按钮，打开“服务器设置”对话框，输入服务器名称、FTP 地址、用户名和密码，连接方法默认为 FTP，然后单击“测试”按钮，如图 4-10 所示。连接成功后会出现“Dreamweaver 已成功连接您的服务器”的提示，如图 4-11 所示。

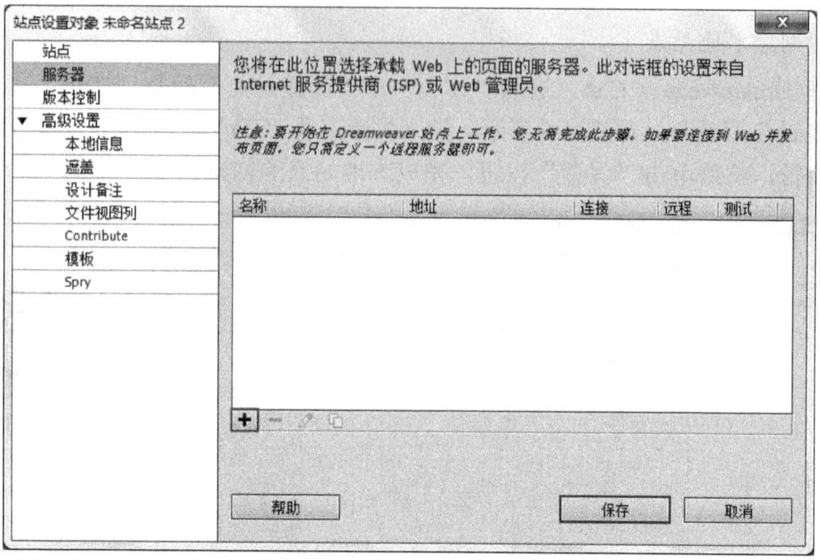

图 4-9　“服务器”选项卡

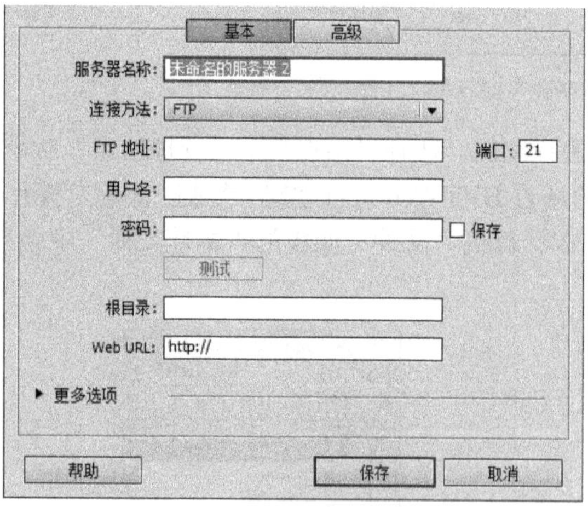

图 4-10　“服务器设置”对话框

图 4-11　远程站点设置成功提示

4．管理网站目录结构

网站结构的规划在网站设计中具有非常重要的地位。一个结构合理的网站，不仅可以提高用户的访问速度，还有利于网站的持续开发及后期维护。

网站的内容和链接设计都是逻辑意义上的设计。在物理意义上，网站是存储在硬盘上的文档和文件夹的组合，这些文档包括 HTML 文件及各种格式的图像、音频和视频文件。如果这么多文件杂乱无章地存放在服务器的硬盘上，就会给网站维护与扩展带来不便。合理的网站结构，能够提高网站的建设和管理效率。

网站目录结构的规划是将网站上所有的文件组织成合乎逻辑的文件目录结构。在规划网站目录结构时，通常遵循以下规则。

① 按栏目内容分别建立子文件夹。首先为网站创建一个根目录，然后在其中创建多个子文件夹，再将文档分门别类地存储到相应的文件夹中。在必要时，可以创建多级子文件夹。

② 将资源按类别存放在不同的文件夹中。

③ 文件夹的层次不要太多，以免在系统维护时查找麻烦。

④ 避免用中文命名文件或文件夹。尽管用中文命名对于使用汉语的用户来说更清晰易懂，但很多 Internet 服务器使用的是英文操作系统，不支持中文文件名，用中文命名文件可能导致浏览错误或访问失败。

⑤ 避免使用过长的文件名。文件名过长，可能会给采用不支持长文件名操作系统的用户带来不便。另外，在命名时还要注意区分字母的大小写，因为 Internet 服务器上的有些操作系统，如 UNIX 等，是区分文件名字母大小写的。

⑥ 命名应尽量有明确的意义。为了便于管理，文件命名最好有明确的意义，能让人见名知义。例如，存放图片资源的文件夹可命名为“images”，存放文本的文件夹可命名为“text”，存放网站运行必要组件的文件夹可命名为“bin”等，这样即使过了很长时间，仍然可以对文件夹的内容有大概的了解。当然，并不是每个新建网站都必须包括这 3 个文件夹。在具体规划网站目录结构时，可以规划得更细一些，如将网站的图像放在一个文件中，而将产品图像放在另一个文件中等。

与导航栏对应，分别在“BYYWeb”文件夹中新建“care”“contact”“feature”“images”“introduction”“project”“service”“sort”8 个子文件夹，网站目录结构如图 4-12 所示。

技能训练 4-1　使用 Dreamweaver 管理网站

图 4-12　网站目录结构

请按以下步骤，完成网站的管理。

① 在 D 盘或 F 盘中新建“BYYWeb”文件夹，将长沙市碧雅园花卉苗木基地网站首页效果图切片形成的“images”文件夹复制到该文件夹中。启动 Dreamweaver CS5，新建“MyWeb”本地站点，指向“BYYWeb”文件夹。

② 在“MyWeb”文件夹中新建“care”“contact”“feature”“images”“introduction”“project”“service”“sort”8 个子文件夹。

③ 新建空白的“index.html”文件，存于“BYYWeb”文件夹中。

④ 选取 3 家花卉苗木公司网站，参考它们网站源代码中的网页标题、网页关键词及网页描述的设置，为该网页设置合适的网页标题、网页关键词及网页描述。

⑤ 将以上操作的相关结果填入表 4-1 中。

表 4-1　网页标题、网页关键词及网页描述的设置

操作时间：__________　　　　　　　　　　　　操作人：__________

选取的网站	网页标题	网页关键词	网页描述
操作结论	本网站首页标题		
	本网站首页关键词		
	本网站首页描述		

视频：表格布局操作

任务二　使用表格制作网页

任务说明

在任务一中，我们已经创建了本地站点和网站首页文档，接下来使用 Dreamweaver CS5 提供的表格工具，进行首页页面布局及网页元素的填充工作，以完成长沙市碧雅园花卉苗木基地网站首页静态页面的制作任务。

任务步骤

根据网站首页效果图，可以将网站首页分成几大区域，如图 4-13 所示。即将网站首页划分成 5 个大的表格，如图 4-14 所示。在进行表格布局前，先介绍表格的基本应用。

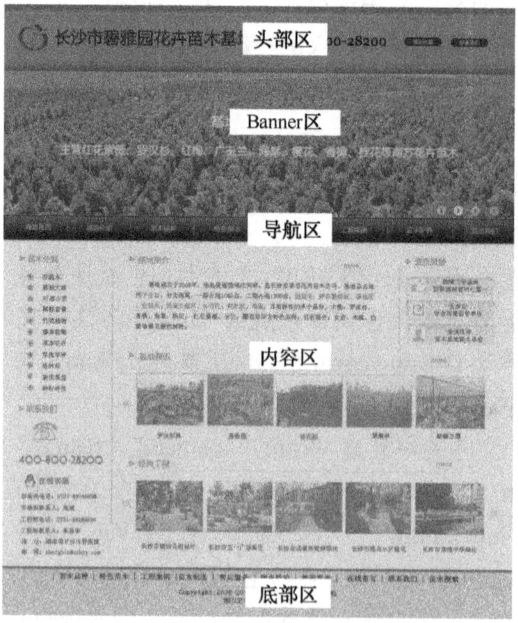

图 4-13　网站首页的区域划分

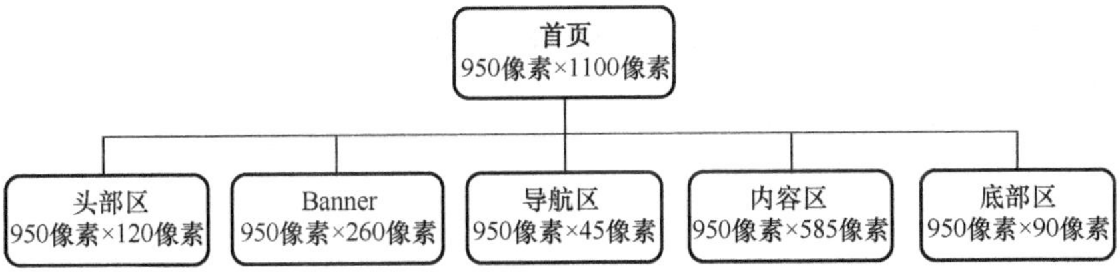

图 4-14　网站首页的表格划分

1. 创建表格

在设计视图中，将光标定位在插入表格的位置，选择“插入”｜“表格”命令，打开“表格”对话框，如图 4-15 所示。

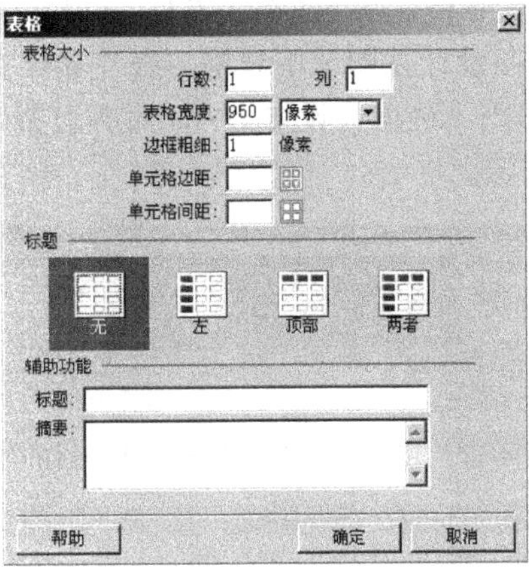

图 4-15　“表格”对话框

① 行数、列：设置创建表格的行数和列数。

② 表格宽度：表示表格在页面中宽度的大小。像素设置的是表格宽度的实际值，百分比设置的是表格与页面宽度的相对比值。

③ 边框粗细：设置表格边框的粗细效果。

④ 单元格边距：单元格中填充内容距离边框的距离大小。

⑤ 单元格间距：相邻单元格间的距离。

设置 1 行 4 列，表格宽度为 950 像素，页面的浏览结果如图 4-16 所示。

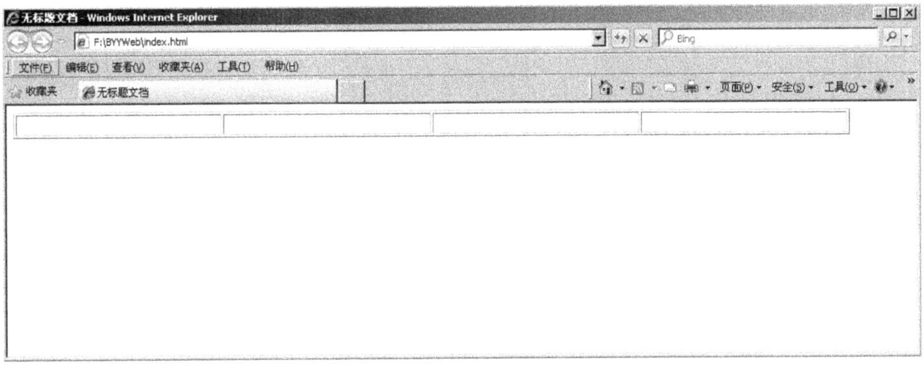

图 4-16　页面的浏览结果

切换到代码视图，<body>和</body>标签中的代码如下。

```
<body>
<table width="950" border="1">
  <tr>
    <td> </td>
    <td> </td>
    <td> </td>
    <td> </td>
  </tr>
</table>
</body>
```

其中，<table>标签代表表格，<tr>标签代表行，<td>标签代表单元格， 代表空格。此外，还可以通过在设计视图选中表格，在“属性”面板中设置表格的属性，如图 4-17 所示。填充、间距、边框均设置为 0，对齐设置为居中对齐，此时设计视图中的表格效果如图 4-18 所示。

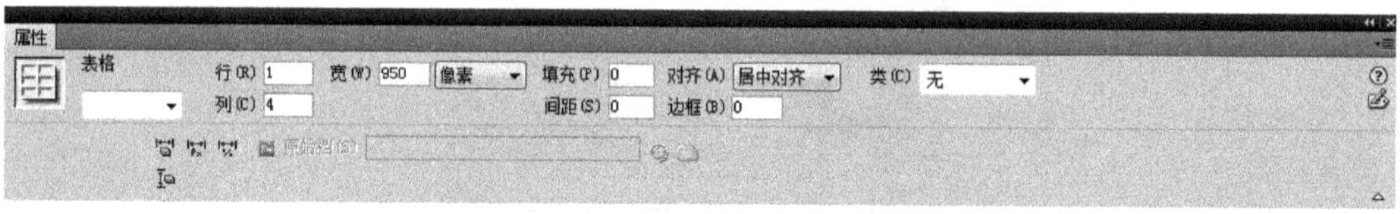

图 4-17　在“属性”面板中设计表格的属性

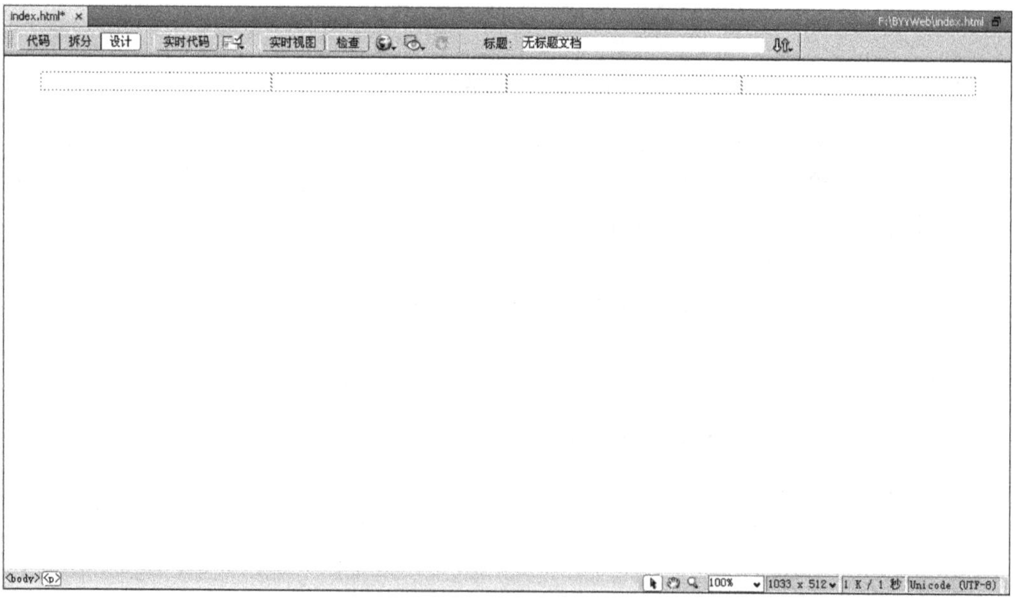

图 4-18　设计视图中的表格效果

切换到代码视图，可以看到<body>和</body>标签中的代码如下。

```
<body>
<table width="950" border="0" align="center" cellpadding="0" cellspacing="0">
  <tr>
    <td> </td>
```

```
        <td> </td>
        <td> </td>
        <td> </td>
      </tr>
    </table>
    </body>
```

从代码视图中可以看到，<table>标签有很多属性，其中，width 表示宽度；border 表示边框宽度；align 表示对齐情况，它的值可以是 left、center、right，分别表示左对齐、居中对齐、右对齐；cellpadding 表示填充；cellspacing 表示间距。表格边框、单元格边框、间距、填充的示意图如图 4-19 所示。

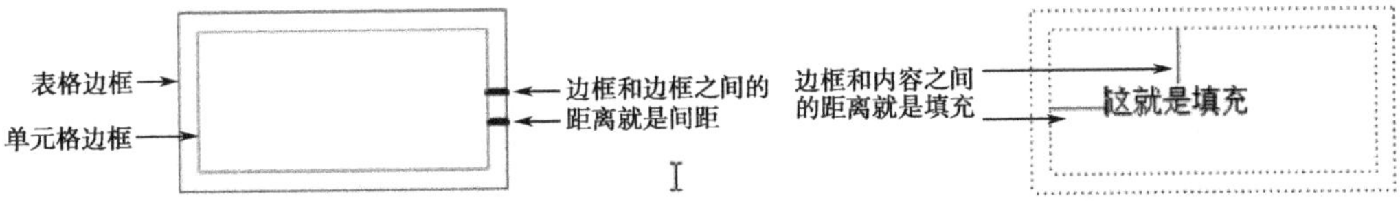

图 4-19　表格边框、单元格边框、间距、填充的示意图

2．制作网站首页表格框架

步骤 1：制作头部区表格

在设计视图中，选择“插入记录”|“表格”命令，插入一个 1 行 4 列的表格，表格宽度为 950 像素。选中该表格，在“属性”面板中设置填充为 0，间距为 0，边框为 0。同时设置背景图像，单击“背景图像”后的文件夹图标，选择要插入的背景图像“index_02.gif”，如图 4-20 所示。将光标放在第一个单元格中，在“属性”面板中设置单元格的高度为 120 像素，如图 4-21 所示。

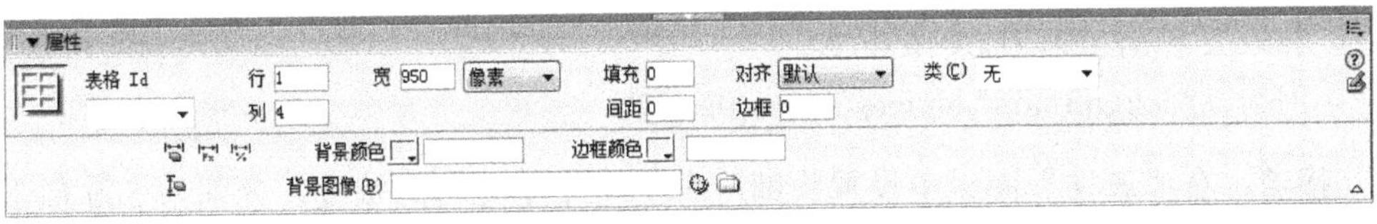

图 4-20　设置表格的填充、间距、边框和背景图像

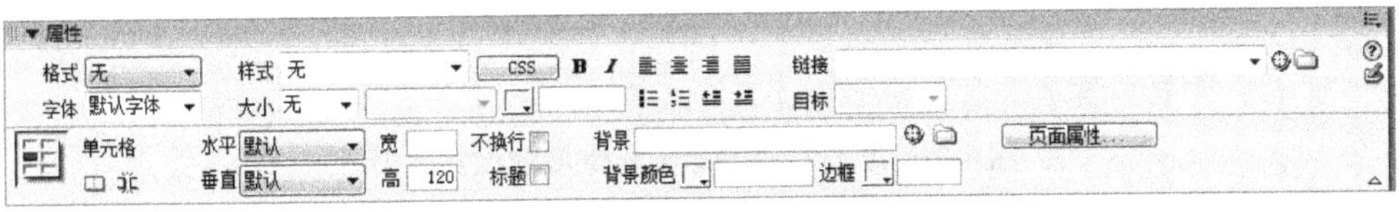

图 4-21　设置单元格的高度

此时，代码视图的<table>和</table>标签中的代码如下。

```
<table width="950" height="120" border="0" align="center" cellpadding="0" cellspacing="0" background
="images/index_02.gif">
</table>
```

其中，background 表示表格背景图像，后面的内容是图像的路径。

切换到设计视图，设置背景图像后的头部区表格如图 4-22 所示。

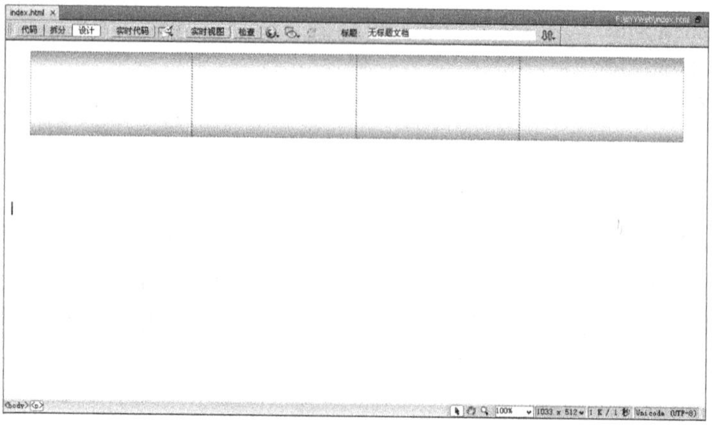

图 4-22　设置背景图像后的头部区表格

温馨提示

URL（统一资源定位符）路径分为两种形式：绝对路径和相对路径。

① 绝对路径：将服务器上磁盘驱动器的名称和完整的路径写出来，同时也会表现出磁盘上的目录结构。语法格式：

<scheme>:<scheme_dependent_information>

其中，<scheme>是某一种传输协议，而<scheme_dependent_information>是连接的位置信息。

例如：background="e:/BYYWeb/images/index_02.gif"

② 相对路径：相对于当前的 HTML 文档所在目录或站点根目录的路径。语法格式：

相对关系/部分路径/文件名

例如：background=" images/index_02.gif"

接着，在“属性”面板中设置头部区表格 4 个单元格的宽度，分别为 500 像素、210 像素、120 像素、120 像素，其设置效果如图 4-23 所示。

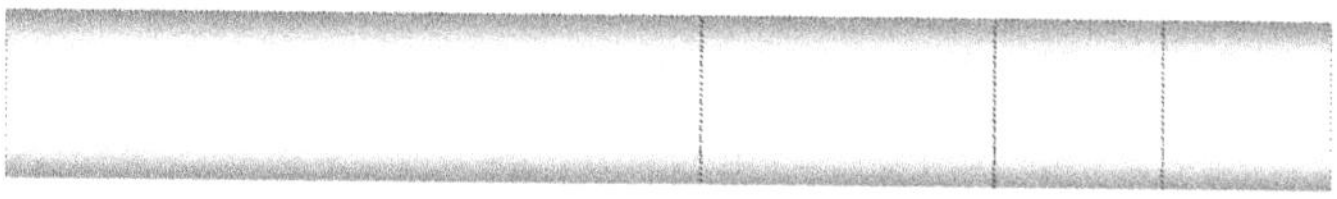

图 4-23　头部区表格单元格宽度的设置效果

此时，代码视图的<table>和</table>标签中的代码如下。

```
<table width="950" height="120" border="0" align="center" cellpadding="0" cellspacing="0" background
="images/index_02.gif">
  <tr>
    <td width="500" align="center"> </td>
    <td width="210" align="center"> </td>
    <td width="120" align="center"> </td>
    <td width="120" align="center"> </td>
  </tr>
</table>
```

头部区表格的浏览结果如图 4-24 所示。此时，完成了头部区表格的制作。

图 4-24　头部区表格的浏览效果

步骤 2：制作其他区表格

Banner 区、导航区、内容区和底部区表格的制作可参考头部区表格的制作方法，操作步骤基本相同。在头部区表格下方依次插入 Banner 区表格、导航区表格、内容区表格和底部区表格，其宽度和高度分别为 950 像素×260 像素（1 行 1 列）、950 像素×45 像素（1 行 1 列）、950 像素×585 像素（1 行 3 列）、950 像素×90 像素（1 行 1 列），填充、间距、边框均设置为 0，对齐方式均为居中对齐。其中，内容区表格的 3 个单元格的宽度分别设置为 202 像素、8 像素、740 像素。

此时，代码视图的<table>和</table>标签中的代码如下。

```
<table width="950" height="120" border="0" align="center" cellpadding="0" cellspacing="0" background
="images/index_02.gif">
    <tr>
      <td width="500" align="center"> </td>
      <td width="210" align="center"> </td>
      <td width="120" align="center"> </td>
      <td width="120" align="center"> </td>
    </tr>
</table>
<table width="950" height="260" border="0" align="center" cellpadding="0" cellspacing="0">
    <tr>
      <td> </td>
    </tr>
</table>
<table width="950" height="45" border="0" align="center" cellpadding="0" cellspacing="0">
    <tr>
      <td height="45" > </td>
    </tr>
</table>
<table width="950" height="585" border="0" align="center" cellpadding="0" cellspacing="0">
    <tr>
      <td width="202" height="585" valign="top"> </td>
      <td width="8" height="585"></td>
      <td width="740" height="585"> </td>
    </tr>
</table>
<table width="950" height="90" border="0" align="center">
    <tr>
      <td></td>
    </tr>
</table>
```

网站首页表格框架的效果如图 4-25 所示。此时，完成了网站首页表格框架的基本制作。

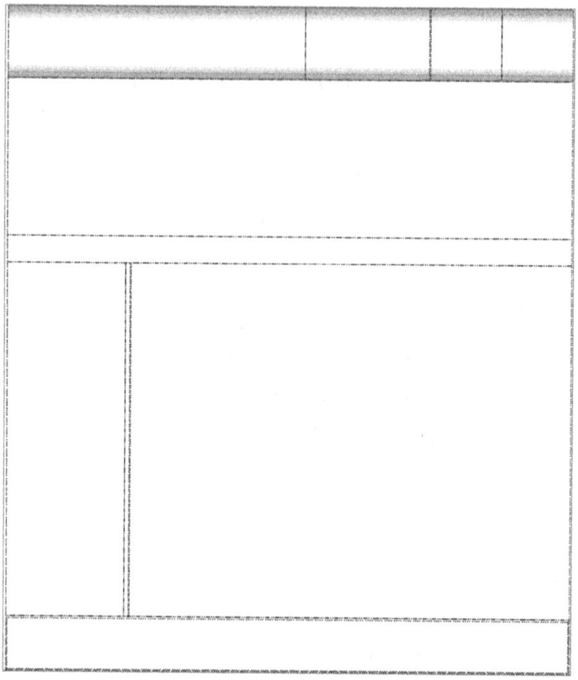

图 4-25　网站首页表格框架的效果

温馨提示

有些网页设计师习惯将整个页面作为一个大表格，这种做法会影响网页的浏览速度。当浏览器发现页面中有一个<table>标签时，在接收到对应的结束标签</table>前，不会显示这个表格。因此，如果将整个页面都放到一个大表格中，那么在浏览器下载这个大表格的</table>标签前，整个页面都不会显示。当显示内容过多的页面时（如搜索结果或者电子商务网站上的产品目录），表格的延迟显示会导致整个页面显示的停顿。

为了避免这种情况的出现，应该把页面划分成多个较小且独立的表格区域。这样，在每个表格的 HTML 代码下载完后浏览器就可以立即显示它。对浏览者来说，页面在屏幕上一部分、一部分地逐渐显示出来。更为重要的是，这种页面在屏幕上的显示速度，比之前等待整个页面下载完才能显示的方式快得多。

因此，在本案例中，不采用单个大表格进行页面布局，而是使用几个独立的表格进行布局。

技能训练 4-2　使用表格制作网站首页表格框架

视频：技能训练 4-2

请参照上述制作过程，将长沙市碧雅园花卉苗木基地网站首页分成 5 个大表格，分别表示头部区、Banner 区、导航区、内容区、底部区。表格的宽度和高度可参照之前给定的数据，制作网站首页表格框架。

3. 填充网页元素

视频：页面元素填充

步骤 1：设置页面

在 Dreamweaver CS5 中打开“index.html”文件，选择“修改”|“页面属性”命令，打开“页面属性”对话框，如图 4-26 所示。选择“分类”列表框中的“外观（CSS）”选项，将边距都设置为 0px，即无缝页面，然后单击“确定”按钮。

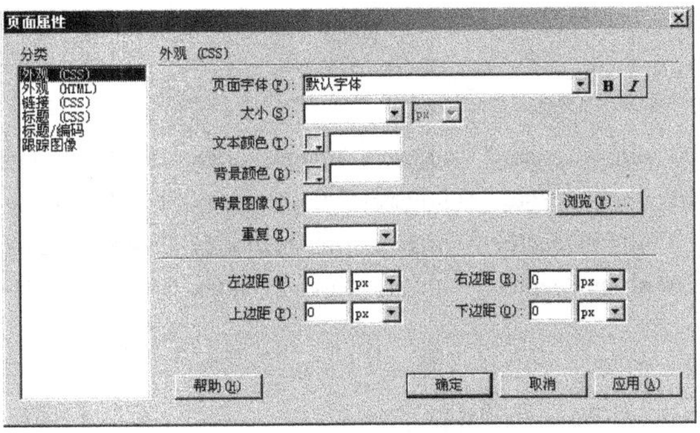

图 4-26　“页面属性”对话框

切换到代码视图，<head>和</head>标签中的代码如下。

```
<style type="text/css">
body {
    margin-left: 0px;
    margin-top: 0px;
    margin-right: 0px;
    margin-bottom: 0px;
}
```

其中，<style>标签用来指定当前文档的 CSS 层叠样式表。CSS 在网页的字体样式、背景、边界等方面都有很广泛的应用。具体操作可参阅 CSS 有关内容。

步骤 2：填充头部区表格

选中头部区表格，选择“插入”|“图像”命令，打开“选择图像源文件”对话框，如图 4-27 所示。选择 LOGO 图像，插入 LOGO。

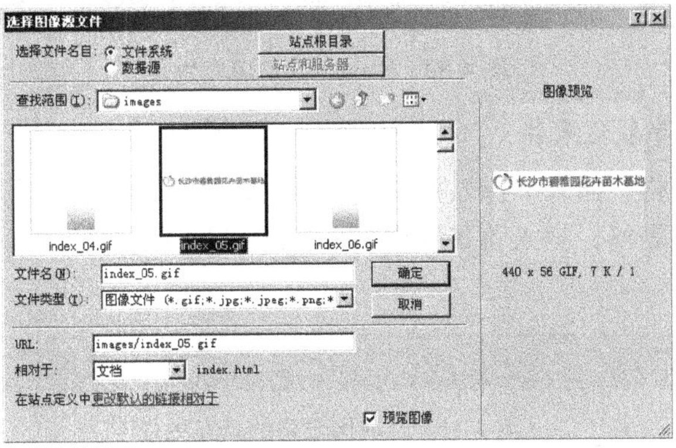

图 4-27　“选择图像源文件”对话框

在头部区表格中依次插入 400 电话、添加收藏、联系我们图像。头部区表格的填充效果如图 4-28 所示。

图 4-28　头部区表格的填充效果

切换到代码视图，可以看到头部区的代码如下。

```
<table width="950" height="120" border="0" align="center" cellpadding="0" cellspacing="0" background
="images/index_02.gif">
  <tr>
    <td width="500" align="center"><imgsrc="images/index_05.gif " width="440" height="56" ></td>
    <td width="210" align="center"><imgsrc="images/index_07.gif " width="188" height="30" ></td>
    <td width="120" align="center"><imgsrc="images/index_08.gif " width="78" height="18" ></td>
    <td width="120" align="center"><imgsrc="images/index_10.gif " width="78" height="20" ></td>
  </tr>
</table>
```

头部区的浏览效果如图 4-29 所示。

图 4-29　头部区的浏览结果

步骤 3：填充 Banner 区表格

选中 Banner 区表格，插入 Banner 图像，具体操作同步骤 2。Banner 区的填充效果如图 4-30 所示。

图 4-30　Banner 区的填充效果

步骤 4：填充导航区表格

选中导航区表格，插入 1 行 8 列的嵌套表格，将嵌套表格的宽度设置为 100%。接着选中整个导航区表格，插入背景图像“image/index_17.gif”。导航区表格的填充效果如图 4-31 所示。

图 4-31　导航区表格的填充效果

选中导航区表格的单元格，在“属性”面板中依次设置前 7 个单元格的宽度为 119 像素。直接在表格中输入导航文字“网站首页”“基地介绍”“苗木品种”“特色苗木”“售后服务”“工程案例”“苗木养护”“联系我们”，在“属性”面板中设置字体为微软雅黑，文字大小为 12 点，颜色为#FFFFFF。导航区的浏览效果如图 4-32 所示。

图 4-32　导航区的浏览效果

步骤 5：填充内容区表格

在 Dreamweaver CS5 中，可以把表格先拆分成很多单元格，然后合并出想要的效果。但 Dreamweaver 会自动对齐表格和单元格，使得拆分或合并操作不便于控制布局，因此应尽量提前规划好表格的布局。

在前面我们已经将内容区表格设置为 1 行 3 列，分为左、中、右 3 个部分。其中左侧包括“苗木分类”“联系我们”模块；中间部分对应的是将左边和右边分开的竖线；右侧包括“基地简介”“基地展示”“经典工程”“资质荣誉”模块，如图 4-33 所示。

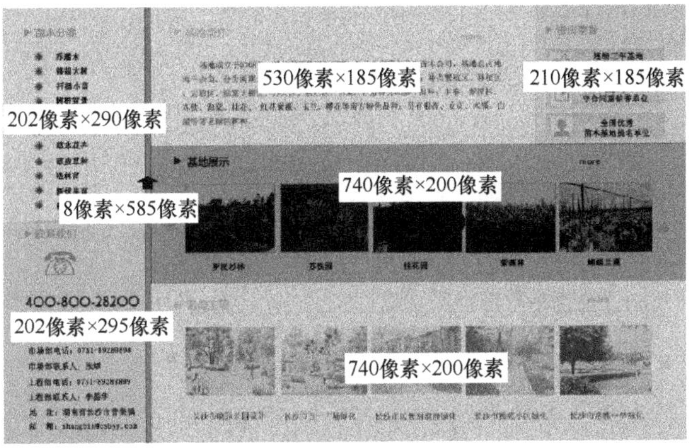

图 4-33　内容区的划分

① 左侧模块的制作。

在左侧单元格中插入 15 行 3 列的表格，宽度为 202 像素，高度为 290 像素。行的单元格高度分别设置为 25 像素、20 像素、17 像素、18 像素、18 像素、18 像素、18 像素、18 像素、18 像素、18 像素、18 像素、18 像素、18 像素、18 像素、30 像素。列的单元格宽度分别设置为 30 像素、20 像素、152 像素。内容区左侧表格的效果如图 4-34 所示。

接着插入 12 行 2 列的表格，宽度为 202 像素，高度为 295 像素。行的单元格高度分别设置为 10 像素、20 像素、60 像素、40 像素、30 像素、20 像素、20 像素、20 像素、20 像素、20 像素、20 像素、15 像素。列的单元格宽度分别设置为 30 像素、172 像素，效果如图 4-35 所示。

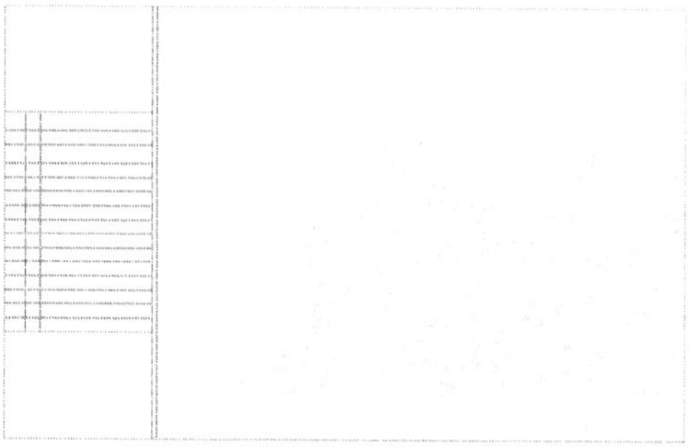

图 4-34　内容区左侧表格的效果

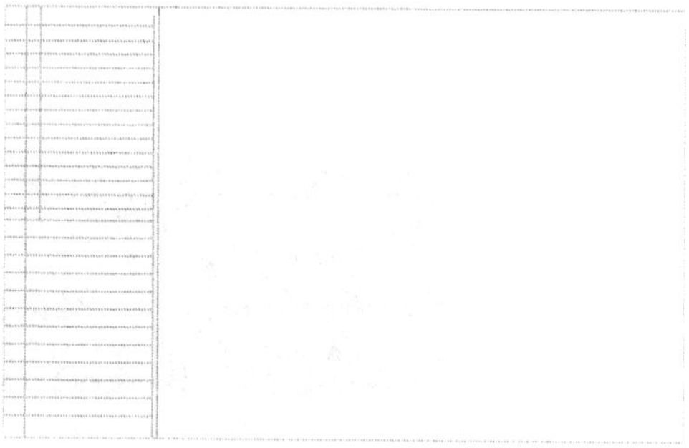

图 4-35　插入 12 行 2 列表格后内容区左侧表格的效果

其中，第一行的单元格高度为 10 像素，当单元格的高度小于 12 像素时，单元格的高度并没有像设置的一样发生变化，原因是在<td>和</td>标签中有 ，该代码表示空格，占一个字符的高度。所以，我们需要去掉 ，以保证单元格按设置的数值显示。

选择“编辑”｜“查找和替换”命令，打开“查找和替换”对话框，如图 4-36 所示。查找到 后，将其全部删除，删除空格后表格的效果如图 4-37 所示。

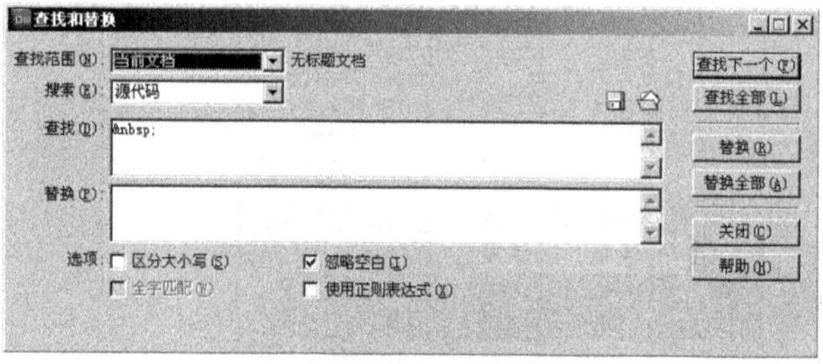

图 4-36　“查找和替换”对话框

图 4-37　删除空格后表格的效果

温馨提示

① 如果表格或单元格定义的高度低于 12 像素，那么 Dreamweaver 仍然显示的是 12 像素的高度，解决的办法是在代码视图中删除其中的 。

② 如果表格或单元格定义的宽度低于 6 像素，那么也会产生效果差异，原因同①，解决方法也同①。

在制作完成左侧表格后，根据网站首页效果图依次在其中插入对应的文字和图像，效果如图 4-38 所示。

图 4-38　插入文字和图像后的内容区左侧效果

在浏览器中预览效果时发现，因为 Dreamweaver 的默认字体较大，导致内容比单元格宽，使表格变形。为实现制作效果，需要对文字进行具体设置。选中“苗木分类”，设置字体为“微软雅黑，黑体”，大小为 14 点，颜色为#00CC00，目标规则为<内联样式>，如图 4-39 所示。

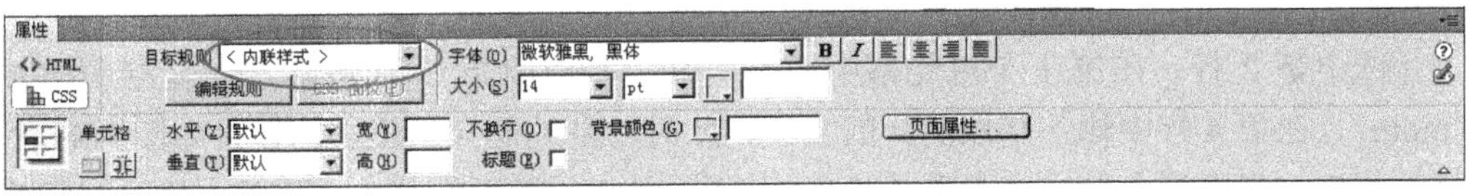

图 4-39　设置文字的内联样式

设置内联样式后的文字效果如图 4-40 所示。

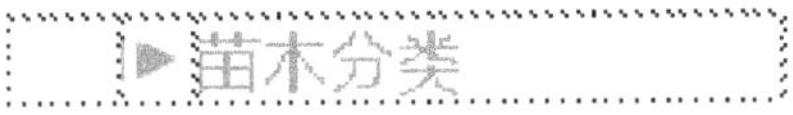

图 4-40　设置内联样式后的文字效果

切换到代码视图，对应的代码如下。

```
<td style="font-size: 14pt; font-family: '微软雅黑', '黑体'; color: #00CC00;">苗木分类</td>
```

其中，#00CC00 是用十六进制数表示的颜色。

“联系我们”的设置同“苗木分类”。设置 400 电话，大小为 14 点，颜色为#FF0000，文字对齐居中；设置“在线客服”的字体为宋体，大小为 14 点，颜色为#FF0000，文字左对齐，目标规则为<内联样式>，效果如图 4-41 所示。

其中，“在线客服”部分的图像与文字不能同时居中，此时可以通过两种方法解决。

一是嵌套表格。在该单元格中插入 1 行 2 列的表格，宽度为 202 像素，分别将图像和文字插入两个单元格中。

二是拆分单元格。选择“修改”|“表格”|“拆分单元格”命令，将单元格拆分成 1 行 2 列，再重新调整 QQ 图像与文字。

② 右侧模块的制作。

首先设置内容区右侧单元格的垂直对齐方式为顶部对齐，接着在此单元格中插入 1 行 6 列的表格，宽度和高度为 740 像素和 185 像素。设置每个单元格的宽度为 25 像素、480 像素、25 像素、18 像素、162 像素、30 像素，效果如图 4-42 所示。

图 4-41　设置文字样式后的内容区左侧效果

图 4-42　在内容区右侧插入 1 行 6 列的表格后的效果

继续插入 4 个表格，宽度为 480 像素，高度分别为 25 像素、20 像素、17 像素、110 像素，并按图 4-43 所示设置单元格。

选中第 2 行，在第 1 个单元格中插入▶和“基地简介”，在第 2 个单元格中插入“more”，在第 4 行中输入基地简介的文字，此时“基地简介”模块的效果如图 4-44 所示。其中，基地简介的文字占据了 5 行，行距小，文字与单元格紧贴在一起，浏览效果不好，因此需要调整该单元格的文字样式。

图 4-43　插入 4 个表格

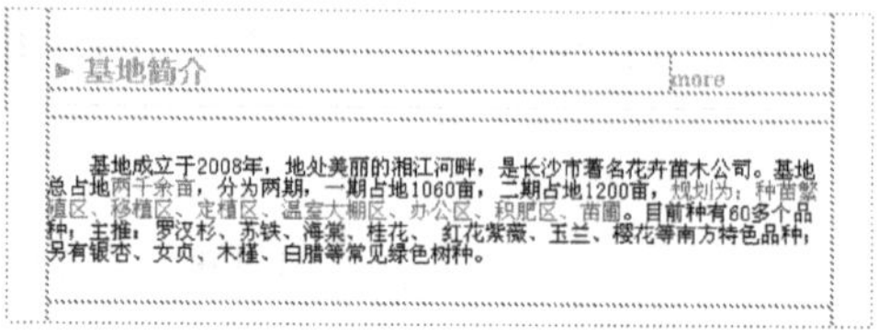

图 4-44　“基地简介”模块的效果

在状态栏中选中“<td>”标签，选中文字对应的单元格，单击“编辑规则”按钮，如图 4-45 所示，打开“<内联样式>的 CSS 规则定义”对话框，如图 4-46 所示。在“分类”列表框中选择“方框”选项，进行单元格填充设置，如图 4-47 所示。

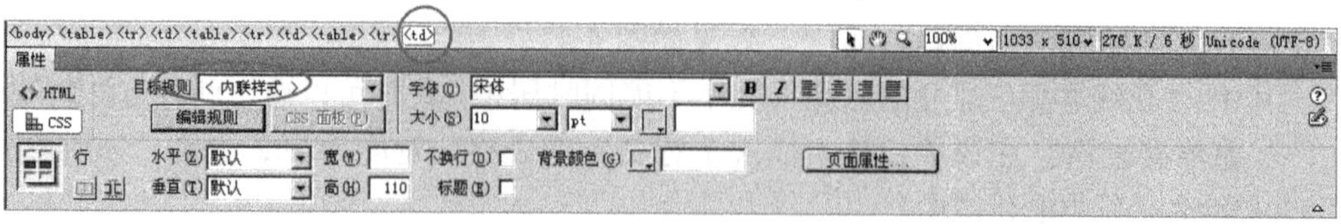

图 4-45　设置单元格的内联样式

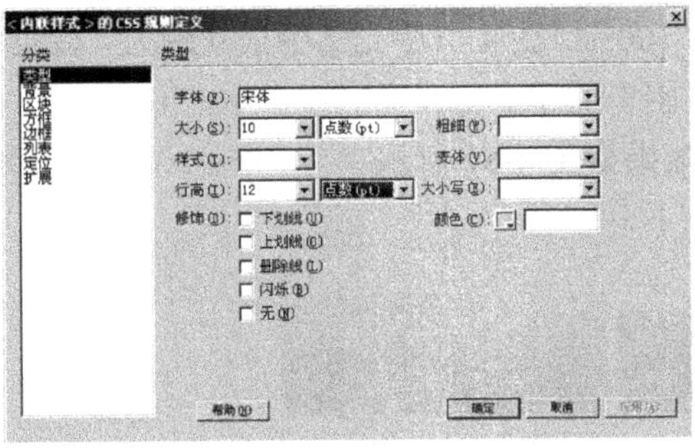

图 4-46　“<内联样式>的 CSS 规则定义”对话框

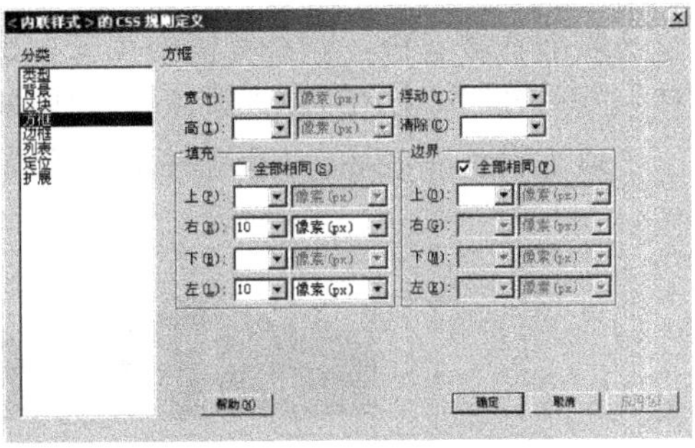

图 4-47　单元格填充设置

调整后的文字效果如图 4-48 所示。

切换到代码视图，对应的代码如下。

```
<td height="110" style="padding-left: 10px; padding-right: 10px; line-height: 14pt; font-family: '宋体'; font-size: 10pt;"> </td>
```

其中，padding-left 表示左填充，line-height 表示行高。

随后，以同样的流程完成“资质荣誉”模块的制作，效果如图 4-49 所示。

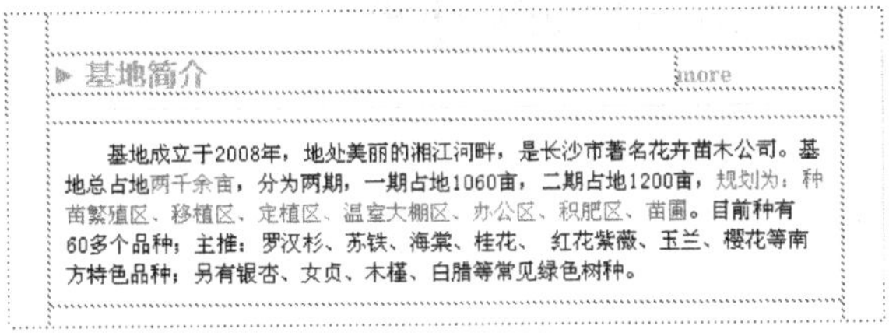

图 4-48　调整后的文字效果

图 4-49　“资质荣誉”模块的效果

接着制作“基地展示”模块。插入 4 行 3 列的表格，列的宽度分别设置为 25 像素、685 像素、30 像素，行的高度分别设置为 20 像素、20 像素、140 像素、20 像素，并按图 4-50 所示设置单元格。

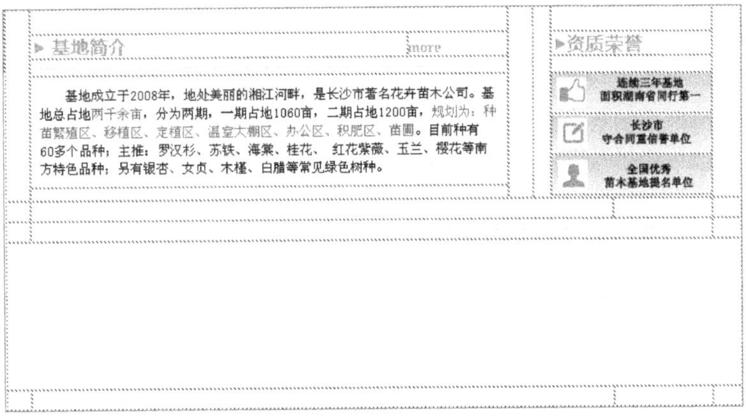

图 4-50　插入“基地展示”模块表格

在第 1 行中插入，并插入“基地展示”“more”文字。在第 2 行中插入“图片 2.jpg”。在第 3 行的第 1 个和第 3 个单元格中插入箭头所对应的图片，在第 2 个单元格中插入 1 行 5 列的嵌套表格，嵌套表格的宽度设置为 100%。在第 4 行的第 2 个单元格中插入 1

行 4 列的嵌套表格，嵌套表格的宽度设置为 100%，在 4 个单元格中依次输入“罗汉杉林”“苏铁园”“桂花园”“紫薇林”“蝴蝶兰圃”文字。

以上设置完成后，“基地展示”模块的效果如图 4-51 所示。

图 4-51　“基地展示”模块的效果

复制“基地展示”模块，修改文字与图片，制作“经典工程”模块，其效果如图 4-52 所示。

图 4-52　“经典工程”模块的效果

步骤 6：填充底部区表格

选中底部区表格，将表格拆分成两行，将第 1 行的高度设置为 2 像素，去掉<td>标签中的空格符 ，为该单元格设置背景颜色#008500。在第 2 行中输入底部区的相关文字及符号信息，并进行样式设置，文字大小为 10 点，对齐方式为居中，完成底部区表格的填充，效果如图 4-53 所示。

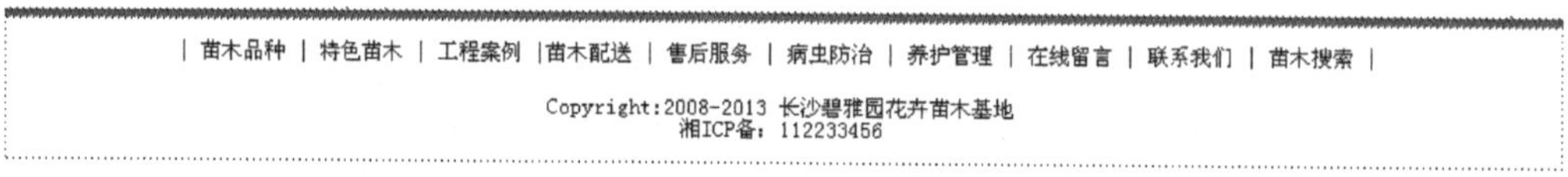

图 4-53　底部区表格的填充效果

切换到代码视图，对应的代码如下。

```
<td style="font-family: '宋体'; text-align: center; font-size: 10pt;"><p>| 苗木品种 | 特色苗木 | 工程案例 |苗木配送 | 售后服务 | 病虫防治 | 养护管理 |  在线留言 | 联系我们 | 苗木搜索 | </p><p>Copyright:2008-2013 长沙碧雅园花卉苗木基地<br />
        湘 ICP 备：112233456<br />
    </p>
    </td>
```

其中，<p>标签是段落标签。<p>标签会自动在其前后创建一些空白行，浏览器会自动添加这些空白行。
标签表示换行，与<p>标签不同的是
不会留下空白行。

至此，网站首页基本已完成，保存文件，按 F12 键预览网页效果，如图 4-54 所示。为了凸显网页主体，可以为该网页加一个背景，选择“修改”｜“页面属性”命令，打开“页面属性”对话框，选择“分类”列表框中的“外观（HTML）”选项，设置背景为#CCCCCC，然后单击“确定”按钮，效果如图 4-55 所示。

图 4-54 网页预览效果

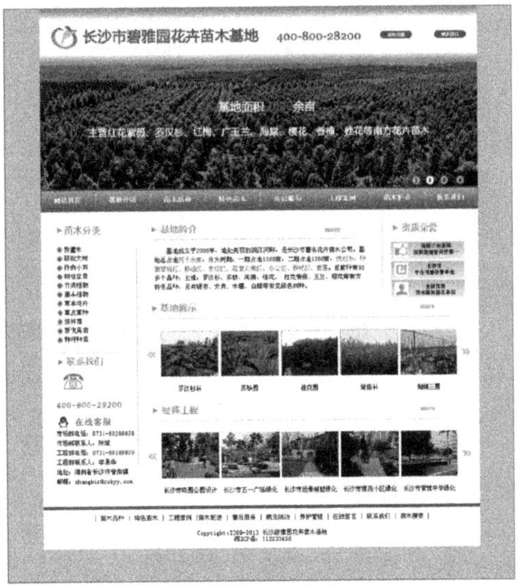

图 4-55 加入背景的网页效果

步骤 7：处理子页面链接

本步骤以“联系我们”模块子页面链接处理为例进行说明。首先将首页文件“index.html”复制到“contact”文件夹中，并重命名为“contact.html”，在 Dreamweaver CS5 中打开“contact.html”，修改内容区表格，将右侧内容区的填充内容修改为“联系我们”的相关信息，效果如图 4-56 所示。

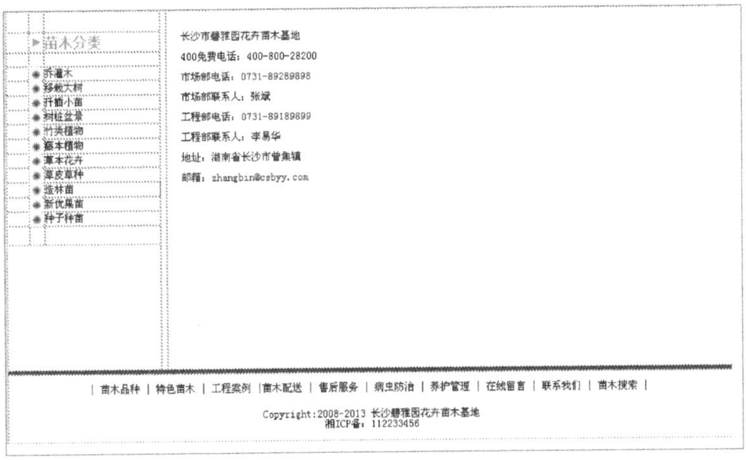

图 4-56 修改后的效果

为了与用户实现交互，还可以设置留言板。具体操作如下：首先，在右侧内容区的空白表格中输入文字“给我们留言”，字体设置参考内容区其他文字的格式；其次，在“给我们留言”下方插入一个多行文本框，选择“插入”|“表单”|“文本区域”命令；再次，在多行文本框下方插入一个“提交”按钮，选择“插入”|“表单”|

“按钮”命令，效果如图 4-57 所示。

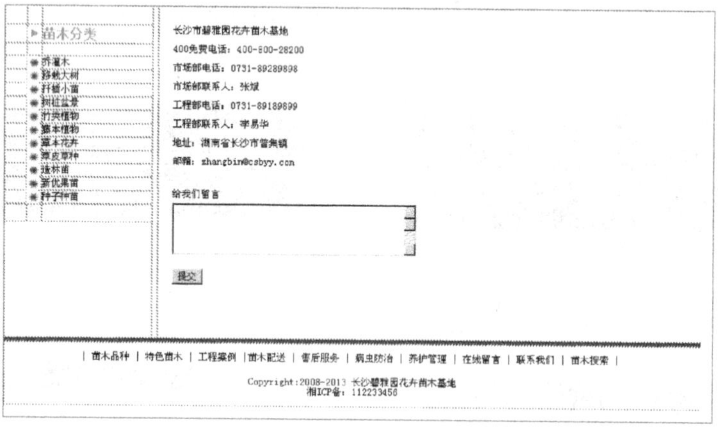

图 4-57　留言板效果

温馨提示

表单在网页中主要负责数据采集。一个表单有 3 个基本组成部分。

表单标签：包含处理表单数据所用 CGI（通用网关接口）程序的 URL 及数据提交到服务器的方法。

表单域：包含文本框、密码框、隐藏域、多行文本框、复选框、单选框、下拉选择框和文件上传框等。

表单按钮：包括提交按钮、复位按钮和一般按钮；用于将数据传送到服务器上的 CGI 脚本或者取消输入，还可以用来控制其他相关脚本的处理工作。

以上完成了“联系我们”模块子页面内容区的制作，接下来还需要创建子页面与网站首页的超链接。在 Dreamweaver CS5 中打开“index.html”文件，右击导航栏上的文字“联系我们”，在弹出的快捷菜单中选择“创建连接”命令，打开“选择文件”对话框，如图 4-58 所示。在“contact”文件夹中选择“contact.html”文件，然后单击“确定”按钮，完成超链接设置。

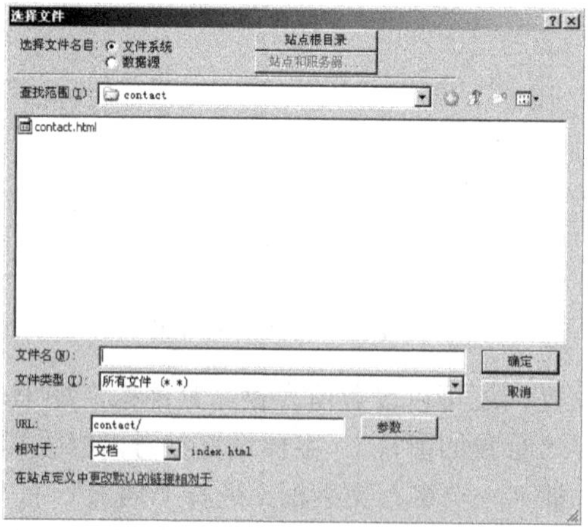

图 4-58　“选择文件”对话框

切换到代码视图，对应的代码如下。

```
<td style="font-family: '宋体'; font-weight: bold; text-align: center; font-size: 14px; color: #FFF FFF;" >
<a href="contact/contact.html">联系我们</a></td>
```

其中，<a>是超链接标签，href 表示链接的 URL 地址。链接有外部链接和内部链接两种形式。外部链接，链接至互联网的某个 URL 网址或文件；内部链接，链接 HTML 文件的某个区段。

导航栏的效果如图 4-59 所示，单击“联系我们”，将跳转到“contact.html”子页面。各子页面链接的制作步骤相同，在此不一一赘述。

图 4-59　导航栏的效果

技能训练 4-3　使用表格嵌套处理网页主体内容

请参照上述制作过程，完成长沙市碧雅园花卉苗木基地网站首页的整体制作。具体表格宽度、高度数据从上述内容中查找。

实训四　使用表格制作企业网站首页

一、实训目标

- 能使用 Dreamweaver 设置站点。
- 能使用表格布局静态网页。

二、实训背景

湖南浏阳素有“烟花之乡”的美誉，目前其花炮年产值占全国总产值的一半，拥有各类上规模的花炮企业 1000 余家。湖南国际庆典烟花文化集团是一家与澳大利亚飞拓烟花集团（中国香港）有限公司合资创办的大型烟花企业。湖南国际庆典烟花文化集团的前身为浏阳市庆典烟花有限公司，历经 20 余年的不断进取，努力攻关，逐步成长为一家集科研、生产、销售、燃放、文化传播于一身的专业烟花文化企业集团，旗下拥有湖南省国际庆典烟花制造燃放有限公司、浏阳市国际庆典烟花出口贸易有限公司、浏阳市国际庆典文化传播有限公司等核心企业。湖南国际庆典烟花文化集团拥有现代化大型烟花生产工厂，环境优美，配备了先进的自动化烟花生产设备；荟萃了国内外顶级烟花科技人才；烟花的产品结构、花色效果、内质外观均领先于行业水平。其自主创新的产品包括手持柱形彩烟、舞台柱形彩烟、高空组合盆花、高空礼花弹、高空礼炮。

由于市场竞争日趋激烈，湖南国际庆典烟花文化集团的领导决定加强网络宣传与推广，建立企业网站。网站初期的功能定位是针对国内市场，打造集团统一对外的宣传窗口，强化集团的行业地位和影响，进一步提升集团的品牌影响力。

小王在之前已经完成了该集团网站的栏目规划、首页草图绘制、首页效果图绘制等工作，现在网站建设部经理要求小李采用表格技术，来完成该集团网站首页静态页面的制作。

三、实训环境

硬件环境：能接入互联网的计算机。

软件环境：IE 7.0、Flash、Dreamweaver CS5。

四、实训内容与步骤

1. 本地站点配置

完成本地站点文件夹的规划和设置工作，并在 Dreamweaver CS5 中完成站点的配置。

2. 表格规划

依据实训二完成的网站首页草图，规划相应网页的布局表格。

3. 内容填充

依据实训三完成的网站首页效果图，整理切片生成的图像，填充到相应的表格中。

4. 文字内容处理

依据实训三完成的网站首页效果图，完成页面中文字的添加及格式化操作。

5. 链接处理

完成导航栏及页面中主要子页面链接的设置工作。

思考与练习

一、选择题

1.（　　）格式用于网页中的图像制作。

A. EPS　　B. DCS 2.0　　C. TIFF　　D. JPEG

2. 在表格属性设置中，间距指的是（　　）。

A. 单元格内的文字距离单元格内部边框的距离

B. 单元格内的图像距离单元格内部边框的距离

C. 单元格内的文字距离单元格左部边框的距离

D. 单元格与单元格间的宽度

3. 在 HTML 中，超链接由（　　）标签定义。

A. <p>　　B. <a>　　C. <img>　　D. <meta>

4. 在 HTML 中，（　　）不属于<table>标签的属性。

A. border　　B. width　　C. cellspacing　　D. vlink

5. 在 Dreamweaver 中，（　　）标签表示表格行。

A. <td>　　B. <th>　　C. <table>　　D. <tr>

6. 在 HTML 中，（　　）表示的是空格。

A. "　　B.

C．&　　D．©

7．对于 HTML 标签，书写规则是（　　）。

A．对字母大小写敏感　　B．只能使用小写字母

C．对字母大小写不敏感，但不能混写　　D．字母大小写或混写均视为相同

8．Dreamweaver 中的<title>和</title>标签必须包含在（　　）标签中。

A．<body>和</body>　　B．<table>和</table>

C．<head>和</head>　　D．<p>和</p>

二、简答题

1．简述建立站点的必要性。

2．简述什么是单元格的边距与间距。

3．简述图像的绝对路径与相对路径的区别。

4．简述规划网站目录结构的原则。

5．比较分析<p>标签与
标签的异同。

项目五　DIV+CSS 制作网页

学习目标

1．掌握利用 DIV+CSS 布局网页的方法

2．熟练运用 CSS 美化网页

项目简介

在项目四中学习了使用表格布局网页的方法，表格布局有其优点，但也有缺点，层层嵌套的表格会使网页结构混乱，影响网页打开的速度。除表格布局外，DIV+CSS 也是目前常用的网页布局方式。而且，DIV+CSS 布局有别于表格布局的定位方式，DIV+CSS 布局可实现网页页面内容与其表现形式分离，使网页代码更精简，提高网页打开的速度，提升用户体验度。同时，DIV+CSS 布局能使网页结构更清晰，方便搜索引擎的搜索。因此，在制作商务网页时，相对于表格布局网页，DIV+CSS 布局使用得更为广泛。

本项目主要介绍使用 DIV+CSS 制作网页的方法，重点介绍 CSS 样式的创建和使用。

项目概述

小李所在的项目团队承接了长沙市碧雅园花卉苗木基地网站建设项目，通过前期的客户需求分析，小王已绘制了网站首页效果图。网站建设部经理让小李在两天之内根据网站首页效果图，为长沙市碧雅园花卉苗木基地网站制作首页静态页面。为方便与网站后台系统集成，要求小李使用 DIV+CSS 进行制作。

项目分析

一般来说，使用 DIV+CSS 进行网页制作的过程如下：首先，明确页面组成，使用 DIV 对页面进行分块，每个分块通过不同的 ID 或者 class 样式进行标记和区分；其次，设置 CSS，完成页面各个 DIV 定位，搭建页面的基本框架；再次，添加相应的内容；最后，进行页面的美化。

采用 DIV+CSS 布局网页，每个 DIV 都需要用 ID 或者 class 样式进行标记和区分，因此在初始进行网页布局时，就需要对每个 DIV 对应样式的命名有一个大概的规范，如头部区 DIV 采用的样式命名用 Header，广告区 DIV 采用的样式命名用 Banner，导航区 DIV 采用的样式命名用 Nav，内容区 DIV 采用的样式命名用 Content，底部区 DIV 采用的样式命名用 Footer 等，这样在开发文档的呈现上就一目了然了，而且以后进行网页的维护会更加简便、直观。

本项目的实施，一方面要转变使用表格布局的观念，采用 DIV 进行布局；另一方面，对外观的控制，要习惯使用 CSS 来实现。因此，这一项目的完成，可以分解为以下 3 个任务。

任务一：首页 DIV 框架制作

任务二：内容制作

任务三：CSS 特效导航栏制作

任务一　首页 DIV 框架制作

任务说明

与表格布局网页类似，在使用 DIV+CSS 方法布局网页时，首先应对网页的整体空间结构进行分解，形成分块区域。这一分解过程，一般可按上、下、左、右的空间顺序来进行。

根据需要，还可在划分出来的大块区域中进一步划分出小块区域。针对划分出来的每块区域，使用相应的 DIV 层来实现。在层数量较多时，要注意合理规划层与层间的嵌套关系。

本任务针对网站首页效果图，使用 DIV 层来规划并实现页面的整体框架制作，在此之前需要先了解 DIV+CSS。

任务步骤

1. 认识 DIV+CSS

视频：什么是 CSS

HTML 语法要求比较松散，这对程序编写者来说使用起来比较方便，但对机器来说，语言的语法越松散，处理起来就越困难。计算机能兼容松散语法，但其他通信设备，如手机等，对松散语法的语言兼容能力比较差。因此，2000 年年底，W3C（World Wide Web Consortium，万维网联盟）组织公布了 XHTML（可扩展超文本标记语言）1.0 版本。

XHTML 是一种在 HTML 4.0 基础上优化和改进的新语言，也可以说它是 HTML 的升级版本，W3C 描述它为 HTML 4.01。在 XHTML 网站设计标准中，不再使用表格定位技术，而是采用 DIV+CSS 方式实现各网页内容的定位与布置。当前，DIV+CSS 是网站标准（或称 Web 标准）中的常用术语之一，是一种网页的布局方法。

DIV（DIVision，划分）是 HTML 的一个标签，称为块元素（或层元素）。DIV 标签是用来为 HTML 文档内大块（block-level）的内容提供结构和背景的元素，类似于表格技术中的<table>标签。DIV 的起始标签和结束标签间的所有内容都是用来构成这个区块的。块的大小和位置由 DIV 标签的属性来控制，或者通过使用 CSS 中的样式来进行控制。DIV 区块可以嵌套使用，也可以重叠，通过灵活控制各区块的大小和位置，即可实现网页内容的布局。

CSS 是 Cascading Style Sheets（层叠样式表）的缩写，是一种能够真正做到网页表现与内容分离的一种样式设计语言。在 DIV+CSS 布局中，DIV 标签主要用来装载网页中的内容，其外观与形式完全由 CSS 进行控制，实现了网页内容与形式的分离，使网页代码更加规范和有序。

2. 规划网页 DIV 层次

步骤 1：分析网站首页效果图的布局

与项目四类似，通过分析，长沙市碧雅园花卉苗木基地网站首页可以分成几个大的区域，将页面 DIV 分块，如图 5-1 所示。

图 5-1　网站首页页面 DIV 分块

根据图 5-1，用 Photoshop CS5 画出实际的页面布局图，说明层的嵌套关系，如图 5-2 所示。

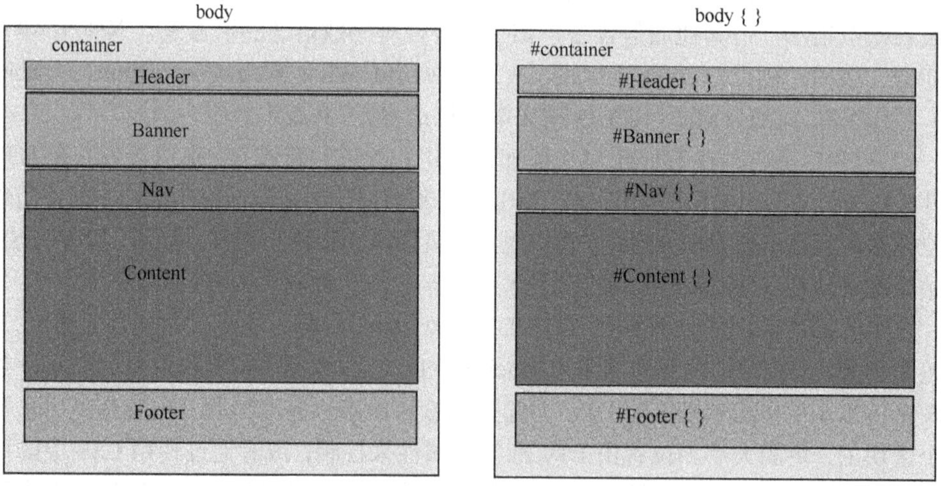

图 5-2　页面布局图

左图表示页面 DIV 的划分，右图表示对应的 DIV 采用的样式。例如，Header 部分所对应的 DIV 采用的样式为#Header { }。

步骤 2：规划层次

根据图 5-2 的分析，网站首页的页面 DIV 结构如下（此处用样式来区分不同的 DIV）。

```
|body { }  /*HTML 元素，具体不做说明*/
└#container { }  /*页面层容器*/
        ├#Header { }    /*页面头部*/
        ├#Nav { }       /*页面导航*/
        ├#Banner { }    /*页面广告*/
        ├#Content { }   /*主体内容*/
        └#Footer { }    /*页面底部*/
```

至此，页面布局规划已经完成。

3. 实现网页 DIV 布局

步骤 1：新建站点

与使用表格制作网页一样，首先建立网站文件夹，在 F 盘中新建一个文件夹，命名为“BYYWeb”，将切片生成的“images”文件夹放置在该文件夹中；然后，创建“BYYWeb”本地站点，新建站点指向“BYYWeb”文件夹，如图 5-3 所示。

视频：DIV+CSS 布局操作

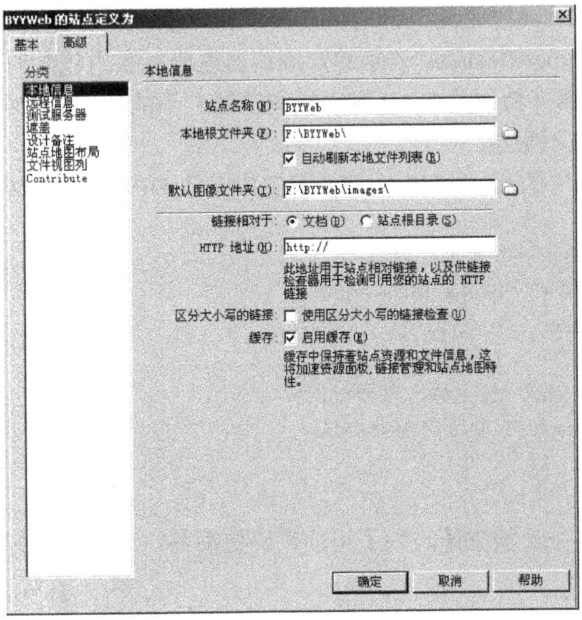

图 5-3　新建站点

在“BYYWeb”本地站点中新建网站首页“index.html”文件，切换到代码视图，自动产生的代码如下。

```
<!DOCTYPE HTML PUBLIC"-//W3C//DTD XHTML 1.0 Transitional//EN"
"http://www.w3.org/TR/xhtml1/DTD/xhtml1-transitional.dtd">
<html xmlns="http://www.w3.org/1999/xhtml">
```

```
    <head>
      <meta http-equiv="Content-Type" content="text/html; charset=gb2312" />
    </head>
      <body>
      </body>
</html>
```

其中，<meta http-equiv="Content-Type" content="text/html; charset=gb2312" />表示文档的语言编码，gb2312 表示本文档采用简体中文编码，还有一种常用的编码是 UTF-8，它是国际通用的编码。不管采用哪种编码，本文档中包含的 CSS 样式表或包含的其他文件中的代码都必须和本文档的代码编码一致，否则会出现乱码。

步骤 2：搭建外部框架

除在文档工具栏中输入标题外，还可以直接在代码视图中进行编辑，如在<head>和</head>标签中输入标题：

```
<title>长沙市碧雅园花卉苗木基地</title>
<link href="css1.css" rel="stylesheet" type="text/css" />
```

其中，<link href="css1.css" rel="stylesheet" type="text/css" />表示链接到外部样式表文件“css1.css”。这种形式是把 CSS 单独写到一个 CSS 文件内，然后在源代码中以 link 方式链接。它的好处是不但本页可以调用，其他页面也可以调用，是最常用的一种形式。

<link>标签用来引用一个已存在的文件；href 表示需要加载的资源（CSS 文件）的 URL 地址；rel="stylesheet"是为外部的风格页添加附注，该风格页用来控制当前文档在浏览器中的显示；type="text/css"表示通知浏览器这段标签内包含的内容是 css 或 text，也就是说，当浏览器（特别是 WAP 等手机浏览器）不能识别 css 时，会将代码认为是 text，从而不显示也不报错。

在“index.html”的<body>和</body>标签中输入 DIV 的基本结构，代码如下。

```
<body>
  <div id="container"><!--页面层容器-->
    <div id="Header"><!--页面头部--></div>
    <div id="Banner"><!--页面广告--></div>
    <div id="Nav"><!--页面导航--></div>
    <div id="Content"><!--主体内容--></div>
    <div id="Footer"><!--页面底部--></div>
  </div>
</body>
```

其中，<!--　　-->表示注释，为了阅读代码更简易，请养成良好的注释习惯，这是非常重要的。

① 添加#container 样式。

选择“文件”｜“新建”｜“CSS”命令，新建 CSS 并将其保存为“css1.css”。打开“css1.css”文件，单击右侧 CSS 浮动面板中的按钮，打开“新建 CSS 规则”对话框，如图 5-4 所示。设置选择器类型为 ID（仅应用于一个 HTML 元素），选择器名称为 container。

单击“确定”按钮，打开“#container 的 CSS 规则定义”对话框，如图 5-5 所示。

设置方框的属性，宽设置为 100%。这里将#container 的宽度定义为 100%，是为了使其所对应的 DIV 能随着页面大小的不同进行缩放，自动为满屏。当整个网页需要背景颜色时，这样的定义非常有效。

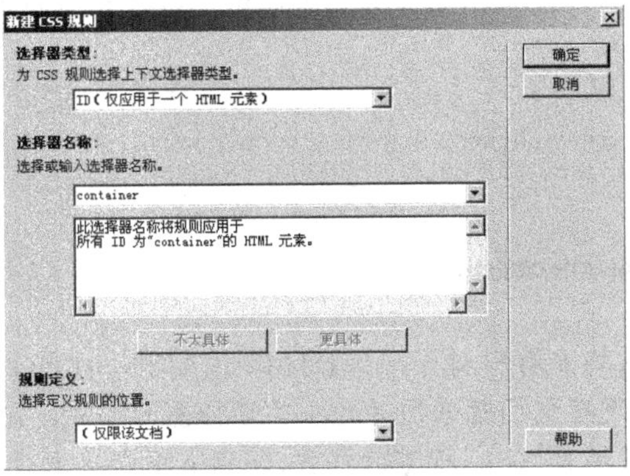

图 5-4　“新建 CSS 规则”对话框

设置完后，单击“确定”按钮，#container 样式添加成功，如图 5-6 所示。

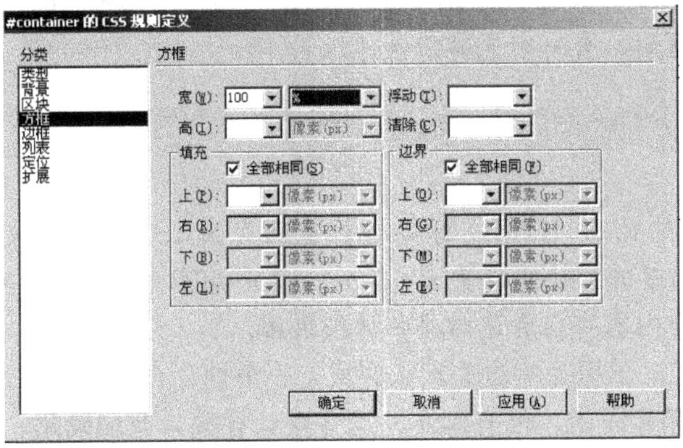

图 5-5　“#container 的 CSS 规则定义”对话框

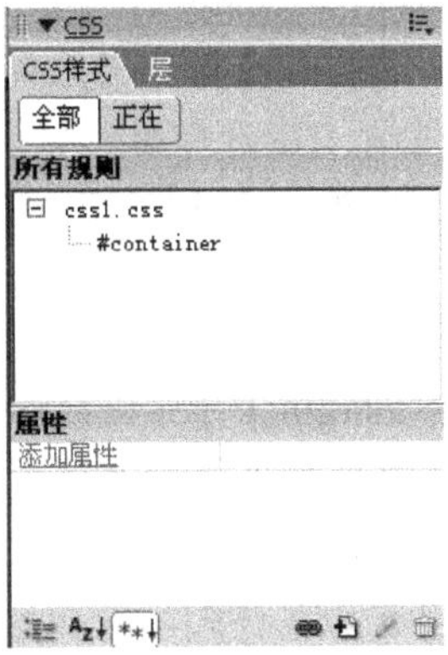

图 5-6　#container 样式添加成功

代码窗视图中同时出现如下代码。

```
#container { width:100%; }
```

其中，#container 代表选择器，width 是属性，100%是属性的取值。任何 HTML 元素都可以是一个 CSS 的选择器。

相关链接——选择器的类型

选择器是 CSS 中很重要的概念，所有 HTML 中的标记都是通过不同的 CSS 选择器进行控制的。用户只需要通过选择器便可以对不同的 HTML 标签进行控制，并通过赋予各种属性值，实现各种效果。

CSS 常见的选择器有 3 种：类（class）选择器、ID 选择器和标签选择器。

（1）类选择器

类选择器的基本格式：

```
.class{ property: value … }
```

其中，句点（.）是类选择器的标志，类名称必须以它开头，并且可以包含任何字母和数字的组合。class是类的名称，用户可以自定义，例如：

```
.center { text-align: center }
```

设置center类选择器文本的对齐方式为居中，所有套用center类选择器的HTML标签均为文本居中对齐。

```
<h1 class="center">
This heading will be center-aligned
</h1>
<p class="center">
This paragraph will also be center-aligned.
</p>
```

设置h1和p元素均为居中对齐。在HTML代码中，h1和p元素都是HTML的标签，有其默认格式，现在它们都采用center类选择器的格式，而不使用默认格式。

使用h1类选择器设置该<h>标签的样式，使用p类选择器设置该<p1>标签的样式。

（2）ID选择器

ID选择器和类选择器一样，可以自定义名称，但ID选择器是以#作为定义标志的，而且ID样式只能作用于网页中的一个对象，不能作用于多个对象，其优先级高于class样式。这种选择器多用来构建页面框架，有一定的局限性。

例如，ID选择器可以设定如下：

```
#content_a { text-indent: 12px }
```

（3）标签选择器

在标签选择器中，可以对默认的已有HTML标签进行重新定义，如可以定义body { margin: 0 }，表示将<body>标签的外边距设置为0；p { color: #f00 }表示将<p>标签的文字颜色设置为红色，其复合内容将在后述内容中详细讲解。

大多数标签都有自己的默认样式，正因为有这些默认样式，一个设计合理的页面，即使没有加载样式，也能让用户很容易阅读。但有时候，这些默认样式对我们没用，所以需要清除它们。为了方便，此时建议用标签重定义方式，这样可以很简单地把全局的样式统一起来，但要慎用。

温馨提示

一个属性被指定到选择器是为了使用它的样式。属性包括颜色、边界和字体等。属性值是一个属性接受的指定。例如，属性颜色接受值red。

关于样式表的语法，要注意以下几个问题。

① 属性必须包含在{ }内。

② 属性和属性值之间用“:”分隔。

③ 当有多个属性时，用“;”进行区分。

④ 在书写属性时，属性之间用空格等换行，并不影响属性的显示。如果一个属性有几个值，则每个属性值之间都用空格分隔。

② 添加#Header样式。

继续单击右侧“CSS”面板中的按钮，打开“新建CSS规则”对话框，设置选择器类型为 ID（仅应用于一个 HTML 元素），选择器名称为 Header。单击“确定”按钮，打开“#Header 的 CSS 规则定义”对话框，设置背景图像为 index_02.gif（见图 5-7），方框宽为 950px，高为 120px，边界为 0px（见图 5-8），使头部 DIV 与下面的#Banner DIV 间没有距离，不会造成缝隙。

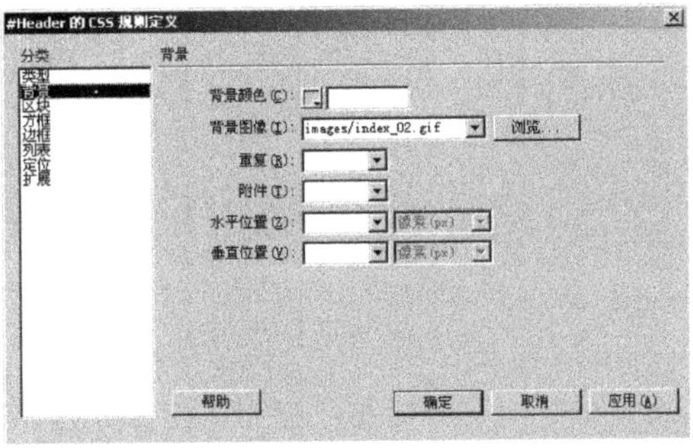

图 5-7　#Header 样式的背景属性设置

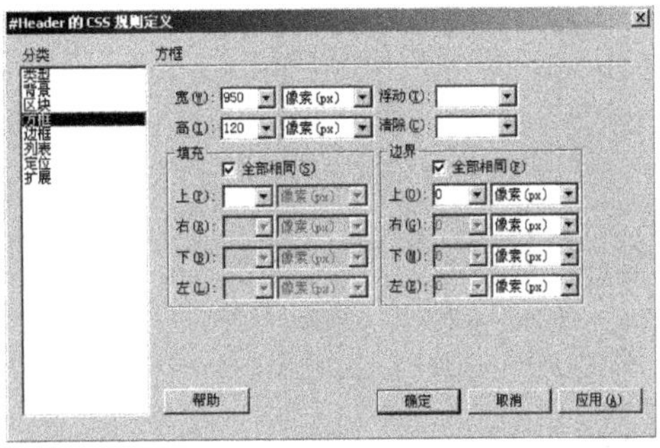

图 5-8　#Header 样式的方框属性设置

“css1.css”文件中同时出现如下代码。

```
#Header {
    background-image: url(images/index_02.gif);
    margin: 0px;
    height: 120px;
    width: 950px;
}
```

其中，background-image: url(images/index_02.gif)表示背景图像来自“images”文件夹中的“index_02.gif”。

相关链接

在“#××的 CSS 规则定义”对话框中，选择“分类”列表框中的“背景”选项，可以在对话框右侧定义 CSS 样式的背景属性。其中各项的含义如下。

背景颜色：设置网页元素的背景颜色。

背景图像：设置网页元素的背景图像。

重复：设置背景图像的重复方式。“不重复”表示只在网页元素开始处显示一次图像；“重复”表示在网页元素水平和垂直方向上平铺图像；“横向重复”表示在网页元素水平方向上重复显示图像；“纵向重复”表示在网页元素垂直方向上重复显示图像。

附件：用于控制背景图像是否随页面一起滚动，默认值为 scroll。

水平位置（X）：设置背景的水平排列方式。

垂直位置（Y）：设置背景的垂直排列方式。

当同时设置背景颜色和背景图像时，背景图像优先显示。

例如：background: #ccc url('bg.gif') top left no-repeat;

表示使用#CCC（灰度色）填充整个层，使用“bg.gif”作为背景图像，top left 表示图像位于当前层的左上端，no-repeat 表示背景图像不重复。

网站首页头部的浏览效果如图 5-9 所示。

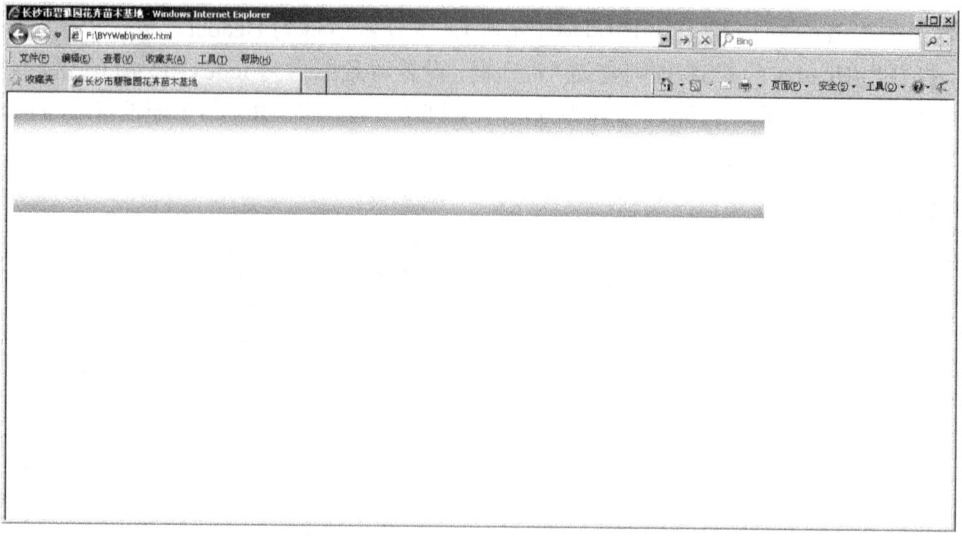

图 5-9　网站首页头部的浏览效果

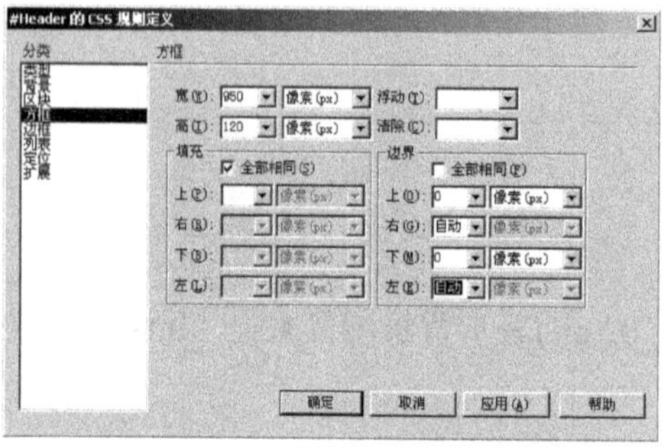

图 5-10　#Header 样式的方框属性设置

从图 5-9 中可以看出，#Header 对应的 DIV 没有居中，因为 DIV 默认的对齐样式为居左。单击“CSS”面板中的按钮，调整#Header 样式的方框属性，将左边界和右边界都调整为自动，如图 5-10 所示。这意味着让计算机自动计算该 DIV 与页面边距的距离，并左、右平均分配，这样该 DIV 就居中了。切换到浏览器窗口，添加#Header 样式后网站首页的浏览效果如图 5-11 所示。

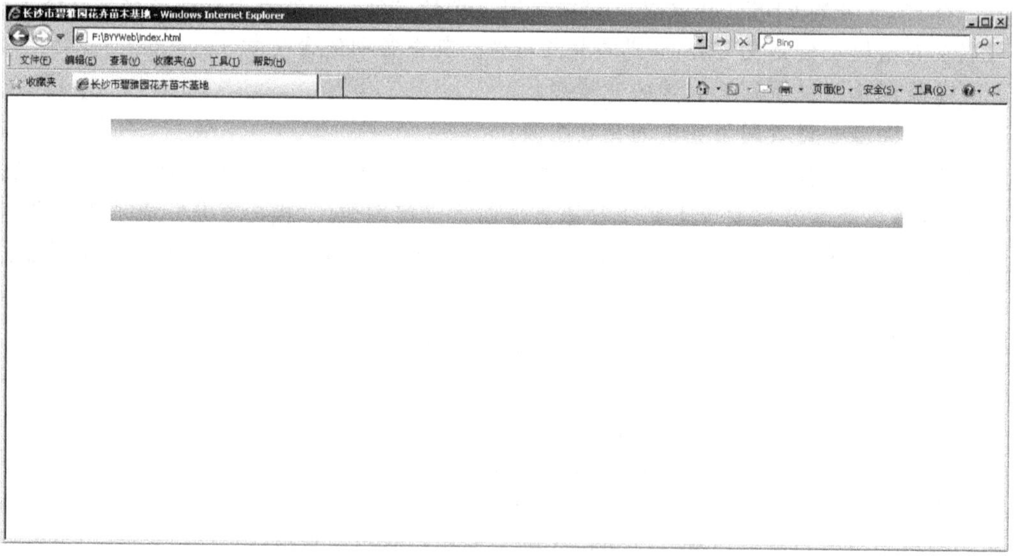

图 5-11　添加#Header 样式后网站首页的浏览效果

“css1.css”文件的#Header 中新增的代码如下。

```
#Header {
    background-image: url(images/index_02.gif);
    height: 120px;
    width: 950px;
    margin-top: 0px;
    margin-right: auto;
    margin-bottom: 0px;
    margin-left: auto;
}
```

其中，margin 是指边界，表示内容与外部的距离。margin-top: 0px 表示该 DIV 上边界与离它最近的其他元素的边界的距离为 0px。如果代码中出现 margin: 0px，则是使用了缩写，完整的应该是

margin-top: 0px; margin-right: 0px; margin-bottom: 0px; margin-left: 0px

或

margin: 0px 0px 0px 0px

表示上、右、下、左边距均为 0px，如果使用 auto，则是自动调整边距，一般是居中对齐。

另外，还有以下几种写法：margin: 0px auto，说明上、下边距为 0px，左、右边距为自动调整的。以后将使用到的 padding 属性与 margin 有许多相似之处，它们的参数是一样的，只是表示的含义不同，margin 表示的是外部距离，而 padding 表示的是内部距离。

③ 添加#Banner 样式。

在“新建 CSS 规则”对话框的“选择器名称：”中输入“Banner”。单击“确定”按钮，打开“#Banner 的 CSS 规则定义”对话框，设置背景图像为 index_15.gif（见图 5-12），方框的宽为 950px，高为 260px，上、下边距为 0px，左、右边距为自动（见图 5-13）。

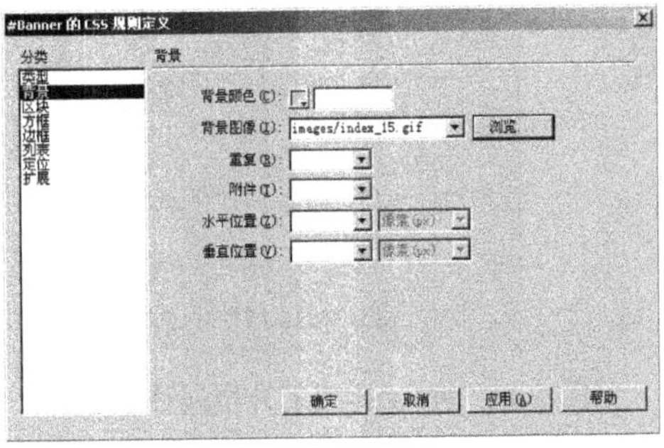

图 5-12　#Banner 样式的背景属性设置

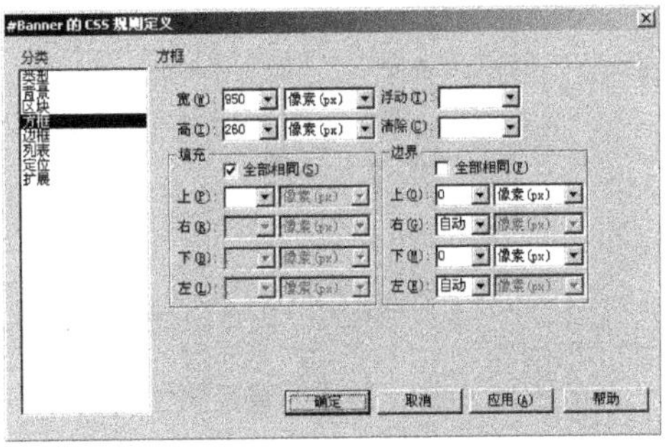

图 5-13　#Banner 样式的方框属性设置

“css1.css”文件中新增的代码如下。

```
#Banner {
    background-image: url(images/index_15.gif);
    height: 260px;
    width: 950px;
    margin-top: 0px;
```

```
        margin-right: auto;
        margin-bottom: 0px;
        margin-left: auto;
}
```

添加#Banner 样式后网站首页的浏览效果如图 5-14 所示。

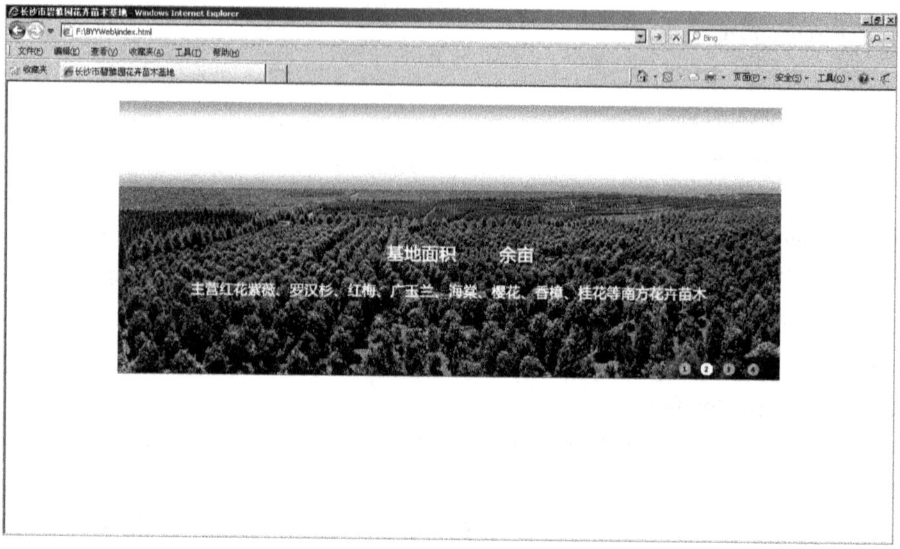

图 5-14　添加#Banner 样式后网站首页的浏览效果

④ 添加#Nav 样式。

在“新建 CSS 规则”对话框的“选择器名称：”中输入“Nav”。单击“确定”按钮，打开“#Nav 的 CSS 规则定义”对话框，设置背景图像为 index_17.gif（见图 5-15），方框的宽为 950px，高为 45px，上、下边距为 0px，左、右边距为自动（见图 5-16）。

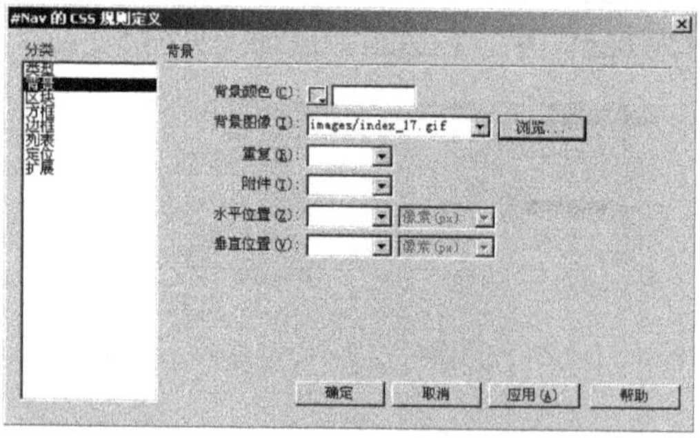

图 5-15　#Nav 样式的背景属性设置

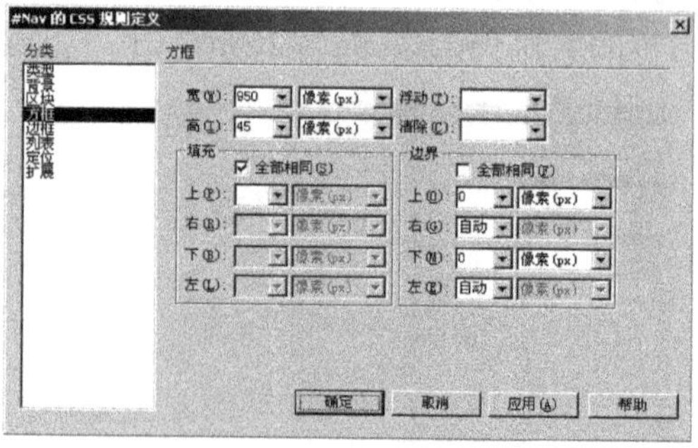

图 5-16　#Nav 样式的方框属性设置

“css1.css”文件中新增的代码如下。

```
#Nav {
        background-image: url(images/index_17.gif);
        height: 45px;
        width: 950px;
        margin-top: 0px;
        margin-right: auto;
```

```
        margin-bottom: 0px;
        margin-left: auto;
}
```

添加#Nav 样式后网站首页的浏览效果如图 5-17 所示。

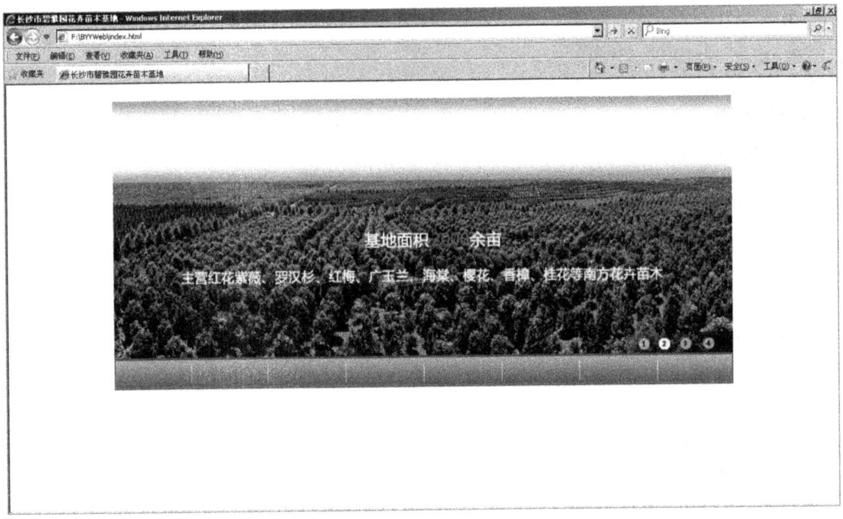

图 5-17　添加#Nav 样式后网站首页的浏览效果

⑤ 添加#Content、#Footer 样式。

为醒目起见，分别设置下部两个区域的背景颜色为蓝色和黄色；方框的宽、高分别为 950px×585px、950px×90px，上、下边距均为 0px，左、右边距均为自动。

“css1.css”文件中的代码如下。

```
#container {width:100%;}
#Header {
        background-image: url(images/index_02.gif);
        height: 120px;
        width: 950px;
        margin-top: 0px;
        margin-right: auto;
        margin-bottom: 0px;
        margin-left: auto;
}
#Banner {
        background-image: url(images/index_15.gif);
        height: 260px;
        width: 950px;
        margin-top: 0px;
        margin-right: auto;
        margin-bottom: 0px;
        margin-left: auto;
}
#Nav {
        background-image: url(images/index_17.gif);
        height: 45px;
        width: 950px;
```

```
        margin-top: 0px;
        margin-right: auto;
        margin-bottom: 0px;
        margin-left: auto;
}
#Content {
        background-color: #0000FF;
        height: 585px;
        width: 950px;
        margin-top: 0px;
        margin-right: auto;
        margin-bottom: 0px;
        margin-left: auto;
}
#Footer {
        background-color: #FFFF00;
        height: 90px;
        width: 950px;
        margin-top: 0px;
        margin-right: auto;
        margin-bottom: 0px;
        margin-left: auto;
}
```

其中，#Container、#Header、#Banner、#Nav、#Content、#Footer 都是选择器，也可以简单地认为它们是一个样式的名称。

温馨提示

① 上面步骤中使用的都是 ID 选择器，使用 CSS 定义的 ID 选择器在每个网页文件中只能使用一次。

② body 是一个 HTML 元素，页面中所有的内容都应该写在<body>和</body>标签对内。

添加#Content、#Footer 样式后网站首页的浏览效果如图 5-18 所示。

图 5-18　添加#Content、#Footer 样式后网站首页的浏览效果

技能训练 5-1　子页面框架搭建

请完成湖南乐诚科技有限公司网站首页的 DIV 布局框架，湖南乐诚科技有限公司网站首页效果图如图 5-19 所示。要求提交具体的实现代码。

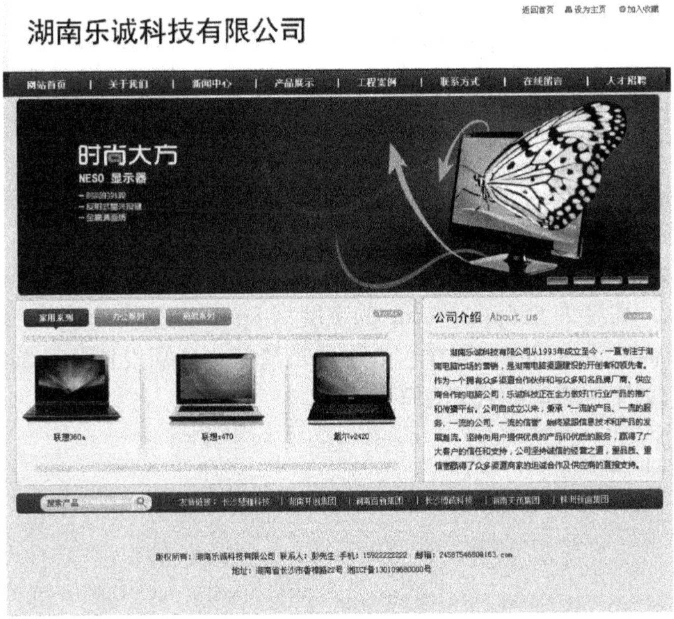

图 5-19　湖南乐诚科技有限公司网站首页效果图

步骤 3：细分框架

在使用 DIV+CSS 制作网页时，经常会在外部 DIV 中嵌入几个子 DIV，实现 DIV 的嵌套。通过细分 DIV，搭建比较完整的网页框架。

在前述操作的基础上，继续分析网站首页效果图，Content 区又可细分为 3 个部分，如图 5-20 所示。

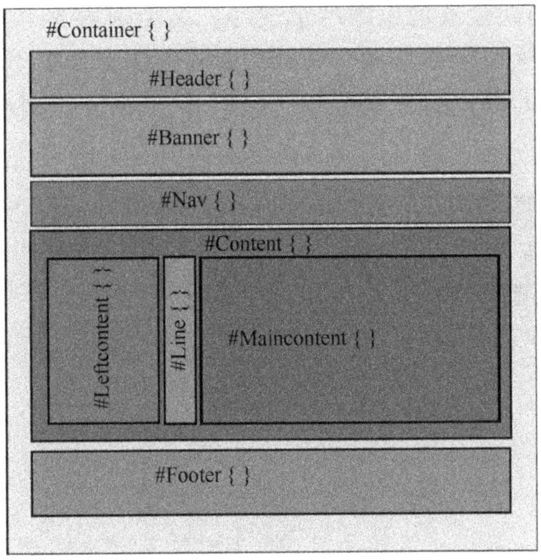

图 5-20　Content 区的细分

在“index.html”的<body>和<body>标签中输入如下代码。

```
<div id="container"><!--页面层容器-->
    <div id="Header"><!--页面头部--></div>
    <div id="Banner"><!--页面广告--></div>
    <div id="Nav"><!--页面导航--></div>
    <div id="Content"><!--主体内容-->
        <div id="Leftcontent"><!--主体左边--></div>
        <div id="line"><!--分割线--></div>
        <div id="Maincontent"><!--主体右边--></div>
    </div>
    <div id="Footer"><!--页面底部--></div>
</div>
```

在“css1.css”文件中添加#Leftcontent、#Line 和#Maincontent 样式。设定#Leftcontent 的宽度为 202px，高度为 585px；#Line 的宽度为 8px，高度为 585px；#Maincontent 的宽度为 740px，高度为 585px。同样，为了看得清楚，分别设置背景颜色。

“css1.css” 文件中新增的代码如下。

```
#Leftcontent {
        background-color: #00FFFF;
        height: 585px;
        width: 202px;
        }
#Line {
        background-color: #009900;
        height: 585px;
        width: 8px;
        }
#Maincontent {
        background-color: #FF00FF;
        height: 585px;
        width: 740px;
        }
```

切换至浏览器页面，会发现页面严重变形，这是因为 3 个 DIV 并没有并排排列，默认的 DIV 排列方式为上下结构。在“CSS”面板中选中“#Leftcontent”样式，单击按钮，修改#Leftcontent 样式的方框属性，如图 5-21 所示。对#Line、#Maincontent 样式也进行同样处理。

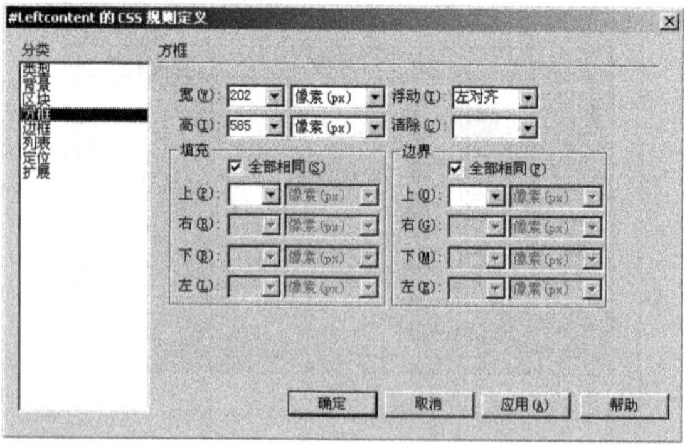

图 5-21　修改#Leftcontent 样式的方框属性

“css1.css”文件中新增的代码如下。

```
#Leftcontent {
        background-color: #00FFFF;
        height: 585px;
        width: 202px;
        float: left;
        }
#Line {
        background-color: #009900;
        height: 585px;
        width: 8px;
        float: left;
        }
#Maincontent {
        background-color: #FF00FF;
        height: 585px;
        width: 740px;
        float: left;
        }
```

温馨提示

float 属性是 CSS 排版中非常重要的属性，用来实现网页元素的定位。float 属性有 3 个值：left、right、none，默认值为 none。当块元素设置了向左或者向右浮动时，元素就会向网页容器的左边缘或者右边缘浮动。

嵌套子 DIV 后网站首页的浏览效果如图 5-22 所示。

图 5-22　嵌套子 DIV 后网站首页的浏览效果

技能训练 5-2　页面布局修改

以图 5-18 为基础，将长沙市碧雅园花卉苗木基地网站首页的页面布局调整为如图 5-23 所示的页面布局。

图 5-23　长沙市碧雅园花卉苗木基地网站首页的页面布局

任务二　内 容 制 作

任务说明

在使用 DIV+CSS 完成网页框架搭建后，需按照网站首页效果图在网页中添加文字、图片等内容。这些内容的外观表现，是通过进一步完善和使用样式来完成的。

视频：DIV+CSS 布局内容制作

任务步骤

1．制作 Header 区

步骤 1：细分 Header 区

根据网站首页效果图，可以将 Header 区细分成 4 个部分，如图 5-24 所示。

图 5-24　Header 区的细分

在“index.html”文件中输入如下代码。

```
<div id="container"><!--页面层容器-->
    <div id="Header"><!--页面头部-->
        <div id="HeaderA">HeaderA</div>
        <div id="HeaderB">HeaderB</div>
        <div id="HeaderC">HeaderC</div>
        <div id="HeaderD">HeaderD</div>
```

```
    </div>
    <div id="Banner"><!--页面广告--></div>
    <div id="Nav"><!--页面导航--></div>
    <div id="Content"><!--主体内容-->
        <div id="Leftcontent"><!--主体左边--></div>
        <div id="Maincontent"><!--主体右边--></div>
    </div>
    <div id="Footer"><!--页面底部--></div>
</div>
```

Header 区的浏览效果如图 5-25 所示。

图 5-25　Header 区的浏览效果

分别添加#HeaderA、#HeaderB、#HeaderC、#HeaderD 样式，其方框属性设置如图 5-26～图 5-29 所示。

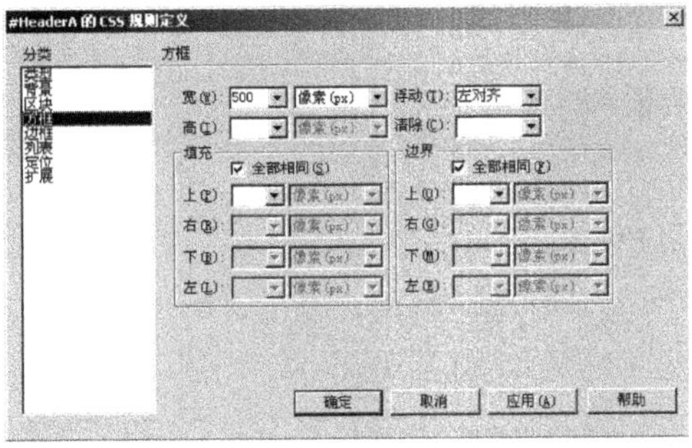

图 5-26　#HeaderA 样式的方框属性设置

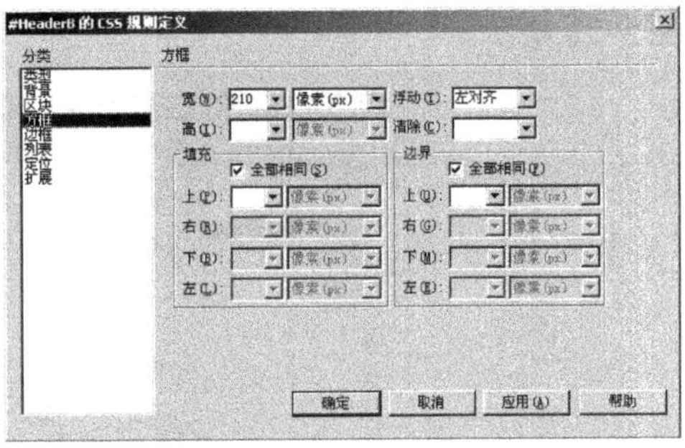

图 5-27　#HeaderB 样式的方框属性设置

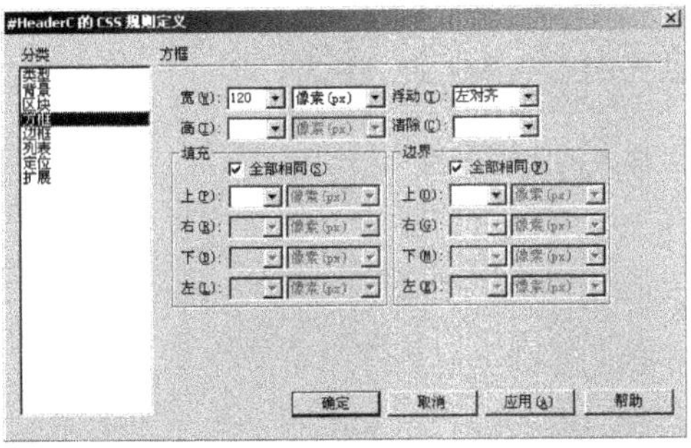

图 5-28　#HeaderC 样式的方框属性设置

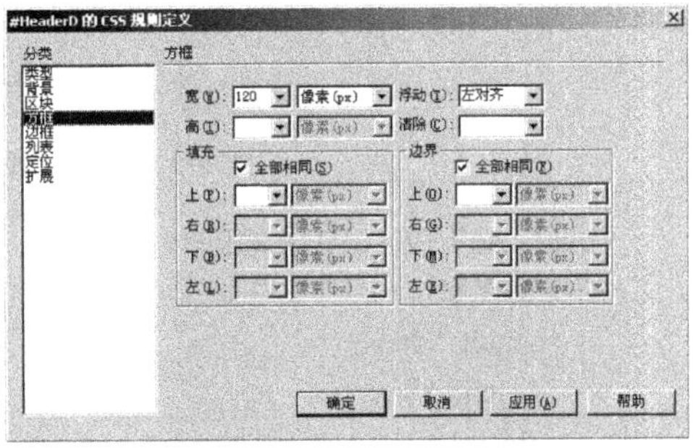

图 5-29　#HeaderD 样式的方框属性设置

设置样式的方框属性后 Header 区的浏览效果如图 5-30 所示。

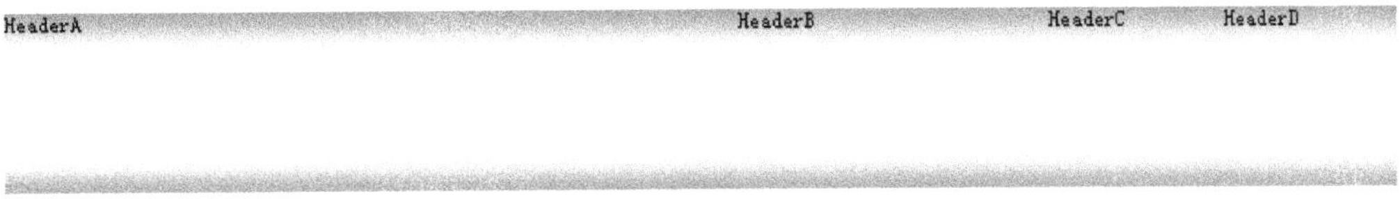

图 5-30　设置样式的方框属性后区 Header 的浏览效果

项目五

步骤 2：完善 Header 区

该网页的 Header 区的内容比较简单，仅包括文字 LOGO、400 电话、添加收藏、联系我们 4 个部分。这 4 个部分的制作既可以通过插入图片的方式来实现，也可以通过设置背景图的方式来实现。

① 插入图片的方式。

插入图片的方式很简单，在设计视图中，删除文字“HeaderA”，选择“插入”|“图像”命令，插入文字 LOGO，文件选择“index_05.gif”。插入文字 LOGO 后 Header 区的浏览效果如图 5-31 所示。

图 5-31　插入文字 LOGO 后 Header 的区浏览效果

调整#HeaderA 样式的方框属性。#HeaderA 样式对应的 DIV 的高度原来是 120px，由于将上填充（padding）设置为 32px，因此该 DIV 的高度需要重新设置为 88px，如图 5-32 所示。

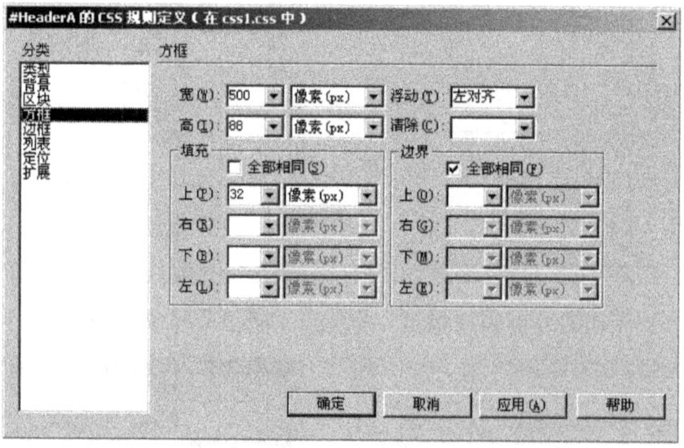

图 5-32　调整#HeaderA 样式的方框属性

“css1.css”文件中新增的代码如下。

```
#HeaderA {
    width: 500px;
    height: 88px;
    float: left;
    padding-top: 32px;
}
```

设置#HeaderA 样式的方框属性后 Header 区的浏览效果如图 5-33 所示。

图 5-33　设置#HeaderA 样式的方框属性后 Header 区的浏览效果

相关链接——CSS 网页元素模型

在 CSS 中，网页中的每个元素都被看作一个矩形框，这个矩形框包括内容区域、填充（padding）、边框（border）和空白边（margin），如图 5-34 所示。

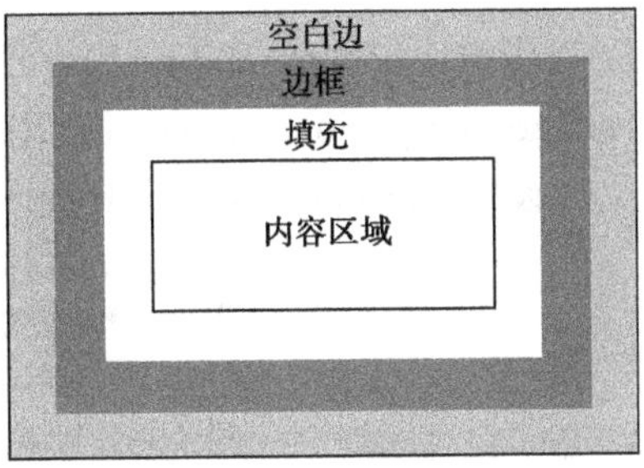

图 5-34　CSS 网页元素模型

padding 即填充。padding-left、padding-right、padding-top、padding-bottom 属性分别用于设置左、右、上、下填充区的宽度。也可使用 padding 属性同时设置 4 个方向的填充宽度，如 padding: 2px 表示个方向的填充宽度均为 2px。

margin 即间距。margin-left、margin-right、margin-top、margin-bottom 分别设置页面元素左、右、上、下边界的宽度，取值可以为长度、百分比或自动（auto）。也可以使用 margin 同时设置 4 个方向的边界宽度，如 margin: 2px。

温馨提示

一个 DIV 在页面中所占的宽度由左边界+左边框+左填充+内容+右填充+右边框+右边界组成；而 CSS 样式或者 CSS 规则中所定义的宽度，仅仅是内容部分的宽度，这是非常容易混淆的地方。

② 设置背景图的方式。

采用设置背景图方式编辑#HeaderA 样式，打开“#HeaderA 的 CSS 规则定义（在 css1.css 中）”对话框，选择“背景”选项，设置背景图像，如图 5-35 所示。

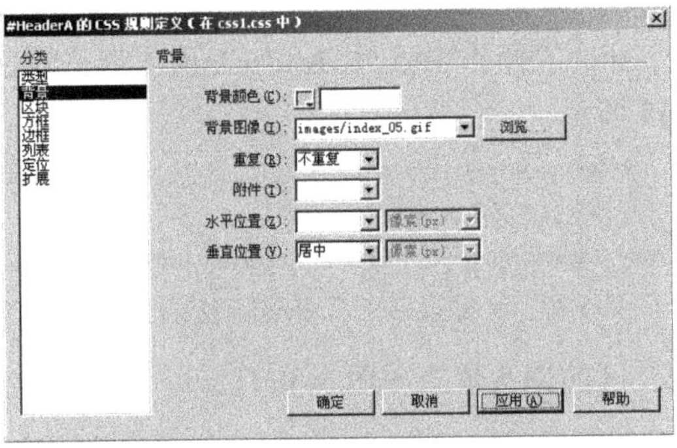

图 5-35　设置#Header 样式的背景图像

应特别注意，要选择“不重复”；否则，图片将被平铺多次。设置方框的宽为 500px，高为 88px，浮动为左对齐，填充为 32px。

此时，“css1.css”文件中新增的代码如下。

```
#HeaderA {
        width: 500px;
        float: left;
        background-repeat: no-repeat;
```

```
        height: 88px;
        background-position: center;
        padding-top: 32px;
        background-image: url(images/index_05.gif);
    }
```

其中，background-repeat: no-repeat 表示背景图像仅填充一次，不重复填充；background-position: center 表示图像在水平方向上居中对齐。

设置#HeaderA 样式后 Header 区的浏览效果如图 5-36 所示。

图 5-36　设置#HeaderA 样式后 Header 区的浏览效果

温馨提示

用 DIV+CSS 进行网页布局，其思维方式与传统表格布局不一样，那就是所有辅助图片都用设置背景来实现。例如：

background: url(images/bg_poem.jpg) #FEFEFE no-repeat right bottom;

尽管可以直接将图片插入到内容中，但一般不推荐这样操作。这里的“辅助图片”，是指那些不作为页面要表达的内容的一部分，而仅仅用于修饰、间隔、提醒的图片，如相册、图片新闻中的图片，它们可以用元素直接插在页面中；而其他的，如 LOGO、标题图片、表前缀图片等，都必须采用背景方式或者其他 CSS 方式来显示。

这样做的原因有两个。

① 将表现与结构彻底分离，用 CSS 控制所有的外观表现，便于改版。

② 使页面更有易用性、更有亲和力。例如，盲人使用屏幕阅读机，用背景技术实现的图片就不会被朗读出来。

Header 区其余 3 个部分的操作步骤与 HeaderA 的流程一致。全部设置完后 Header 区的浏览效果如图 5-37 所示。

图 5-37　全部设置完后 Header 区的浏览效果

调整样式后 Header 区的浏览效果如图 5-38 所示。

图 5-38　调整样式后 Header 区的浏览效果

“css1.css”文件中相关的代码如下。

```
#HeaderA {
        width: 500px;
        float: left;
        background-repeat: no-repeat;
        height: 88px;
```

```
    background-position: center;
    padding-top: 32px;
    background-image: url(images/index_05.gif);
}
#HeaderB {
    width: 210px;
    float: left;
    height: 75px;
    padding-top: 45px;
}
#HeaderC {
    width: 120px;
    float: left;
    padding-top: 51px;
    padding-left: 0px;
    height: 69px;
}
#HeaderD {
    width: 120px;
    float: left;
    padding-top: 51px;
}
```

2. 制作 Content 区

步骤 1：制作 Leftcontent 区

将 Leftcontent 区细分成 8 个区，如图 5-39 所示。

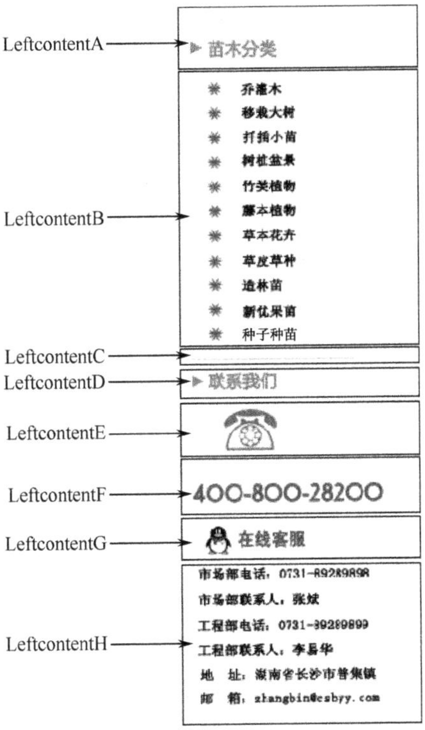

图 5-39　Leftcontent 区的细分

项目五

在“index.html”文件中输入如下代码。

```
<div id="Content"><!--主体内容-->
    <div id="Leftcontent"><!--主体左边-->
        <div id="LeftcontentA"></div>
        <div id="LeftcontentB"></div>
        <div id="LeftcontentC"></div>
        <div id="LeftcontentD"></div>
        <div id="LeftcontentE"></div>
        <div id="LeftcontentF"></div>
        <div id="LeftcontentG"></div>
        <div id="LeftcontentH"></div>
    </div>
    <div id="Maincontent"><!--主体右边--></div>
</div>
```

在“css1.css”文件中加入相应样式，背景颜色均设置为白色，编写的代码如下。

```
#LeftcontentA {
    height: 62px;
    width: 202px;
background-color: #FFFFFF;
}
#LeftcontentB {
    height: 198px;
    width: 202px;
background-color: #FFFFFF;
}
#LeftcontentC {
    height: 30px;
    width: 202px;
background-color: #FFFFFF;
}
#LeftcontentD {
    height: 30px;
    width: 202px;
background-color: #FFFFFF;
}
#LeftcontentE {
    height: 60px;
    width: 202px;
background-color: #FFFFFF;
}
#LeftcontentF {
    height: 40px;
    width: 202px;
background-color: #FFFFFF;
}
#LeftcontentG{
```

```
        height: 30px;
        width: 202px;
    background-color: #FFFFFF;
    }
    #LeftcontentH{
        height: 135px;
        width: 202px;
    background-color: #FFFFFF;
    }
```

插入 8 个子 DIV 后的 Leftcontent 区如图 5-40 所示。

① 制作 LeftcontentA 区。

在 LeftcontentA 对应的 DIV 中插入图片及文字，效果如图 5-41 所示。

图 5-40　插入 8 个子 DIV 后的 Leftcontent 区

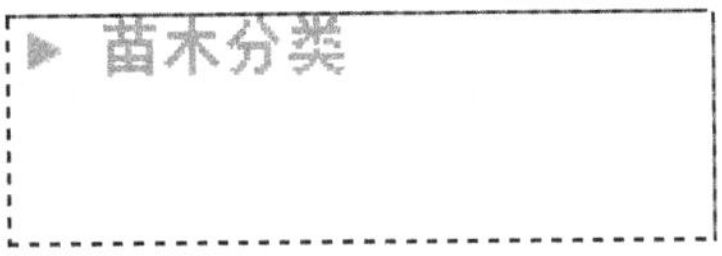

图 5-41　插入图片及文字后的效果

设置#LeftcontentA 样式的方框属性，方框的宽为 172px，高为 37px，上填充为 25px，左填充为 30px，如图 5-42 所示。可以看到，宽与左填充加起来正好为 202px，同样，高与上填充加起来也恰好是 62px。

设置#LeftcontenA 样式的方框属性后的效果如图 5-43 所示。

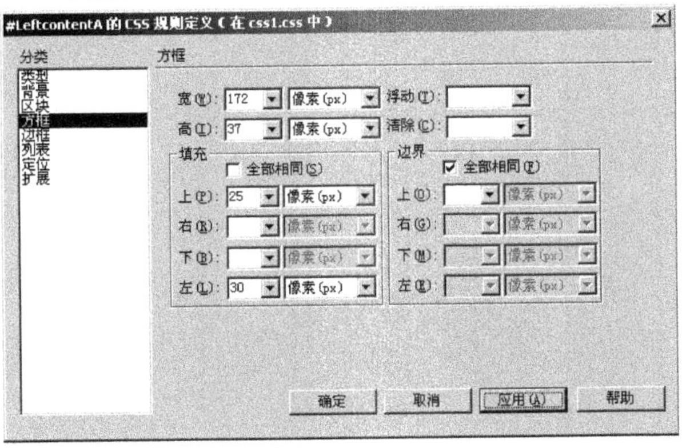

图 5-42　设置#LeftcontentA 样式的方框属性

图 5-43　设置#LeftcontentA 样式的方框属性后的效果

设置#LeftcontenA 样式的方框属性后网站首页的浏览效果如图 5-44 所示。

由图 5-44 可见，导航区与内容区之间有一个白色间隙。要去除白色间隙，可在“css1.css”文件的第一行输入如下代码。

```
* { padding: 0px;margin: 0px; }
```

去除白色间隙后网站首页的浏览效果如图 5-45 所示。

图 5-44　设置#LeftcontentA 样式的方框属性后网站首页的浏览效果

图 5-45　去除白色间隙后网站首页的浏览效果

不同浏览器对容器（包括 DIV）padding 和 margin 的默认值不同，因此有时会产生一些间隙，这时可以通过* { padding:0px;margin:0px; }来强制设置所有容器的填充和间距为 0px。其中，*是通配符，表示所有。

② 制作 LeftcontentB 区。

接下来用无序列表来制作苗木分类列表，完成 LeftcontentB 区的制作。

在 LeftcontentB 区中输入文字，如图 5-46 所示。

“index.html”文件中新增的代码如下。

```
<div id="LeftcontentB">
    <p>乔灌木</p>
    <p>移栽大树</p>
    <p>扦插小苗</p>
    <p>树桩盆景</p>
    <p>竹类植物</p>
    <p>藤本植物</p>
    <p>草本花卉</p>
    <p>草皮草种</p>
    <p>造林苗</p>
    <p>新优果苗</p>
    <p>种子种苗</p>
</div>
```

选中 11 行文字，右击，在弹出的快捷菜单中选择“列表”｜“项目列表”命令，将段落文字转化为项目列表，效果如图 5-47 所示。

图 5-46　在 LeftcontentB 区中输入文字

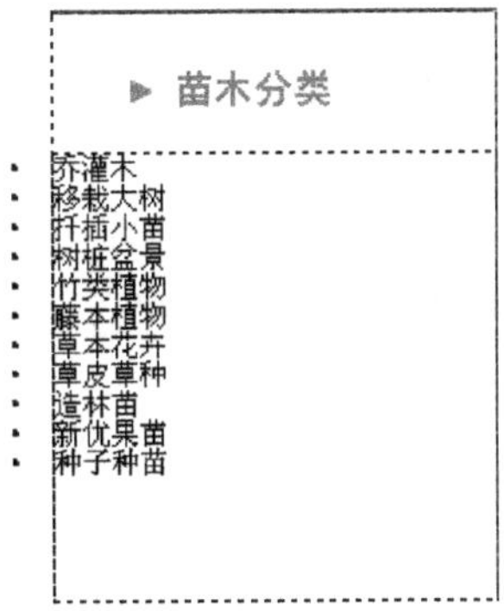

图 5-47　将段落文字转化为项目列表后的效果

“index.html”文件中的代码变为如下代码。

```
<div id="LeftcontentB">
  <ul>
    <li>乔灌木</li>
    <li>移栽大树</li>
    <li>扦插小苗</li>
    <li>树桩盆景</li>
    <li>竹类植物</li>
    <li>藤本植物</li>
    <li>草本花卉</li>
    <li>草皮草种</li>
    <li>造林苗</li>
    <li>新优果苗</li>
    <li>种子种苗</li>
  </ul>
</div>
```

传统的 HTML 提供了项目列表的基本功能，包括顺序式列表<ol>标签，无顺序式列表<ul>标签等。在引入 CSS 后，项目列表被赋予很多新的属性，甚至超越了最初设计的功能。在 CSS 中，项目列表的编号是通过属性“list-style-type”来修改的，无论是<ul>标签还是<ol>标签，都可以使用相同的属性值，而且效果是完全相同的。

在状态栏中选中“<ul>”标签，如图 5-48 所示。右击，在弹出的快捷菜单中选择“CSS 样式”|“新建”命令，打开“新建 CSS 规则”对话框，设置选择器类型为复合内容(基于选择的内容)，选择器名称为#container #Content #Leftcontent #LeftcontentB ul，如图 5-49 所示。在列表属性设置中，设置列表类型为无，如图 5-50 所示。设置 ul 样式的列表属性后的效果如图 5-51 所示。

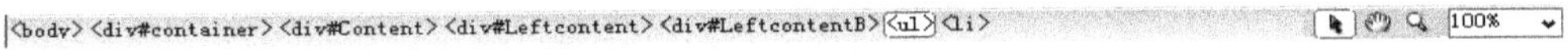

图 5-48　选中“<ul>”标签

“css1. css”文件中出现如下代码。

```
#container #Content #Leftcontent #LeftcontentB ul {
    list-style-type: none;
```

```
}
```

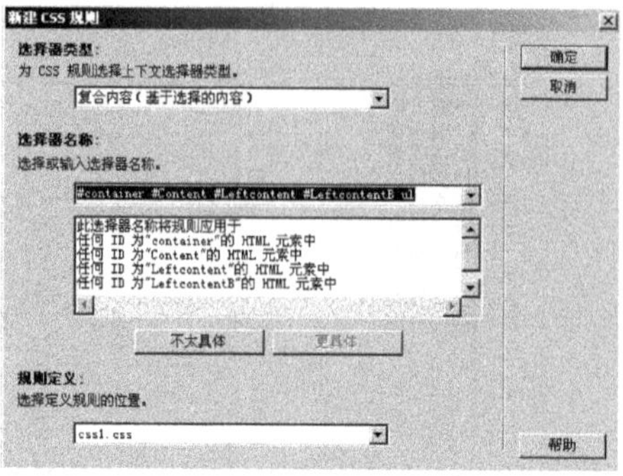

图 5-49　新建 ul 样式

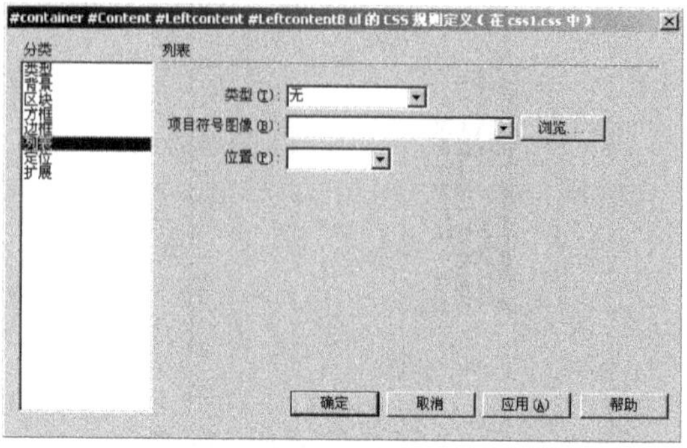

图 5-50　设置 ul 样式的列表属性

图 5-51　设置 ul 样式的列表属性后的效果

其中，#container #Content #Leftcontent #LeftcontentB ul 这个样式表示定义了一个名为 ul 的 CSS 派生选择器，这实际上是对<ul>标签的重定义，ul 前面的内容起到限定作用范围的作用。

list-style-type: none; 表示 ul 中的 li 列表不使用项目符号。list-style-type 属性的属性值有很多，在这里列举比较常用的几个：none，不使用项目符号；disc，实心圆；circle，空心圆；demical，阿拉伯数字；lower-alpha，小写英文字母；upper-alpha，大写英文字母。

相关链接——后代选择器

派生选择器属于复合选择器，其最常见的一种形式是后代选择器。后代选择器的外层标记写在前面，内层标记写在后面，中间用空格分隔。当标记发生嵌套时，内层标记就是外层标记的后代。在使用后代选择器时，要注意它不仅影响它的“直接后代”，还影响它的“各级后代”。

后代选择器经常用来给一个元素里的子元素定义样式。例如:

```
li strong { font-style: italic; font-weight: normal; }
```

这表示给 li 下面的子元素 strong 定义一个斜体不加粗的样式。可以通过这种方法定义不同内容块中相同元素的不同样式。例如，通过#content p 和#footer p 分别定义#content 和#footer 中 p 的样式。

选中“<li>”标签，新建对应的样式，并进行列表属性设置，如图 5-52 和图 5-53 所示。

“css1.css”文件中出现如下代码。

```
#container #Content #Leftcontent #LeftcontentB ul li {
        list-style-image: url(images/index_29.gif);
        list-style-position: inside;
}
```

其中，list-style-position 属性用来定义项目符号在列表中的显示位置。其语法结构为 list-style-position: inside/outside;。其中，inside 表示项目符号放置在文本以内；outside 表示项目符号放置在文本以外。

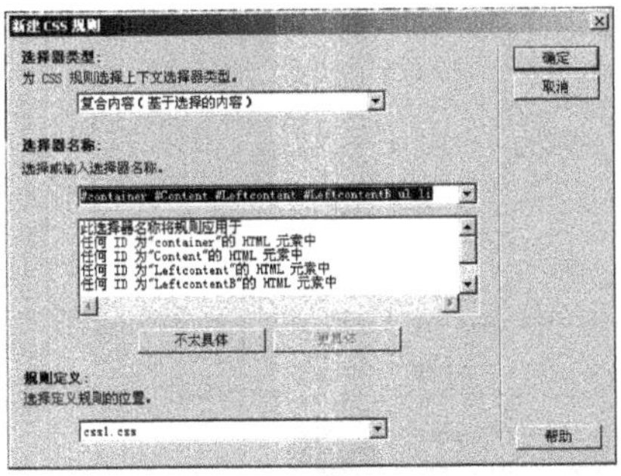

图 5-52　新建 li 样式

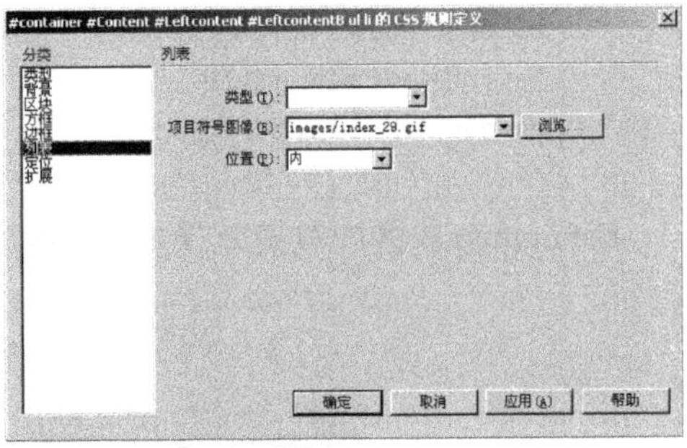

图 5-53　设置 li 样式的列表属性

项目符号放置在文本以内如图 5-54 所示，项目符号放置在文本以外如图 5-55 所示。设置 li 样式的列表属性后的效果如图 5-56 所示。

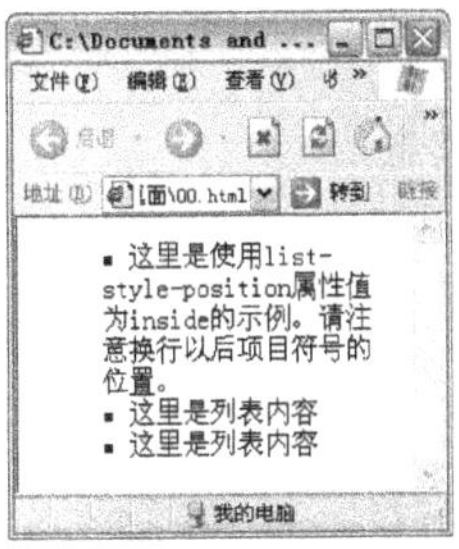

图 5-54　项目符号放置在文本以内

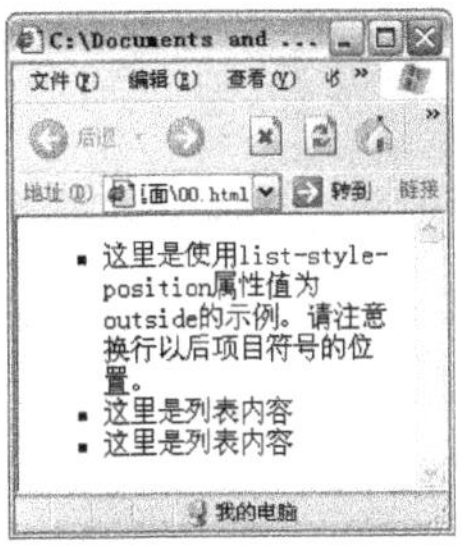

图 5-55　项目符号放置在文本以外

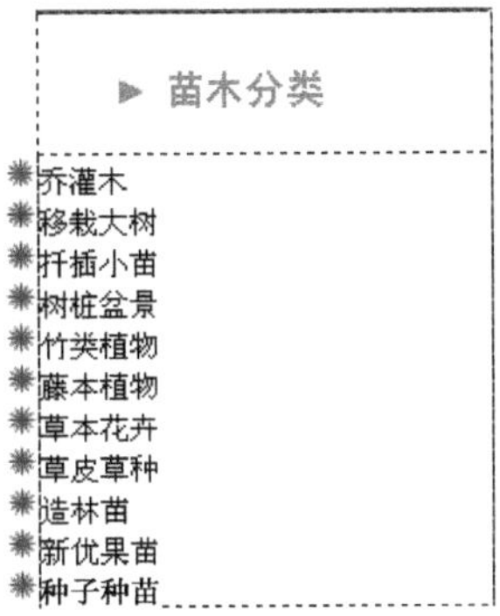

图 5-56　设置 li 样式的列表属性后的效果

继续设置 li 样式的类型和方框属性，分别如图 5-57 和图 5-58 所示。

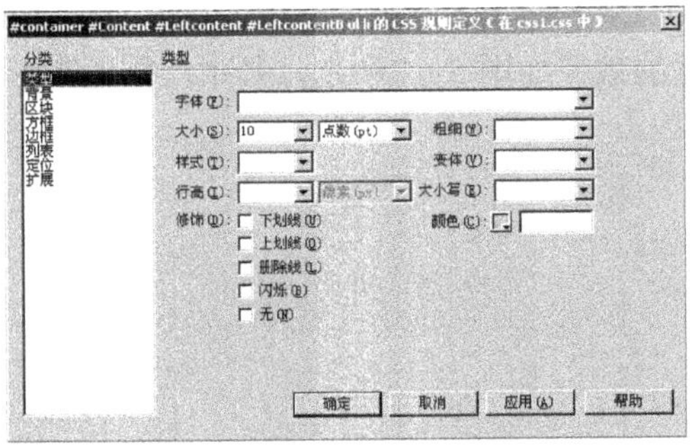

图 5-57　设置 li 样式的类型属性

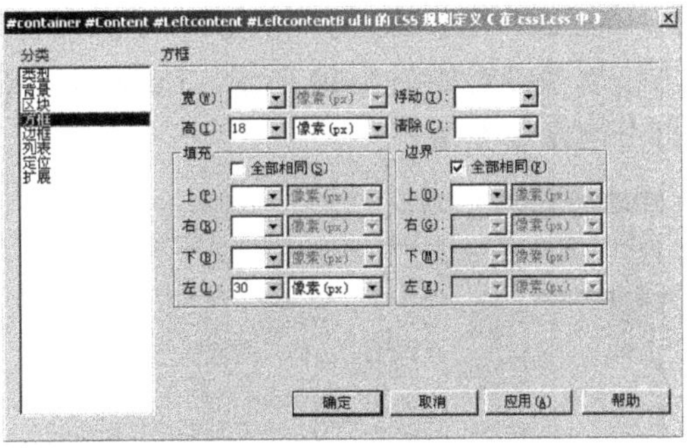

图 5-58　设置 li 样式的方框属性

“css1.css”文件中的代码变为如下代码。

```
#container #Content #Leftcontent #LeftcontentB ul {
    list-style-type: none;
}
```

```
#container #Content #Leftcontent #LeftcontentB ul li {
        font-size: 10pt;
        height: 18px;
        list-style-image: url(images/index_29.gif);
        list-style-position: inside;
        padding-left: 30px;
}
```

LeftcontentB 区的浏览效果如图 5-59 所示。

图 5-59　LeftcontentB 区的浏览效果

③ 制作 LeftcontentC、LeftcontentD、LeftcontentE、LeftcontentF 区。

在 LeftcontentC 对应的 DIV 中添加背景图像“index_45.gif”。#LeftcontentC 样式的方框属性设置如图 5-60 所示。LeftcontentC 区的效果如图 5-61 所示，其中，灰色阴影部分表示填充值。

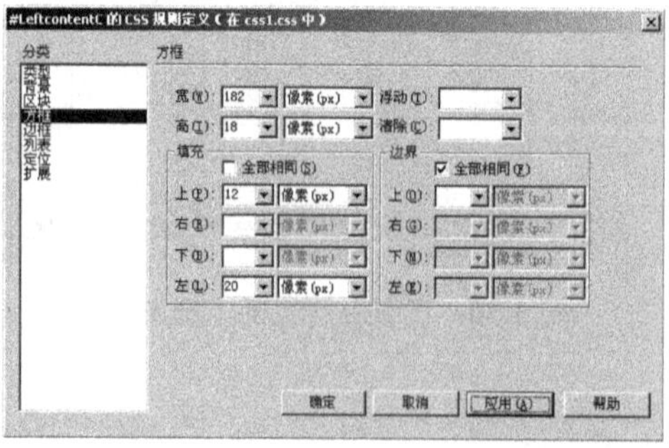

图 5-60　#LeftcontentC 样式的方框属性设置

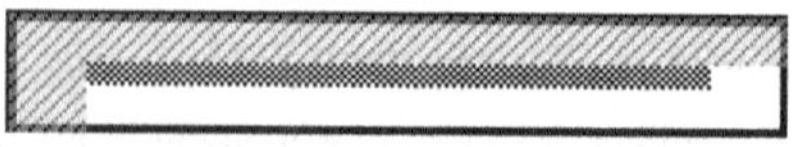

图 5-61　LeftcontentC 区的效果

设置 LeftcontentD 区，插入“联系我们”对应文字和图片。设置#LeftcontentD 样式类型属性的字体为黑体，字号为 14 点；#LeftcontentD 样式的方框属性设置如图 5-62 所示。设置 LeftcontentE 区，插入“电话”对应图片，#LeftcontentE 样式的方框属性如图 5-63 所示。

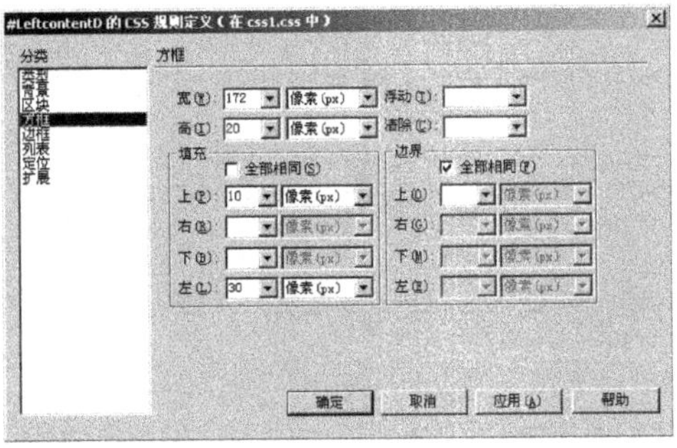

图 5-62　#LeftcontentD 样式的方框属性设置

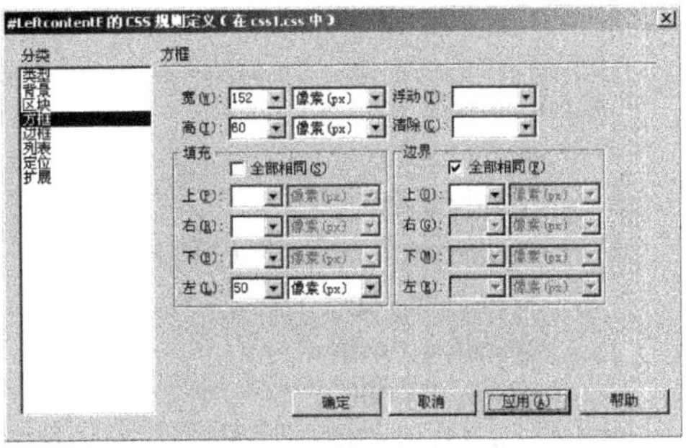

图 5-63　#LeftcontentE 样式的方框属性设置

设置 LeftcontentF 区，插入 400 电话文字，设置#LeftcontentF 样式类型属性的字号为 18 点。#LeftcontentF 样式的方框属性和区块属性设置分别如图 5-64 和图 5-65 所示。

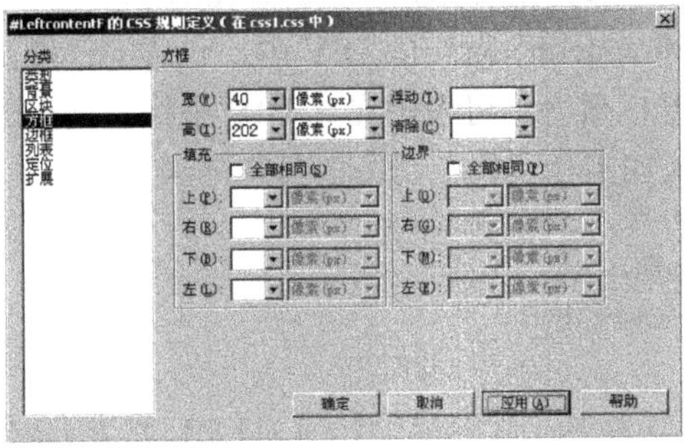

图 5-64　#LeftcontentF 样式的方框属性设置

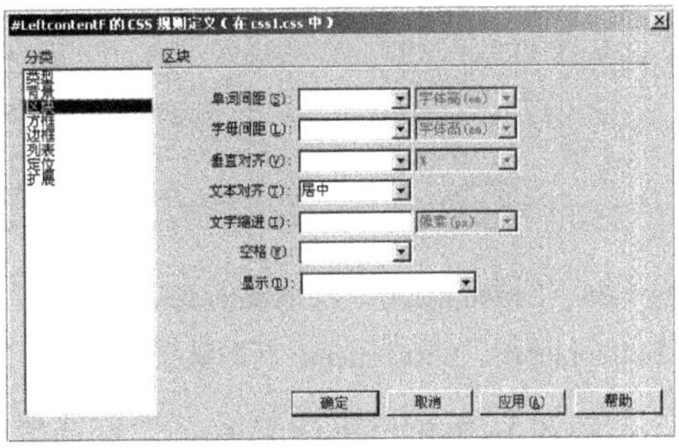

图 5-65　#LeftcontentF 样式的区块属性设置

至此，“css1.css”文件中对应的代码如下。

```
#LeftcontentC {
	height: 18px;
	width: 182px;
	background-color: #FFFFFF;
	text-align: center;
	padding-top: 12px;
	padding-left: 20px;
}
#LeftcontentD {
	height: 20px;
	width: 172px;
	background-color: #FFFFFF;
	font-size: 14pt;
	color: #00CC00;
	font-family: "黑体";
	padding-top: 10px;
	padding-left: 30px;
}
```

```
#LeftcontentE {
        height: 60px;
        width: 152px;
        background-color: #FFFFFF;
        padding-left: 50px;
}
#LeftcontentF {
        height: 40px;
        width: 202px;
        background-color: #FFFFFF;
        font-size: 18pt;
        text-align: center;
        color: #FF0000;
        line-height: 30px;
}
```

设置完毕，LeftcontentC、LeftcontentD、LeftcontentE、LeftcontentF 区的效果如图 5-66 所示。

图 5-66　LeftcontentC、LeftcontentD、LeftcontentE、LeftcontentF 区的效果

④ 制作 LeftcontentG、LeftcontentH 区。

在 LeftcontentG 对应的 DIV 中，包含 QQ 图片和文字，难以对齐，可考虑在此 DIV 中插入两个子 DIV，输入如下代码。

```
<div id="LeftcontentG">
        <div></div>
        <div></div>
</div>
```

新建 LeftcontentG1 样式，设置选择器类型为类（可应用于任何 HTML 元素），如图 5-67 所示。

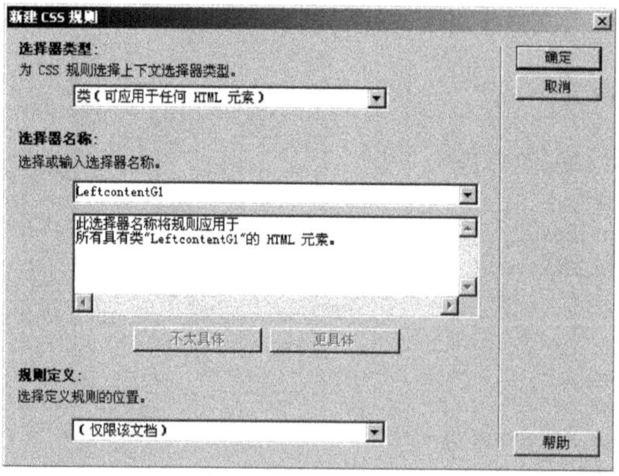

图 5-67　新建 LeftcontentG1 样式

“css1.css”文件中产生如下代码。

```
.LeftcontentG1 {
}
```

在两个 DIV 中分别插入 QQ 图片和文字，产生如下代码。

```
<div><img src="images/index_65.gif" width="28" height="28" /></div>
<div>在线客服</div>
```

设置.LeftcontentG1 和.LeftcontentG2 样式，代码如下。

```
.LeftcontentG1 {
    height: 30px;
    width: 31px;
    padding-left: 60px;
    float: left;
}
.LeftcontentG2 {
    height: 24px;
    width: 91px;
    padding-top: 6px;
    font-size: 14pt;
    color: #F00;
    float: left;
}
```

选中.LeftcontentG1 对应的 DIV，右击“CSS”面板上的“.LeftcontentG1”样式，在弹出的快捷菜单中选择“套用”命令。再选中.LeftcontentG2 对应的 DIV，右击“CSS”面板上的“.LeftcontentG2”样式，在弹出的快捷菜单中选择“套用”命令。产生的代码如下。

```
<div class="LeftcontentG1"><img src="images/index_65.gif" width="28" height="28" /></div>
<div class="LeftcontentG2">在线客服</div>
```

由此可见，类样式需要套用，并且在套用后，在代码中的 DIV 后会出现 class，表示应用类样式。

在 LeftcontentH 对应的 DIV 中输入文字，如图 5-68 所示。

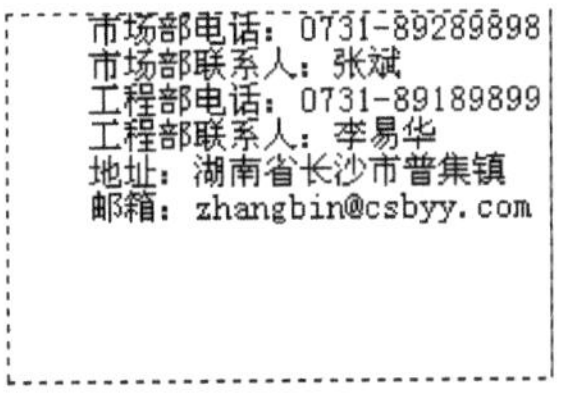

图 5-68　在 LeftcontentH 对应的 DIV 中输入文字

此时，“index.html”文件中新增的代码如下。

```
<div id="LeftcontentH">
    <p>市场部电话：0731-89289898</p>
    <p>市场部联系人：张斌</p>
    <p>工程部电话：0731-89189899</p>
    <p>工程部联系人：李易华</p>
    <p>地址：湖南省长沙市普集镇</p>
    <p>邮箱：zhangbin@csbyy.com</p>
</div>
```

其中，<p>是段落标签，为了控制文字的格式，重新定义<p>标签。打开“新建 CSS 规则”对话框，设置选择器类型为标签（重新定义 HTML 元素），如图 5-69 所示。设置<p>标签的高度为 20px，字号为 10 点，输入如下代码。

```
p {
height: 20px;
font-size: 10pt;
}
```

至此，Leftcontent 区的效果如图 5-70 所示。

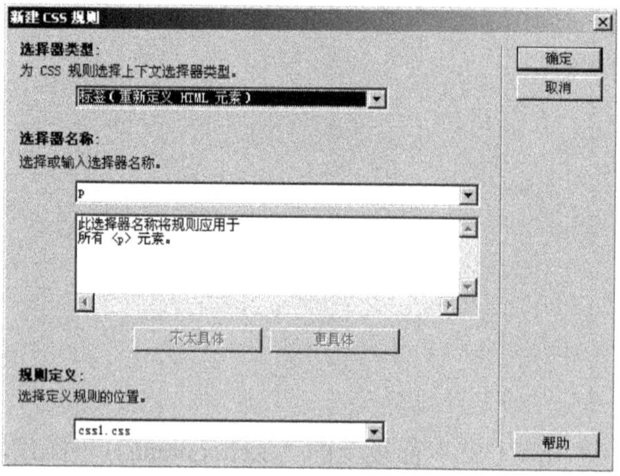

图 5-69　重定义<p>标签

图 5-70　Leftcontent 区的效果

技能训练 5-3　CSS 样式比较分析

制作长沙市碧雅园花卉苗木基地网站首页，完善 Leftconten 区的制作（见图 5-70）。通过实践及网络查询，比较分析 CSS 样式，将相关结果填入表 5-1 中。

表 5-1　CSS 样式比较分析

操作时间：__________　　　　　　　　　　　　　操作人：__________

样　式	比 较 内 容		
	可使用次数	选择器前面的符号	优　先　级
ID 样式			
类样式			
标签样式			

步骤 2：制作 Maincontent 区

Maincontent 区的制作流程与 Leftcontent 区基本一致，这里不再赘述。

技能训练 5-4　图片展示区制作

用 ul 制作长沙市碧雅园花卉苗木基地网站首页中的图片展示部分（见图 5-1）。

技能训练 5-5　新闻列表制作

用 ul 制作网页中常见的新闻列表。新闻列表示例如图 5-71）。

图 5-71　新闻列表示例

任务三　CSS 特效导航栏制作

任务说明

将项目列表的标记属性 list-style-type 设置为 none，并灵活变换 CSS 属性，可以制作出各式各样的菜单和导航栏，从而产生很多特殊的效果。

本任务以导航栏为例，基于 HTML 中的无序列表，通过对其 CSS 样式的处理，实现特效导航栏的制作。

视频：DIV+CSS 特效导航栏制作

任务步骤

1．添加导航栏列表

打开“index.html”文件，切换到代码视图，在导航栏中添加如下代码。

```
<div id="Nav"><!--页面导航-->
  <ul>
        <li><a href="#">1</a></li>
        <li><a href="#">2</a></li>
        <li><a href="#">3</a></li>
        <li><a href="#">4</a></li>
        <li><a href="#">5</a></li>
        <li><a href="#">6</a></li>
        <li><a href="#">7</a></li>
        <li><a href="#">8</a></li>
  </ul>
</div>
```

添加导航栏列表后的效果如图 5-72 所示。

图 5-72　添加导航栏列表后的效果

通常，列表都是竖直方向的，需要新建样式。新建#container #Nav ul 样式，选择器类型为复合内容（基于选择的内容），如图 5-73 所示；列表属性的类型和项目符号图像均设置为无，如图 5-74 所示。

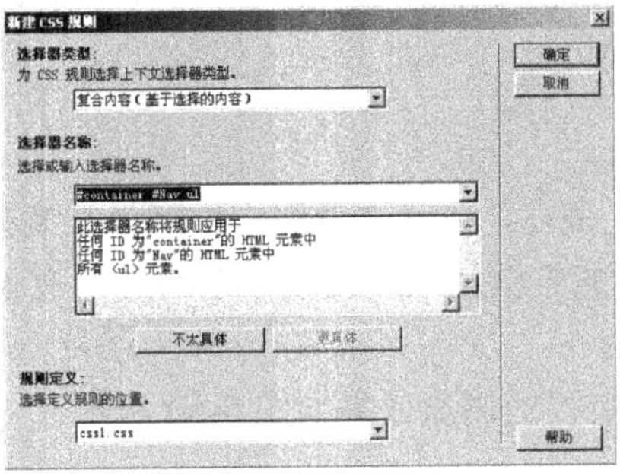

图 5-73　新建#container #Nav ul 样式

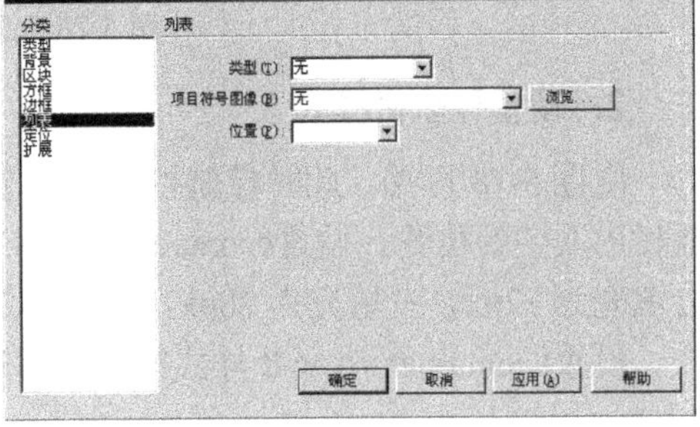

图 5-74　#container #Nav ul 样式的列表属性设置

新建#container #Nav ul 样式后导航栏的浏览效果如图 5-75 所示。

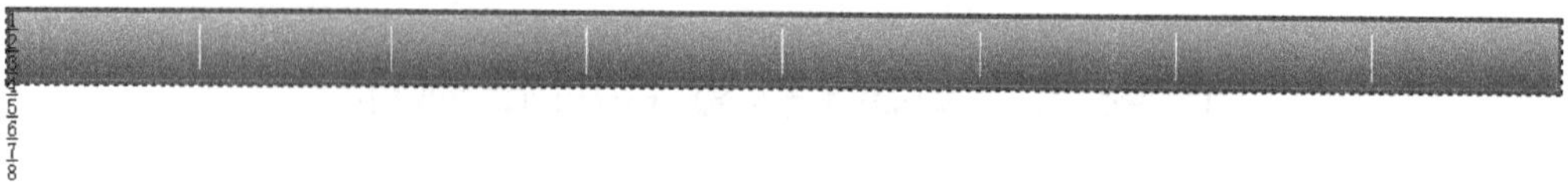

图 5-75　新建#container #Nav ul 样式后导航栏的浏览效果

继续新建#container #Nav li 样式，设置方框的宽为 106px，高为 38px，浮动为左对齐，如图 5-76 所示。

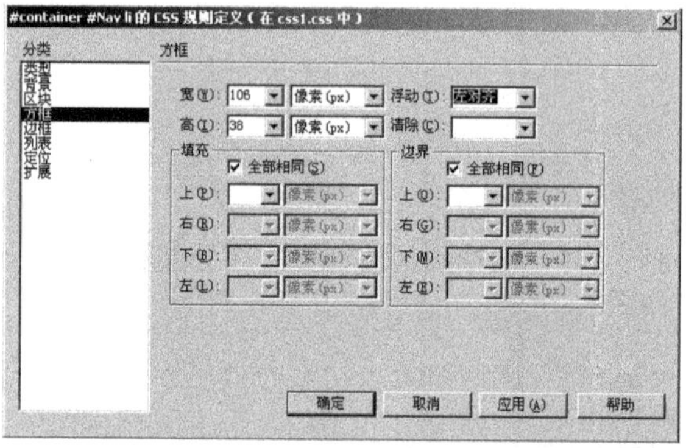

图 5-76　设置#container #Nav li 样式的方框属性

新建#container #Nav li 样式后导航栏的浏览效果如图 5-77 所示。

图 5-77　新建#container #Nav li 样式后导航栏的浏览效果

“css1.css”文件中新增的代码如下。

```
#container #Nav li {
    float: left;
}
```

其中，float: left 表示左对齐浮动，让有这个属性的元素能够脱离文档向左移动，直到遇到有边框的元素。这样设置可以让列表中的元素紧挨着。

删除数字，添加导航栏文字，如图 5-78 所示。

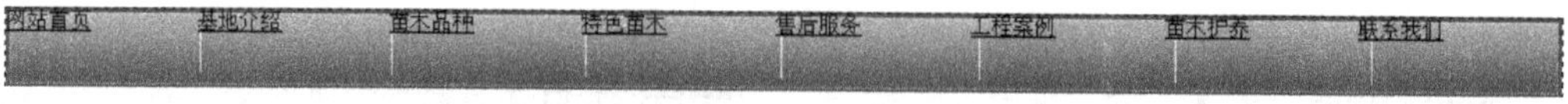

图 5-78　添加导航栏文字

2．设置导航栏样式

由图 5-78 可见，此时导航栏内的文字偏上、偏左，可通过调整方框属性来调整导航栏内文字的位置。设置#container #Nav li 样式的方框属性。设置方框的宽为 90px，上填充为 12px，左填充为 28px，如图 5-79 所示。

设置#container #Nav li 样式的方框属性后导航栏的浏览效果如图 5-80 所示。

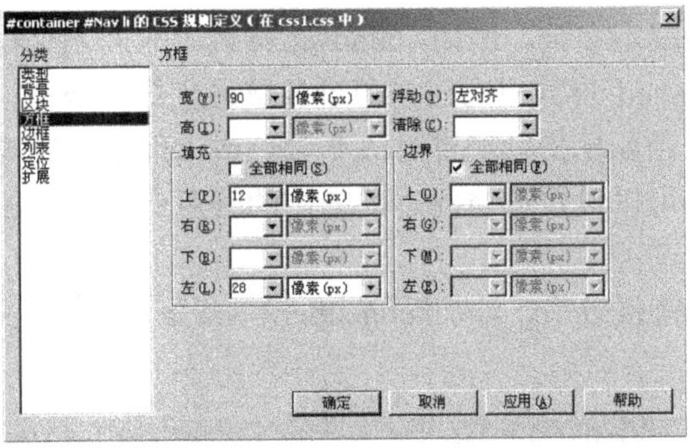

图 5-79　设置#container #Nav li 样式的方框属性

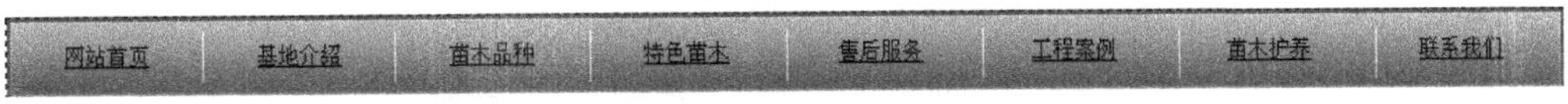

图 5-80　设置#container #Nav li 样式的方框属性后导航栏的浏览效果

此时完成导航内文字的居中设置，还需要对字体、字号和颜色进行设置。新建#container #Nav a 样式，设置其类型属性，如图 5-81 所示。

设置完字体、字号和颜色后导航栏的浏览效果如图 5-82 所示。

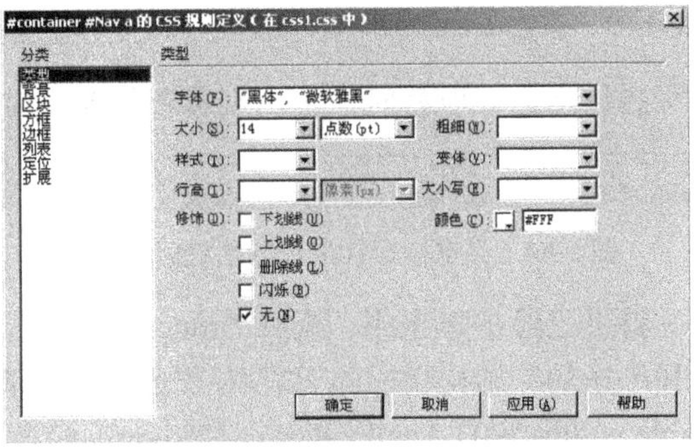

图 5-81　设置#container #Nav a 样式的类型属性

图 5-82　设置完字体、字号和颜色后导航栏的浏览效果

3. 制作特效导航栏

当鼠标指针移动到某一导航项时，导航项发生变化，这其实也是超链接效果制作。超链接可以说是网页发展史上一个伟大的发明，它使得许多页面相互链接，从而构成一个网站。说到超链接，它还涉及一个新的概念：伪类。先来看超链接的 4 种样式。

```
a:link { color: #FF0000 }          /* 未访问的链接 */
a:visited { color: #00FF00 }            /* 已访问过的链接 */
a:hover { color: #FF00FF }         /* 鼠标指针移动到链接上 */
a:active { color: #0000FF }        /* 选定的链接 */
```

以上分别定义了超链接未访问的链接样式、已访问过的链接样式、鼠标指针移动到链接上时的链接样式和选定的链接样式。之所以称之为伪类，是因为它不是一个真实的类样式。正常的类样式，以点开始，后边跟一个名称；而它以 a 开始，后边跟一个冒号，再跟一个状态限定字符。例如，a:hover 样式，只有当鼠标指针移动到该链接上时它才生效；而 a:visited 样式只对已访问过的链接生效。伪类，使得用户体验大大提高。例如，可以设置当鼠标指针经过时改变颜色或出现下画线等属性，来告知用户该区域是可以单击的；可以设置已访问过的链接的颜色变灰暗或加删除线，告知用户这个链接的内容已访问过了。

为导航栏设置超链接效果，添加#container #Nav a:hover 样式，设置其类型属性，如图 5-83 所示。

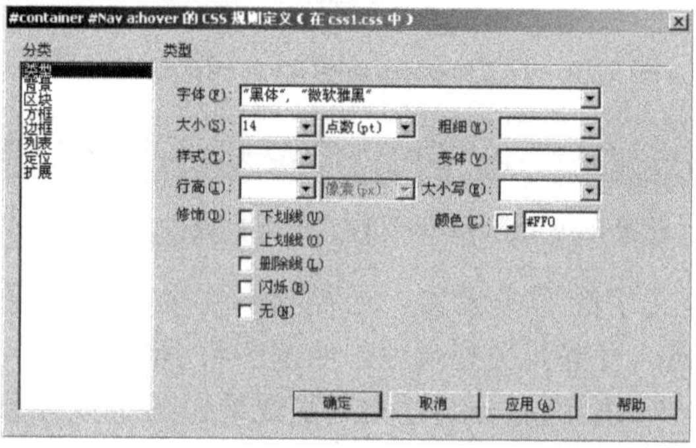

图 5-83　设置#container #Nav a:hover 样式的类型属性

在网页中，当鼠标指针滑过导航栏时，会出现黄色导航文字，如图 5-84 所示。

图 5-84　当鼠标指针滑过导航栏时的效果

至此，完整的网站首页已经搭建完成。查看“index.html”文件，可以看到整个页面的代码是非常简洁和干净的。结构良好的 HTML 页面几乎没有表现属性的标签。例如，原来的代码是<table width="90%" cellpadding="2" border="2" align="left">，现在可以只在 HTML 中写<table>，所有控制表现的内容都写到 CSS 中，在结构化的 HTML 中，table 就是表格，而不是布局、定位等其他意思。

技能训练 5-6　使用 DIV+CSS 制作特效导航栏

请制作特效导航栏，当将鼠标指针移动到某一导航项时，该项的背景变为深红色的，如图 5-85 所示。

图 5-85　特效导航栏

技能训练 5-7 完整网页制作

使用 DIV+CSS 制作技能训练 5-1 中的湖南乐诚科技有限公司网站首页。

实训五 使用 DIV+CSS 制作企业网站首页

一、实训目标

- 能熟练使用 DIV+CSS 制作静态网页。
- 能熟练使用 CSS 进行网页美化。

二、实训背景

湖南浏阳素有“烟花之乡”的美誉，目前其花炮年产值占全国总产值的一半，拥有各类上规模的花炮企业 1000 余家。湖南国际庆典烟花文化集团是一家与澳大利亚飞拓烟花集团（中国香港）有限公司合资创办的大型烟花企业。湖南国际庆典烟花文化集团的前身为浏阳市庆典烟花有限公司，历经 20 余年的不断进取，努力攻关，逐步成长为一家集科研、生产、销售、燃放、文化传播于一身的专业烟花文化企业集团，旗下拥有湖南省国际庆典烟花制造燃放有限公司、浏阳市国际庆典烟花出口贸易有限公司、浏阳市国际庆典文化传播有限公司等核心企业。湖南国际庆典烟花文化集团拥有现代化大型烟花生产工厂，环境优美，配备了先进的自动化烟花生产设备；荟萃了国内外顶级烟花科技人才；烟花的产品结构、花色效果、内质外观均领先于行业水平。其自主创新的产品包括手持柱形彩烟、舞台柱形彩烟、高空组合盆花、高空礼花弹、高空礼炮。

由于市场竞争日趋激烈，湖南国际庆典烟花文化集团的领导决定加强网络宣传与推广，建立企业网站。网站初期的功能定位是针对国内市场，打造集团统一对外的宣传窗口，强化集团的行业地位和影响，进一步提升集团的品牌影响力。

为方便与网站后台系统集成，网站建设部经理要求小李使用 DIV+CSS 制作该集团网站首页的静态页面。

三、实训环境

硬件环境：能接入互联网的计算机。

软件环境：IE 7.0、Flash、Dreamweaver CS5。

四、实训内容与步骤

1. 网站首页 DIV 框架制作

针对网站首页效果图，使用 DIV 层来规划并实现页面的整体布局。

2. 主体内容制作

针对网站首页效果图，完成页面 Header 区、Banner 区、Nav 区、Leftcontent 区、Maincontent 区、Footer 区的制作。

3. 导航栏特效制作

利用 HTML 中的无序列表，通过对其 CSS 样式的处理，实现特效导航栏的制作。

思考与练习

一、选择题

1.（　　）是 CSS 添加背景图片的正确语法构成。

A．background-position　　B．background-color

C．background-image　　D．background-size

2.（　　）给所有的<h1>标签添加背景颜色。

A．h1 { background-color: #FFFFFF }

B．h1 { background-color: #FFFFFF; }

C．h1.all { background-color: #FFFFFF }

D．#h1 { background-color: #FFFFFF }

3.（　　）能够去掉列表的项目符号。

A．list-type: square　　B．list-style: circle

C．list-style: disc　　D．list-style: none

4.（　　）HTML 标签用于定义内部样式表。

A．<body>　　B．<style>　　C．<head>　　D．<link>

5．CSS 中 ID 选择器在定义的前面要有指示符（　　）。

A．*　　B．、　　C．!　　D．#

6.（　　）CSS 属性能够设置文本加粗。

A．font-weight: bold　　B．style: bold

C．font: b　　D．font=

7．a:hover 表示超链接文字在（　　）时的状态。

A．鼠标按下　　B．鼠标指针经过

C．鼠标指针放上去　　D．访问过后

8．层叠样式表文件的扩展名为（　　）。

A．.htm　　B．.lib　　C．.css　　D．.dwt

二、简答题

1．简述 DIV+CSS 布局方式与表格布局方式的不同。

2．简述 DIV 层定位的几种方式。

3．CSS 引用的方法有哪几种？分别在什么样的场合下使用？

4．CSS 选择器有哪几种类型？请给出相应的代码示例并予以说明。

5．解释以下 CSS 样式的含义。

```
table{
    border: 1px #333 solid;
    font: 12px arial;
    width: 500px
}
td,th{
```

```
        padding: 5px;
        border: 2px solid #EEE;
        border-bottom-color: #666;
        border-right-color: #666;
}
.left {
        background: url(images-notebook/left-top.gif)   top left no-repeat;
    }
.left h2 {
        background: url(images-notebook/right-top.gif)   top right no-repeat;
        padding:20px 20px 10px;
        margin:0;
    }
```

项目六　商务网站发布

学习目标

1. 掌握域名注册、虚拟主机租用、网站备案的过程
2. 熟练掌握使用 FTP 工具上传网站及域名解析的方法

项目简介

通过前面 5 个项目的学习，我们已经完成了企业网站的本地制作。为实现网站的正常访问，还需要将制作完成的网站成功发布到互联网上。

本项目围绕网站发布涉及的操作过程，对域名注册、虚拟主机租用、网站备案、网站文件上传、域名绑定与解析等内容进行介绍，重点介绍使用 FTP 工具上传网站的方法，让学习者轻松掌握网站发布的流程和方法。

项目概述

经过前面的努力，小李所在的项目团队已经完成了长沙市碧雅园花卉苗木基地的网站建设任务，接下来，需要将该网站发布到互联网上。

项目分析

通常，在企业网站制作完成以后，只能在本地计算机上使用浏览器查看。如果要供互联网上的用户查看和使用，就需要通过 WWW 服务器将企业网站发布到互联网上。所谓网站发布，是指将本地硬盘上的网站文件传送到远端 Web 服务器上，并实现正常访问的过程。

要完成长沙市碧雅园花卉苗木基地网站的发布，首先需要购买域名和服务器空间。可以到万网、新网等服务提供商网站查询并进行域名注册。注册域名后，还需要准备服务器空间用于存放网站制作形成的各类文件。

根据工业和信息化部的要求，在国内开通网站必须先办理 ICP 网站备案（首次备案约需 20 个工作日）。因此，拥有域名和服务器空间后，还需要向域名和服务器空间服务商提交网站备案申请，只有备案申请审核通过后才可正式开通网站。

在申请网站备案的同时，可以开始进行网站上传工作。常见的网站上传工具有 CuteFTP、LeapFTP、FlashFXP 等。网站上传完成后，还需要将已经申请好的域名与主机进行绑定，同时将域名指向自己的网站（通过域名解析将域名与服务器 IP 地址进行绑定），才完成网站发布的全部操作。

综上所述，本项目的实施，可以分解为以下 5 个任务。

任务一：域名注册

任务二：虚拟主机租用

任务三：网站备案
任务四：网站文件上传
任务五：域名绑定与解析

项目实施

任务一　域 名 注 册

任务说明

在互联网技术飞速发展的今天，要想建设网站展示企业或个人信息，首先需要注册自己的域名。域名是在互联网上建立所有服务的基础，被誉为“企业的网上商标”，同商标知识产权保护一样重要。因此，尽早注册企业专属的域名，是非常必要的事情。

任务步骤

注册域名应首选实力雄厚、服务优质的域名服务商。目前，互联网上提供域名注册服务的服务商众多，国内知名的域名服务商有万网、新网、35 互联、西部数码、美橙互联等。下面以万网为例，介绍域名注册的基本流程。

在万网注册域名的流程比较简单，分为域名查询、加入域名清单、填写信息、付款成功 4 个步骤，如图 6-1 所示。

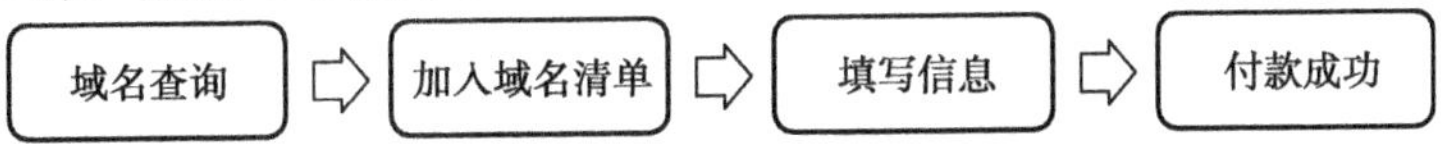

图 6-1　在万网注册域名的流程

1. 域名查询

对选择好的域名进行查询，看是否已被他人注册，以确保域名的唯一性。例如，长沙市碧雅园花卉苗木基地网站可以以“byyflower”为关键词进行域名查询，域名查询结果如图6-2 所示，选择 byyflower.com 为域名。为加强品牌保护，还可以同时注册 byyflower.cn 等相关域名。

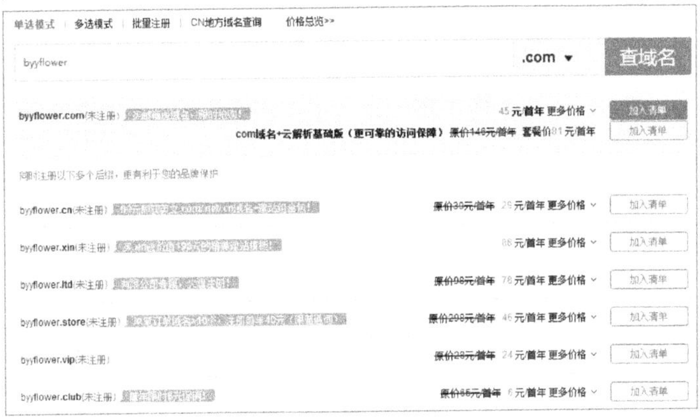

图 6-2　域名查询结果

2. 域名注册

选好需要的域名，单击域名后面的“加入清单”按钮，将其加入域名清单。这时会打开万网会员登录提示对话框，如图6-3 所示。目前，万网已被阿里巴巴集团收购，可直接使用淘宝或 1688 账号登录。

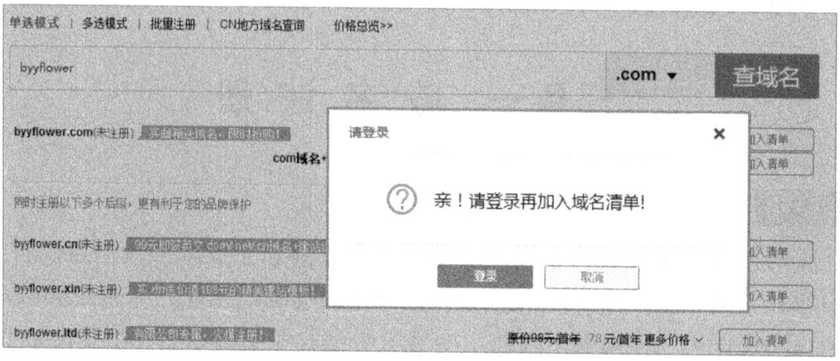

图 6-3　万网会员登录提示对话框

登录后，将选中的域名加入域名清单，如图 6-4 所示。单击“去结算”按钮，进入“确认订单”界面，参数设置如图 6-5 所示。

选择所有者类型后，如果没有可用的信息模板，则需要先填写域名所有者信息，如图 6-6 所示。按照真实情况填写完域名所有者信息后，单击“确定”按钮，便可提交订单了。

图 6-4　加入域名清单

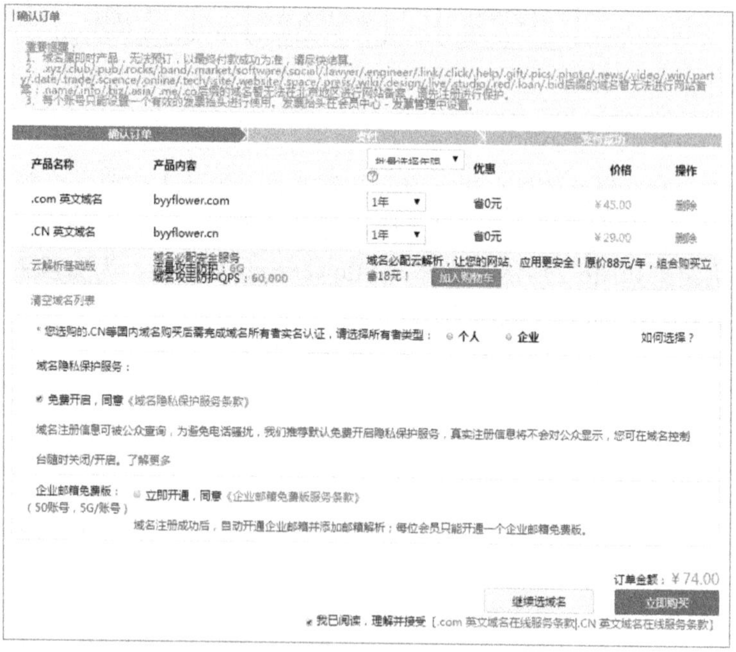

图 6-5　“确认订单”界面

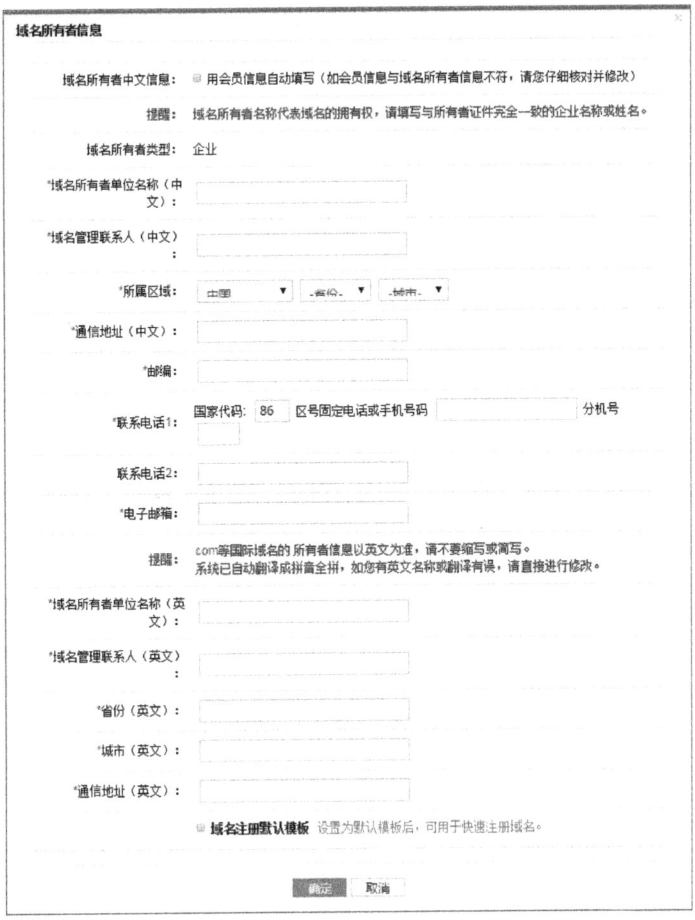

图 6-6　填写域名所有者信息

域名属于即时产品，无法预订，只有付款成功才算注册成功。支付方式有多种，选择合适的支付方式，单击“立即支付”按钮，完成订单支付，如图 6-7 所示。域名购买完成后，用户可以登录万网的管理控制台，查询已购买的域名信息，如图 6-8 所示。

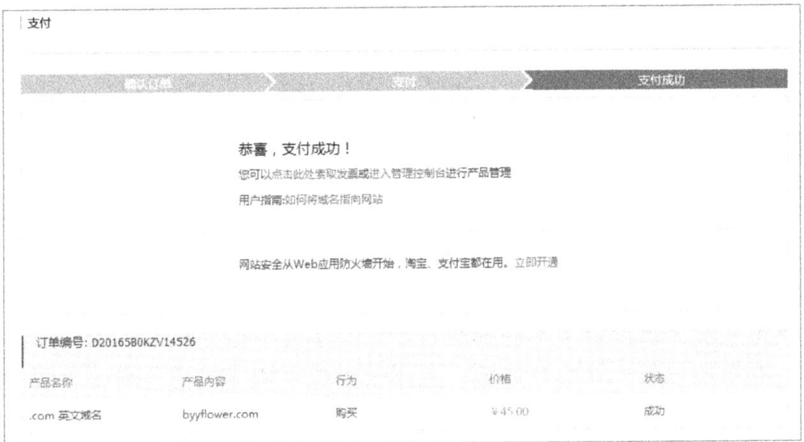

图 6-7　完成订单支付

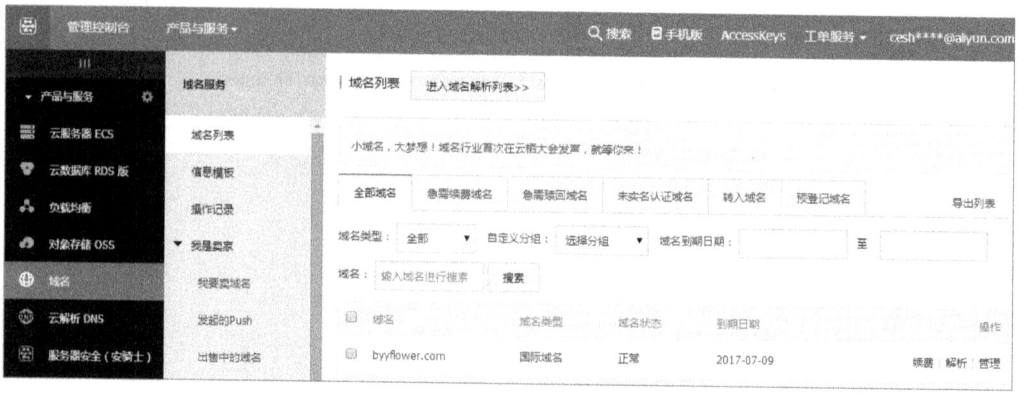

图 6-8　查询已购买的域名信息

任务二　虚拟主机租用

任务说明

在企业网站制作过程中，会形成一些 HTML 页面、图片、脚本文件等网站程序文件，只有将这些文件上传到互联网上的某个空间中，网站才能发布成功。

存放网站各类文件的空间，其获取方式一般有两种：一种方式是企业自建服务器机房，并将企业的网站文件自行存放管理，这种方式对资金和技术要求较高，一般适用于资金、技术实力雄厚，且对网站安全级别要求较高的大企业，如大型国企、大型互联网公司、银行、证券等机构；另一种方式是租用第三方空间服务商的虚拟主机，这种方式降低了资金和技术难度，是目前大多数企业普遍的做法。对于长沙市碧雅园花卉苗木基地网站建设项目，其主机也可通过租用方式来获取。

虚拟主机也叫网站空间，即把一台运行在互联网上的服务器划分成多个硬盘空间，给予每个空间相应的 FTP 权限和 Web 访问权限，以用于网站发布。传统的虚拟主机都是共享资源的虚机。

一般来说，提供域名注册服务的服务商也会提供虚拟主机服务业务，用户通常会选择同一家服务商来申请域名和虚拟主机，以方便费用的缴纳和后期的域名解析等工作。下面仍以万网为例来介绍虚拟主机的租用流程和方法。

任务步骤

1. 虚拟主机选择

打开万网，进入虚拟主机服务页面，可以看到目前万网提供共享云虚拟主机和独享云虚拟主机两种类型的虚拟主机服务业务。为了满足用户的多样化需求，万网在每种类型的虚拟主机下都设置了不同的版本，如共享云虚拟主机下包括共享经济版、共享标准版、共享增强版、共享豪华版，独享云虚拟主机下包括独享普惠版、独享专业版、独享尊贵版、独享旗舰版，如图 6-9 所示。

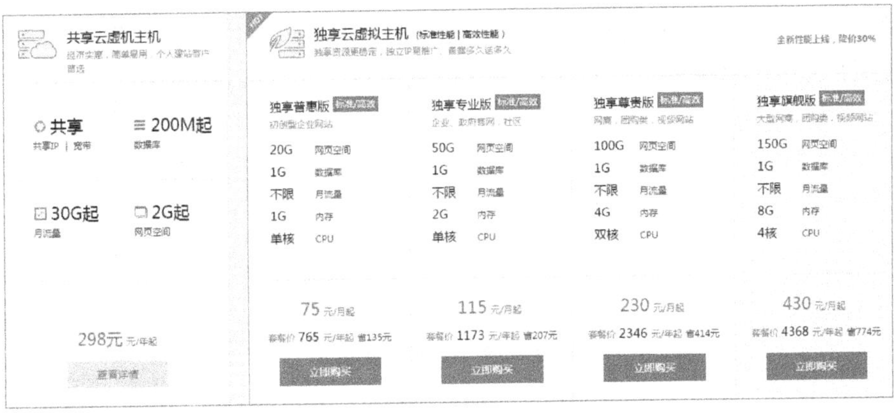

图 6-9　万网虚拟主机的类型

2. 虚拟主机购买

根据网站的具体情况，选择其中一种（这里选择共享经济版虚拟主机），单击“立即购买”按钮，进入该虚拟主机配置页面，如图 6-10 所示。根据用户的实际需求，还可以更改该类型的虚拟主机的配置。选好后，单击“立即购买”按钮，进入“确认订单”页面，如图 6-11 所示。

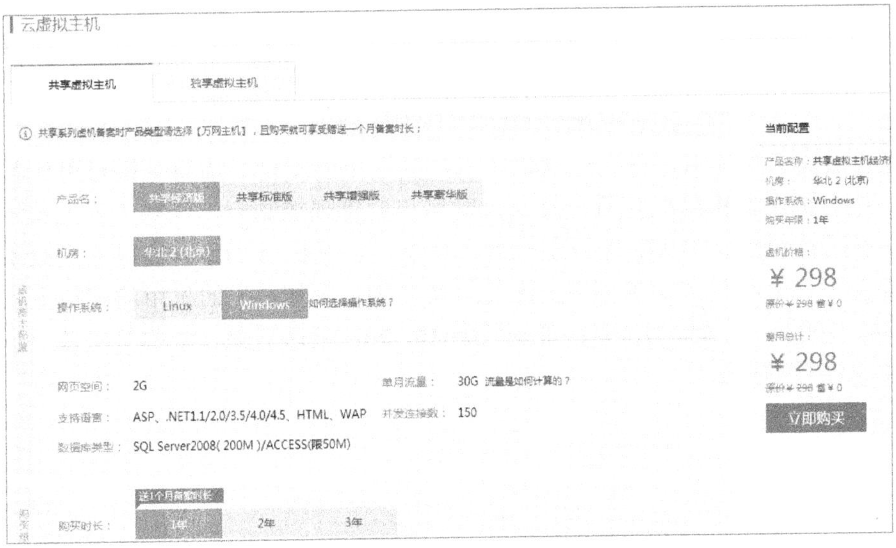

图 6-10　万网共享经济版虚拟主机配置页面

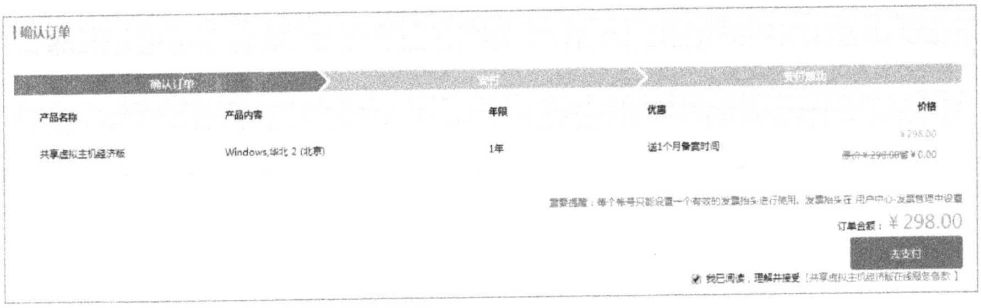

图 6-11　“确认订单”页面

单击“去支付”按钮，弹出实名认证提示信息，如图6-12所示。单击“立即去认证”按钮，进入“实名认证”页面，如图6-13所示，完成实名认证。

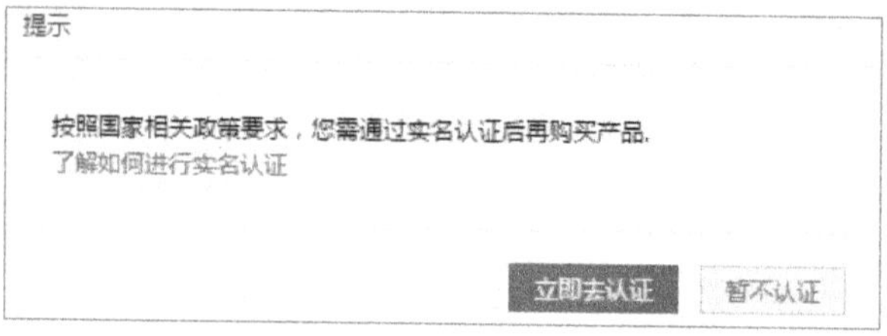

图6-12　实名认证提示信息

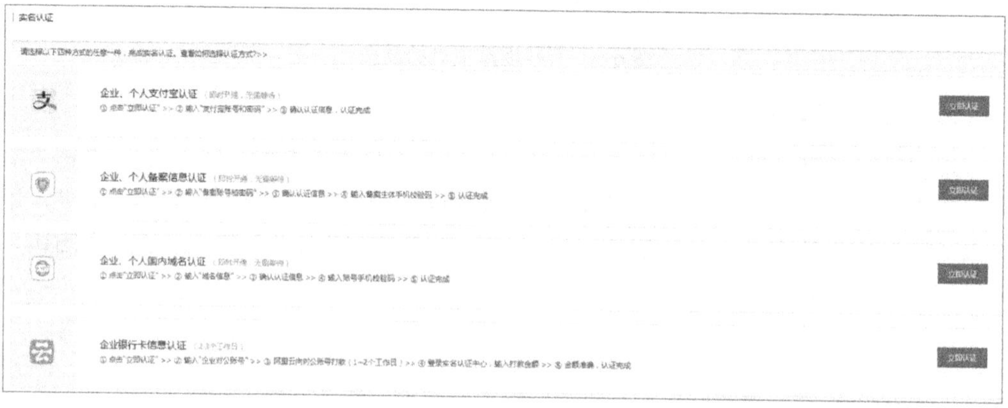

图6-13　“实名认证”页面

在完成实名认证后，再完成虚拟主机产品订单的支付，虚拟主机租用任务就完成了。在虚拟主机租用成功后，登录万网用户的管理控制台，选择“云虚拟主机”选项，可以看到已经购买的虚拟主机列表信息，如图6-14所示，虚拟主机服务商会为该虚拟主机分配相应的主机名、IP地址等资源。例如，我们租用的虚拟主机名为bxw2341070073，分配的IP地址是60.205.10.196，根据需要，后期可以进一步对该虚拟主机进行管理操作。

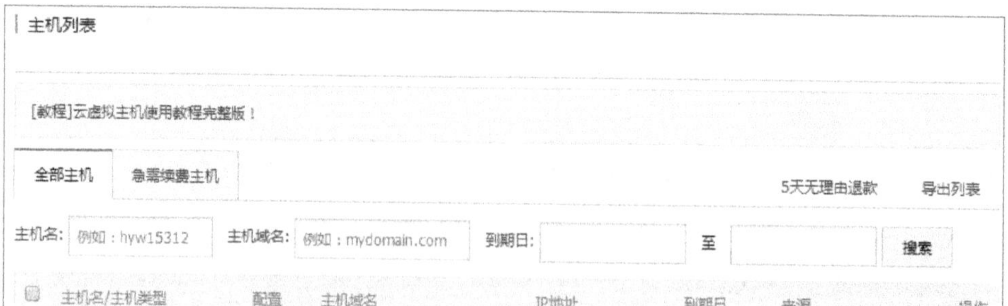

图6-14　虚拟主机列表信息

任务三　网 站 备 案

任务说明

根据工业和信息化部的规定，如果企业网站使用的服务器在中国大陆境内，就需要进行 ICP 网站备案。没有备案的网站，不能进行正常访问。从原则上来说，网站服务器由谁来提供，就由谁提供备案服务。所以租用了万网虚拟主机的用户，可以按照万网的要求，提供相应资料，由万网提供备案服务。

任务步骤

首次备案的基本流程如图 6-15 所示。

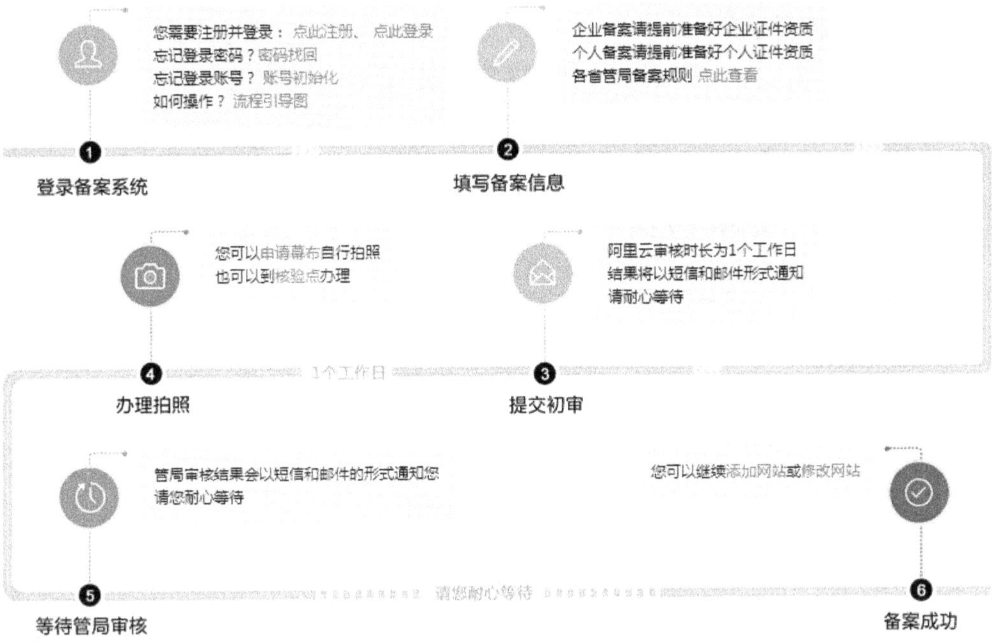

图 6-15　首次备案的基本流程

1. 登录备案系统

用户访问阿里云 ICP 代备案管理系统（网址是 https://beian.gein.cn/order/selfBaIndex.htm），如图 6-16 所示。首先需要使用邮箱进行备案账号的注册，在注册成功后系统会向注册邮箱发送激活电子邮件，用户完成激活后，即可登录阿里云 ICP 代备案系统。

2. 填写备案信息

在输入账号和密码登录阿里云 ICP 代备案系统后，先填写网站备案信息，然后上传资料并提交给阿里云网站进行审核，具体操作如下。

图 6-16　阿里云 ICP 代备案管理系统

步骤 1：填写网站备案信息

需要填写的网站备案信息包括主办单位信息、网站基本信息、产品验证信息，如图 6-17～图 6-20 所示。

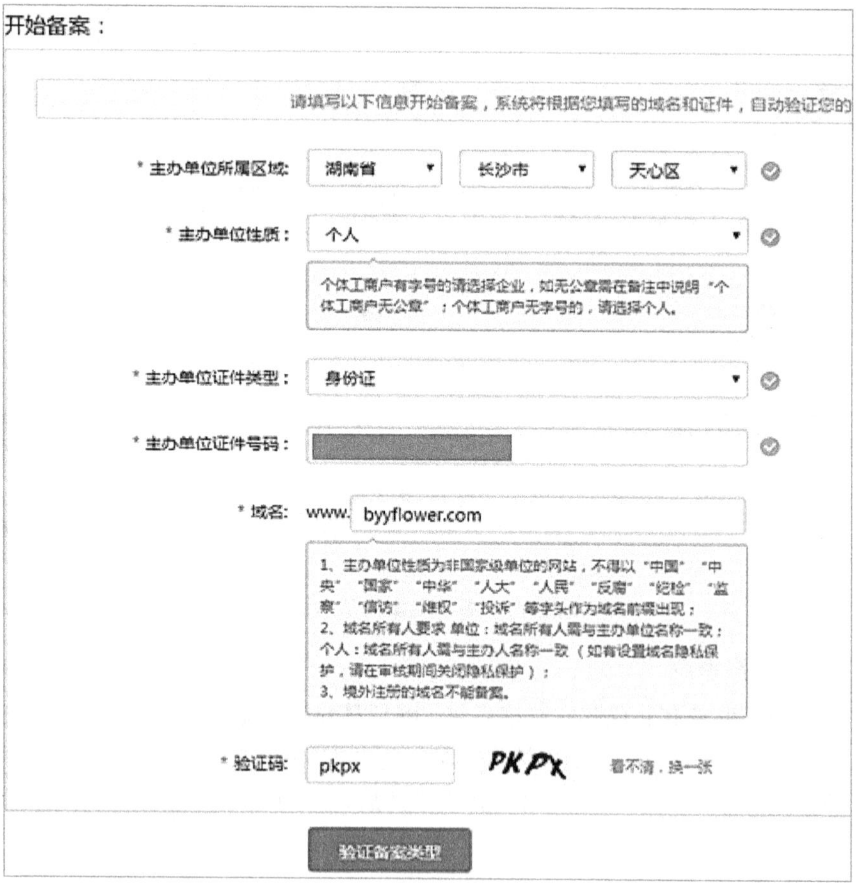

图 6-17　开始备案

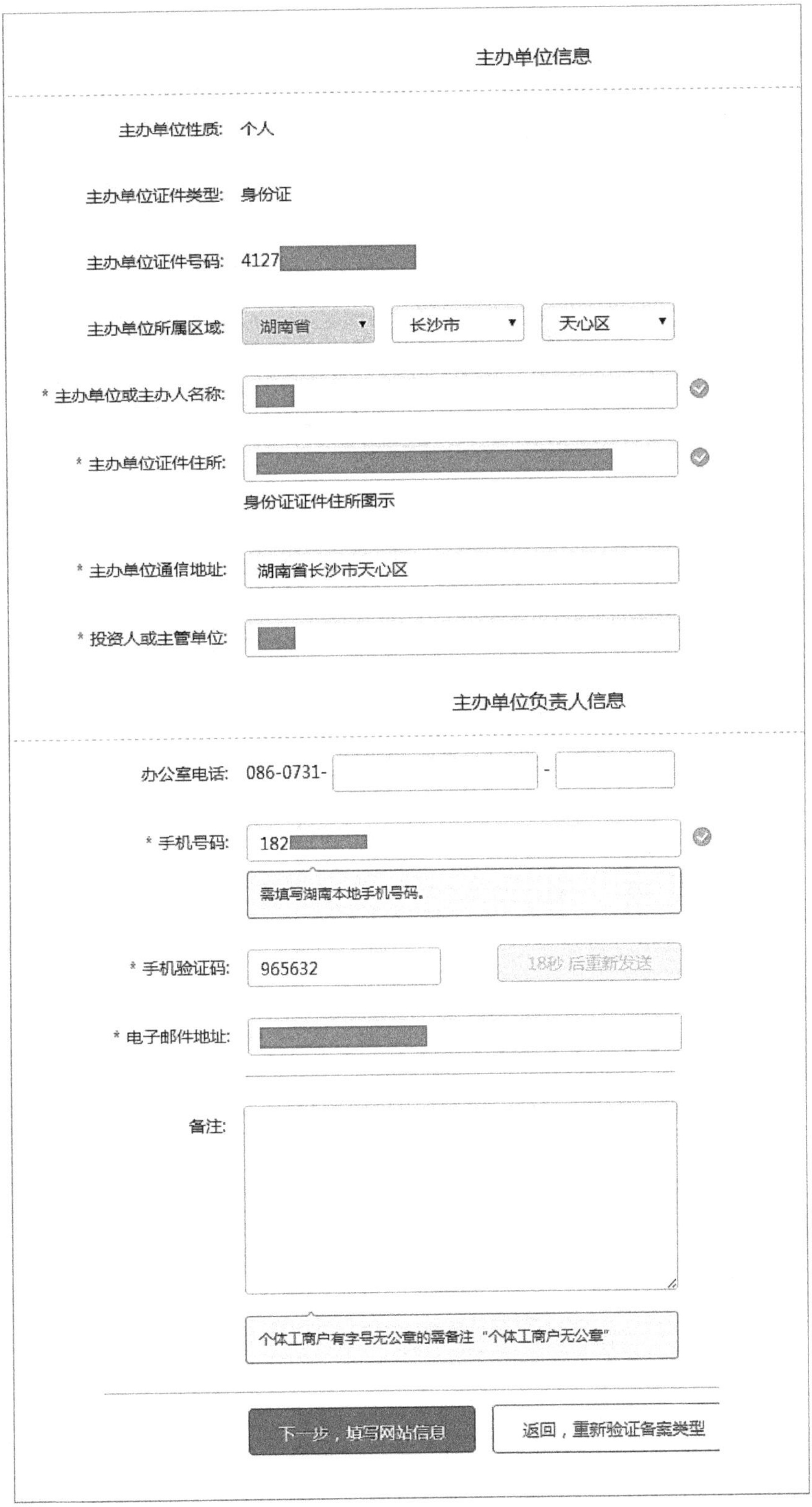

图 6-18　填写主办单位信息

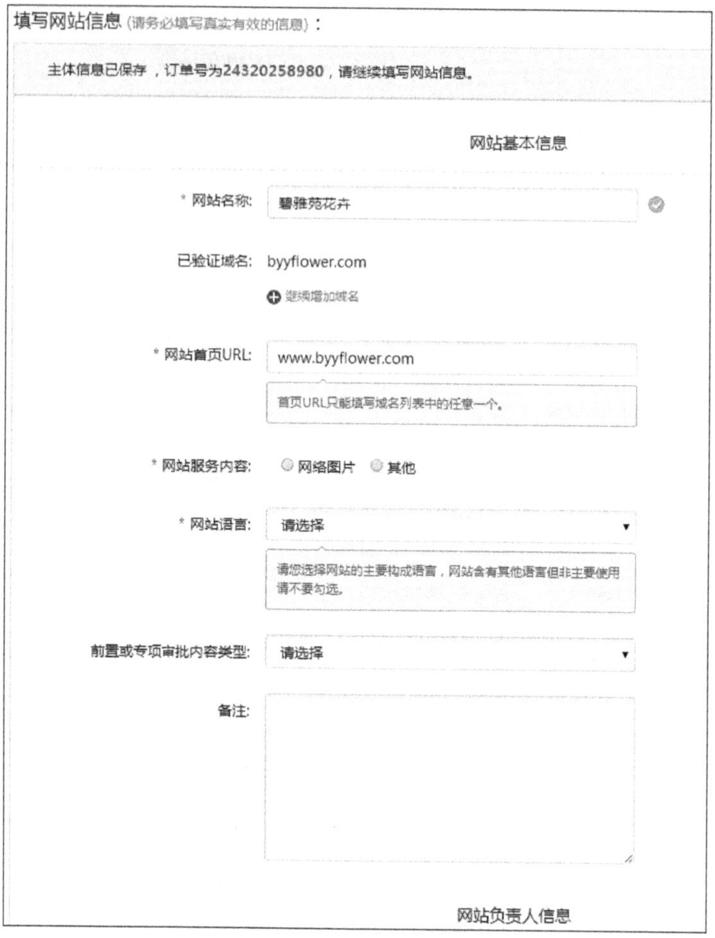

图 6-19　填写网站基本信息

图 6-20　填写产品验证信息

步骤 2：上传备案资料

需要上传的网站备案资料包括备案人的身份证信息、网站备案信息真实性核验单、域名证书等信息，如图 6-21～图 6-23 所示。

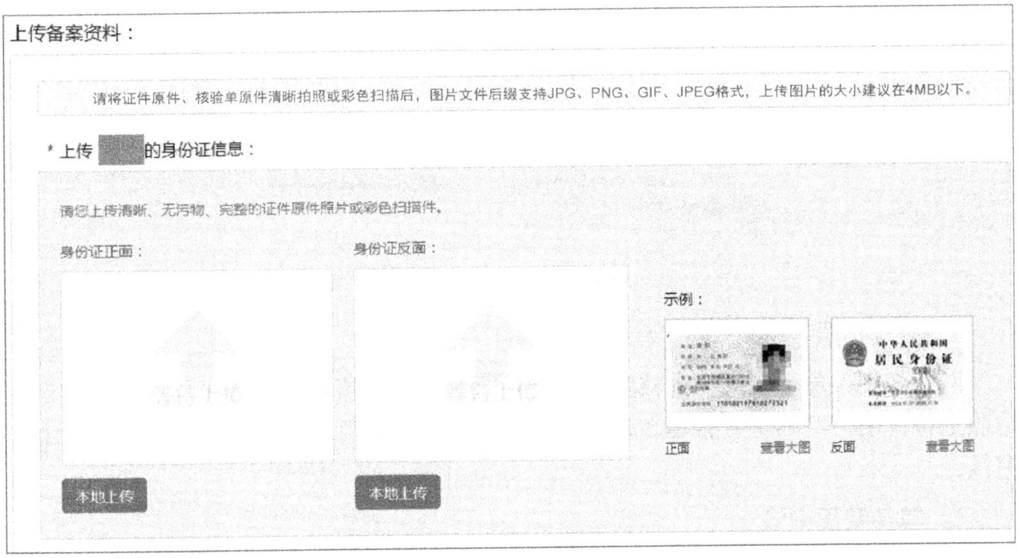

图 6-21　上传备案人的身份证信息

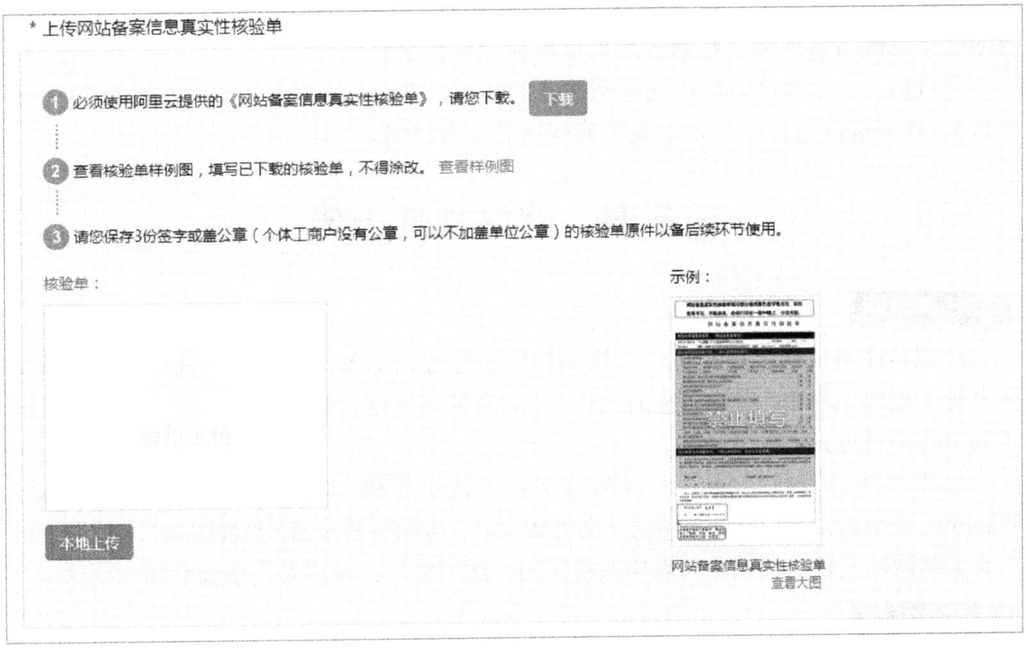

图 6-22　上传网站备案信息真实性核验单

3．提交初审

阿里云网站对用户提交的资料进行初步审核，审核时长为 1 个工作日，审核结果会以短信和电子邮件方式通知用户。

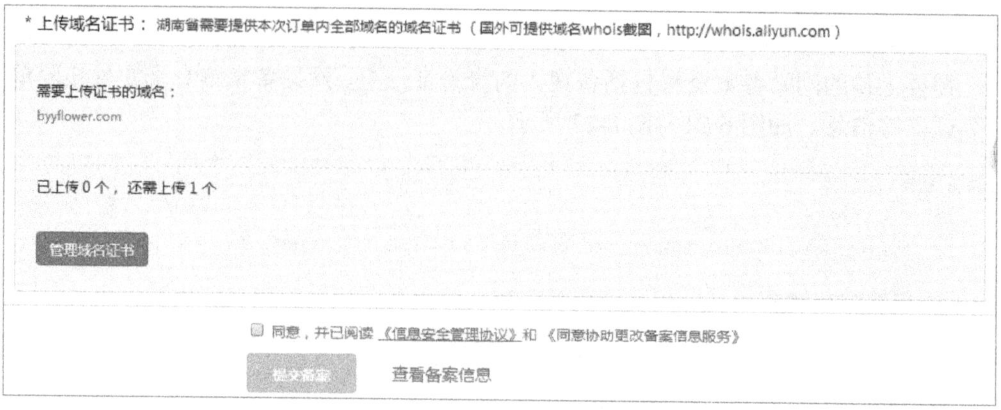

图 6-23　上传域名证书

4. 办理拍照

网站备案人员可以选择到核验点进行拍照核验，在核验后上传照片；也可以自行拍照上传，由万网邮寄背景幕布，网站备案人员在收到背景幕布后自行拍照进行上传审核。

5. 等待管局审核

审核结果，通信管理局会直接通过短信和电子邮件通知用户。备案成功，要妥善保管备案号和备案密码，以便在以后修改备案信息和增加网站时用；备案失败，根据退回原因修改备案信息，在修改后再重新提交备案信息。

通过以上 5 个步骤，即可完成网站备案任务。由于备案时间较长（万网为 20 个工作日），建议提前进行备案，以免影响网站的正常访问。

任务四　网站文件上传

任务说明

在域名注册成功、虚拟主机租用成功后，进行网站备案的同时，就可以将网站文件上传到虚拟主机中。网站文件的上传，一般有使用本地计算机地址栏上传和使用 FTP 工具上传两种方式。

使用本地计算机地址栏上传网站文件，优点是操作方便，但只适用于安装了 Windows 系统的主机；缺点是当网站文件较大时，传输容易出错，且耗时较长。使用 FTP 工具上传网站文件，优点是无操作系统限制，适用面广；缺点是需要安装相应软件。

任务步骤

1. 登录主机管理控制台

在虚拟主机租用成功后，万网会为用户分配主机管理控制台登录名，用户自行设置登录密码。使用登录名和密码登录主机管理控制台，如图 6-24 所示。在登录后可获取虚拟主机的信息，如图 6-25 所示。

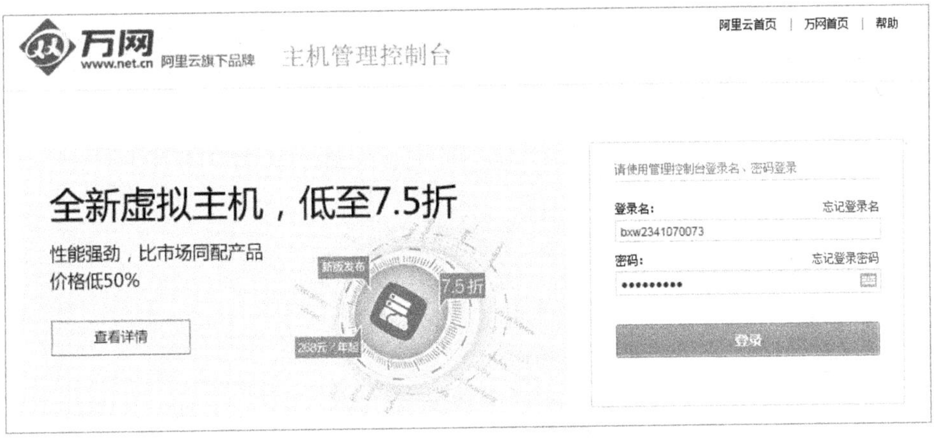

图 6-24　登录主机管理控制台

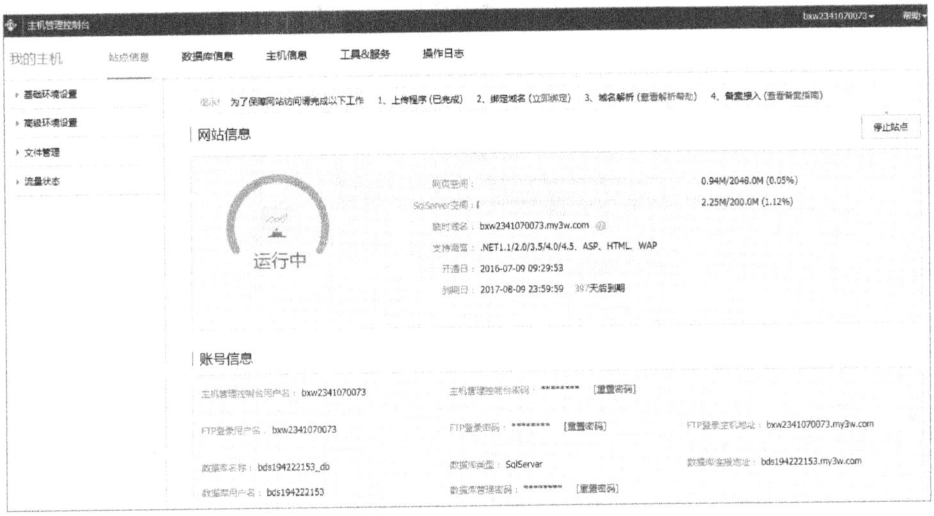

图 6-25　虚拟主机的信息

2. 使用本地计算机地址栏上传网站文件

步骤 1：打开“我的电脑”，在地址栏中输入虚拟主机 FTP 登录地址

打开“我的电脑”，在地址栏中输入长沙市碧雅园花卉苗木基地网站租用的虚拟主机 FTP 登录地址“ftp://bxw2341070073.my3w.com”，如图 6-26 所示。

步骤 2：登录身份

在地址栏中输入虚拟主机 FTP 登录地址后，按回车键，打开“登录身份”对话框，如图 6-27 所示，输入用户名和密码。

步骤 3：将本地计算机中的网站文件复制到虚拟主机中

登录后，可以看到 FTP 上所有的文件。可以将本地计算机中的网站文件复制到 FTP 目录下。将长沙市碧雅园花卉苗木基地的网站文件“byy.rar”复制到虚拟主机中，如图 6-28 所示。

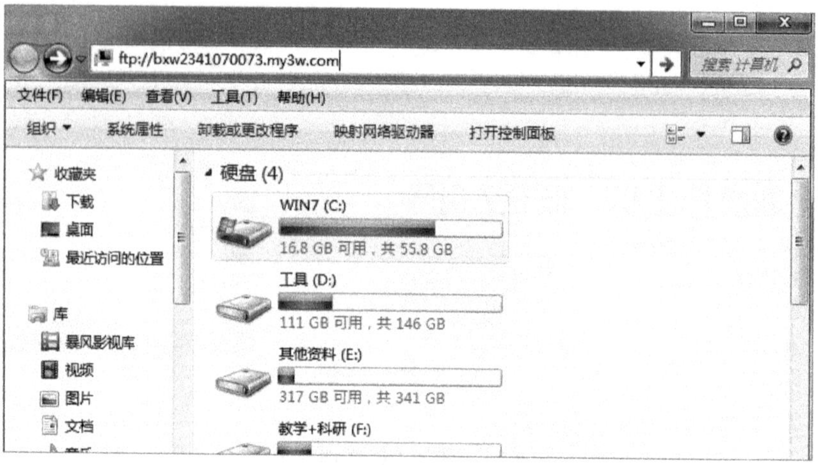

图 6-26　在地址栏中输入虚拟主机 FTP 登录地址

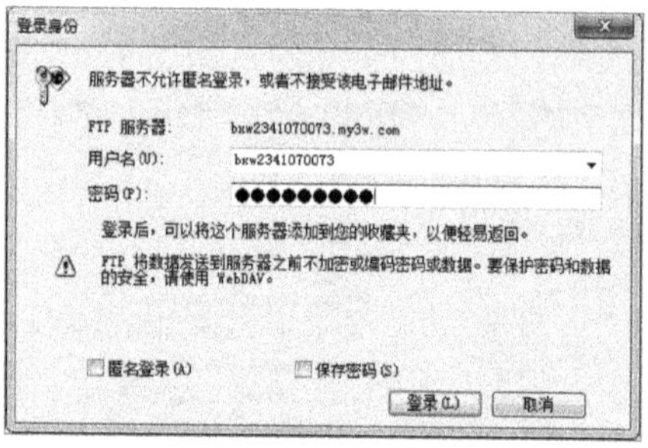

图 6-27　“登录身份”对话框

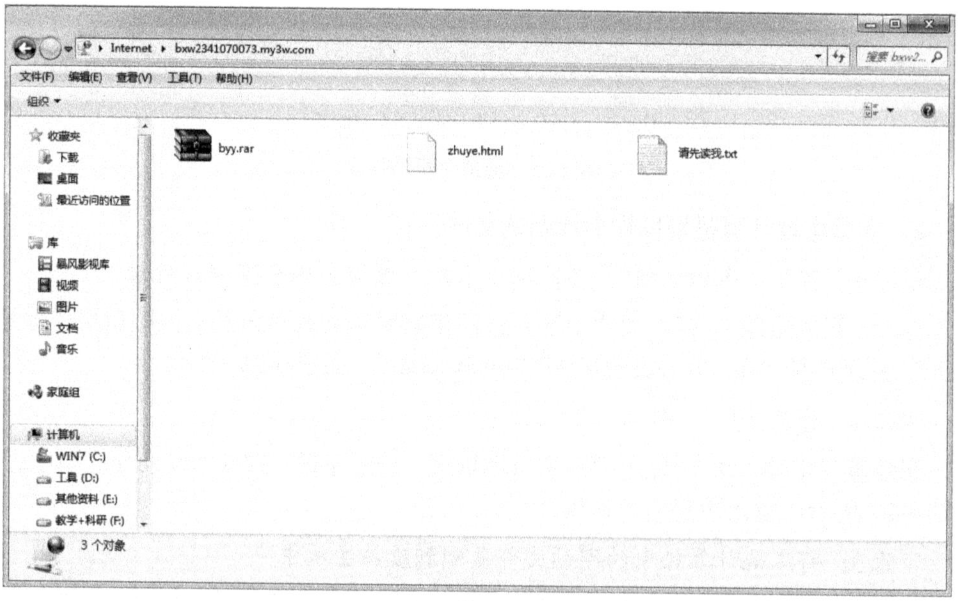

图 6-28　将本地计算机中的网站文件复制到虚拟主机中

3．使用 FTP 工具上传网站文件

使用 FTP 工具上传网站文件是普遍采用的一种方式，FTP 工具有很多，如 CuteFTP、

FileZilla、FlashFTP 等，本书以 CuteFTP 为例进行说明。CuteFTP 的安装非常简单，不再说明。

步骤 1：新建 FTP 站点

启动 CuteFTP，新建 FTP 站点，如图 6-29 所示。

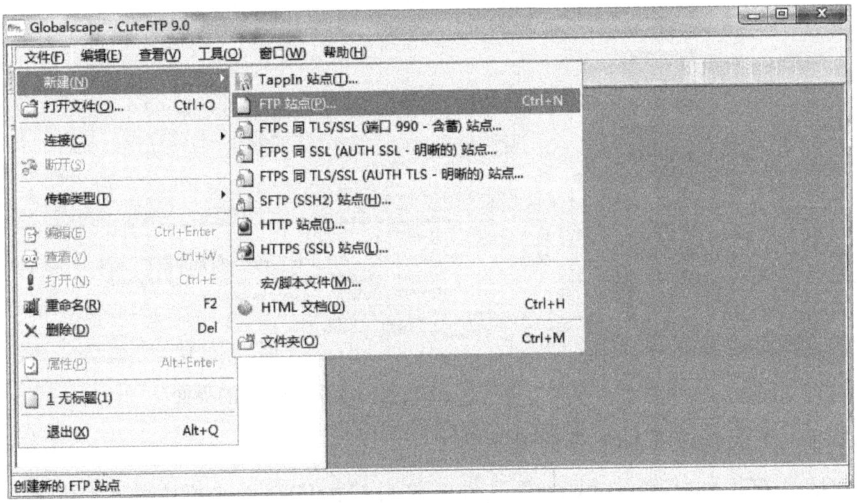

图 6-29　新建 FTP 站点

步骤 2：连接虚拟主机

设置站点属性，输入主机地址、用户名和密码，如图 6-30 所示。单击“连接”按钮，即可将本地计算机与虚拟主机连接起来。

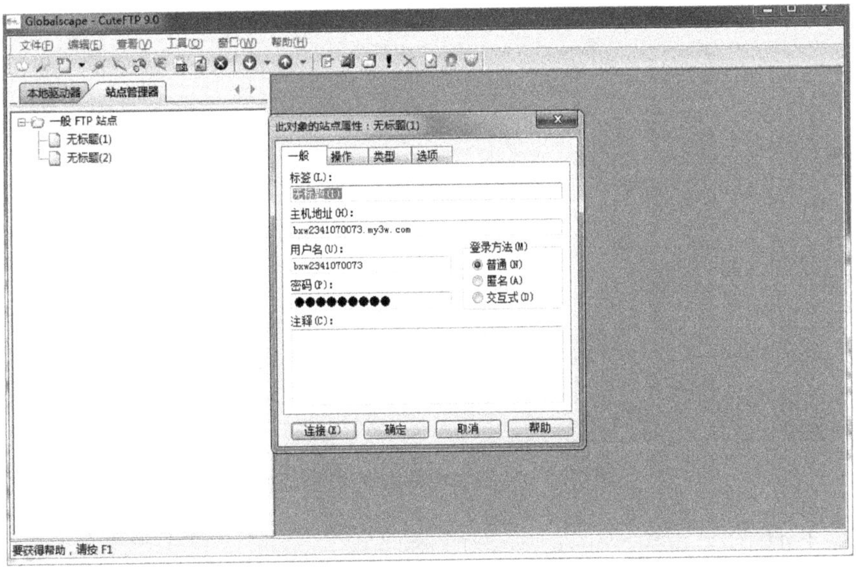

图 6-30　设置站点属性

在连接成功后，界面左侧显示本地计算机中的文件，界面右侧显示虚拟主机中的文件，如图 6-31 所示。

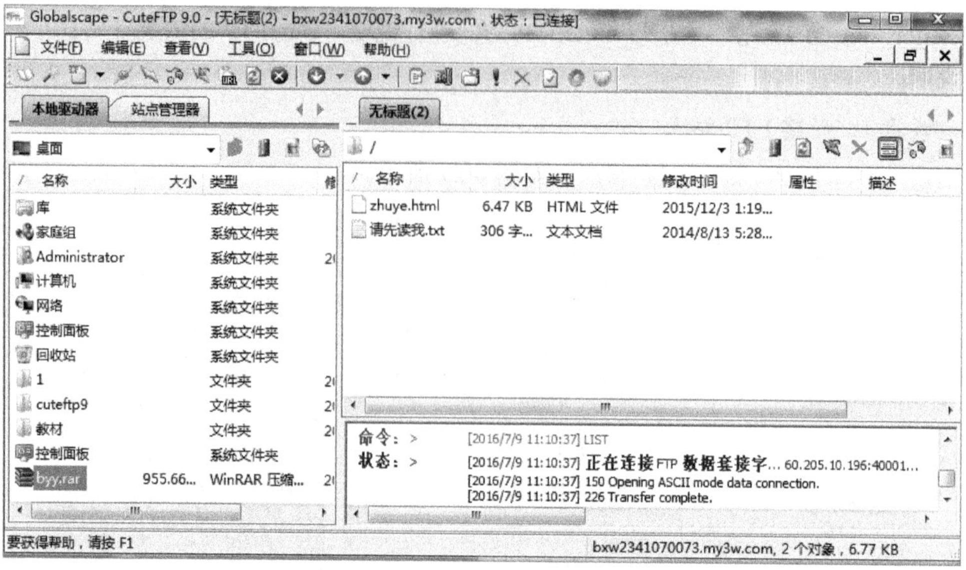

图 6-31　本地计算机与虚拟主机连接成功后的界面

步骤 3：从本地计算机上传网站文件

在本地计算机中找到“byy.rar”文件，单击 CuteFTP 工具栏中的按钮，即可将本地计算机中的网站文件上传到虚拟主机中，如图 6-32 所示。

图 6-32　从本地计算机上传网站文件

步骤 4：解压缩网站文件

上述步骤已经将本地计算机中网站文件的压缩包上传到了虚拟主机中，为了能够顺利访问网站文件，还需要利用主机管理控制台解压缩网站文件，如图 6-33 所示。将解压缩的文件夹放到虚拟主机的根目录中，同时将文件夹中的文件剪切到虚拟主机的根目录中，此时根目录中的文件如图 6-34 所示。

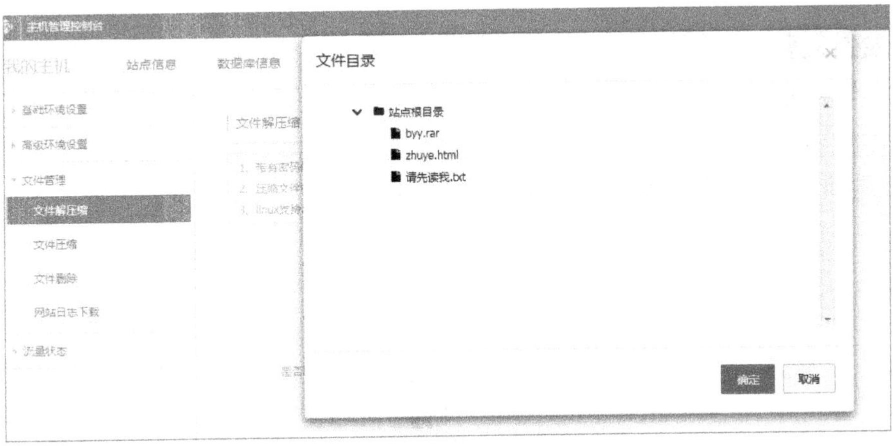

图 6-33　解压缩网站文件

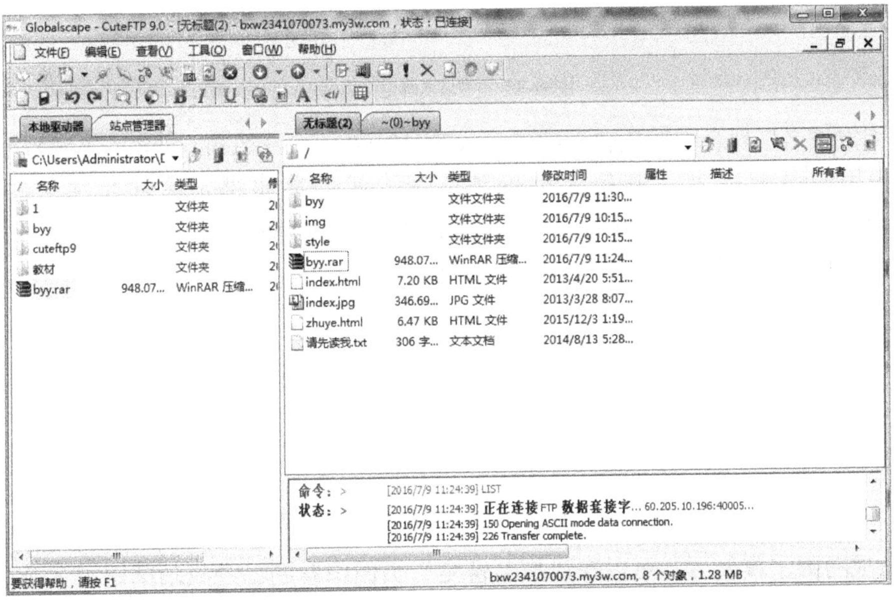

图 6-34　根目录中的文件

通过以上步骤，我们将本地计算机中长沙市碧雅园花卉苗木基地的网站文件成功上传到了虚拟主机中。

任务五　域名绑定与解析

任务说明

在网站文件上传完成后，还需要将已经注册好的域名与租用的虚拟主机进行绑定，同时将域名指向网站（通过域名解析将域名与服务器 IP 地址进行绑定），才完成网站发布的全部操作，也就是需要完成域名绑定和域名解析两个任务。本任务以万网云解析服务为例，介绍域名绑定与解析的过程。在完成域名解析任务前，需要先完成域名绑定任务。

任务步骤

1. 域名绑定

登录主机管理控制台，在主机管理控制台页面，选择“基础环境设置” | “域名绑定”选项，进入“域名绑定”页面，如图 6-35 所示。

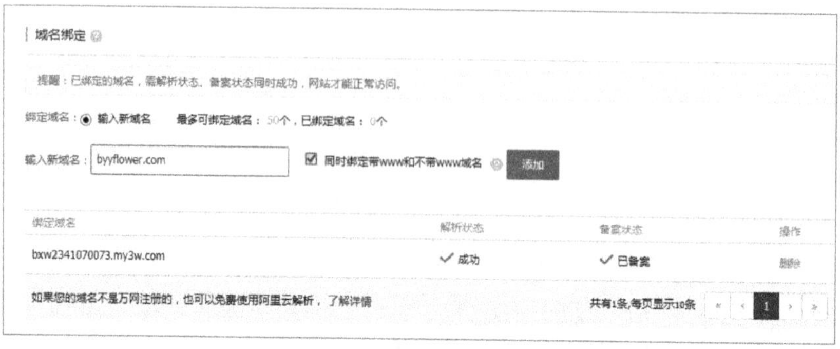

图 6-35　“域名绑定”页面

“绑定域名”列表中默认自动绑定 bxw2341070073.my3w.com 域名，该域名就是阿里云为用户分配的默认虚拟主机登录地址。我们需要绑定本项目注册的域名 byyflower.com，在“输入新域名”文本框中输入“byyflower.com”，单击“添加”按钮，打开域名绑定成功提示对话框，如图 6-36 所示。

图 6-36　域名绑定成功提示对话框

在成功绑定域名后，可以在“域名绑定”页面中看到已经成功绑定了 3 个域名，由于尚未进行域名解析和备案，因此解析状态为失败，备案状态为未备案，如图 6-37 所示。

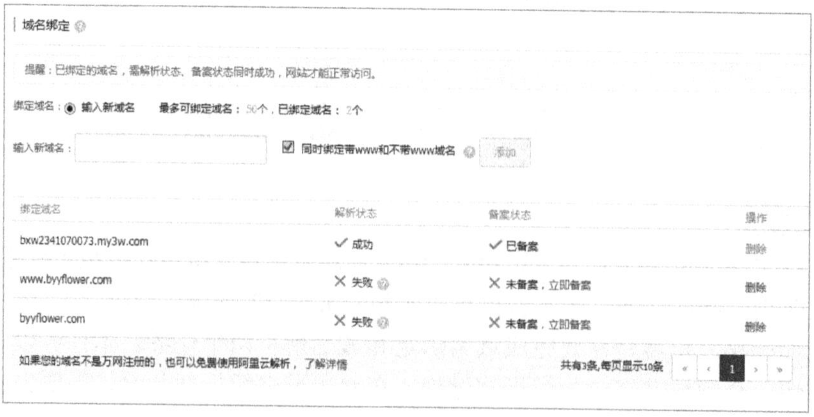

图 6-37　域名绑定状态

2. 域名解析

登录万网的管理控制台，选择“产品与服务”｜“云解析 DNS”选项，进入域名解析列表界面，如图 6-38 所示。

图 6-38　域名解析列表界面

选择域名后面的“解析”选项，进入解析设置界面，如图 6-39 所示。选择“设置网站解析”选项，单击“立即设置”按钮，进行域名解析设置，如图 6-40 所示。

图 6-39　解析设置界面

图 6-40　进行域名解析设置

选中“将域名解析到我的万网主机”单选按钮，单击“提交”按钮，完成域名解析，如图 6-41 所示。

图 6-41　完成域名解析

在域名解析完成后，就可以使用 www.byyflower.com 及 byyflower.com 域名访问长沙市碧雅园花卉苗木基地网站了。如果网站备案已完成，网站就可以正常访问了，如图 6-42 所示。如果网站备案没完成，在访问时就会显示该网站暂时无法访问。

图 6-42　正常访问网站

至此，所建的网站就在互联网上发布成功了。

技能训练 6-1　网站域名的申请与备案

通过对万网、新网、美橙互联等服务商的域名注册、虚拟主机租用业务的对比分析，请根据所建个人网站的特点，选择合适的服务商，查询并注册符合个人网站主题的域名，租用合适的虚拟主机，并完成网站备案等操作，最后将相关信息填入表 6-1 中。

表 6-1　网站域名的申请与备案

填表时间：　　　　　　　　　　　　　　　　　　　填表人：

域名信息	域名名称	域名注册价格	域名服务商名称
虚拟主机空间租用信息	网页空间大小	虚拟主机 IP 地址	虚拟主机租用价格
网站备案流程		网站备案资料	
经验总结			

技能训练 6-2　网站的发布

请将制作好的个人网站，按以下流程发布到互联网上，并将相关信息进行记录和分析。

① 网站上传。请选择合适的 FTP 工具，如 CuteFTP 或 FlashFTP，将制作好的个人网站上传至租用的虚拟主机中，并将相关信息填入表 6-2 中。

表 6-2　网站上传信息

填表时间：　　　　　　　　　　　　　　　　　　　　　　　　　　　　　填表人：

使用的 FTP 工具的名称	
网站上传截图	
经验总结	

② 域名解析及网站访问。请登录租用的虚拟主机的管理控制台，根据服务商域名解析指南，完成网站的域名解析，再通过域名实现对网站的正常访问，并将相关结果填入表 6-3 中。

表 6-3　域名解析及网站访问信息

填表时间：　　　　　　　　　　　　　　　　　　　　　　　　　　　　　填表人：

域名解析过程	
网站首页截图	
经验总结	

实训六　企业网站首页的发布

一、实训目标

- 掌握域名注册、虚拟主机租用、网站备案的过程。
- 熟练掌握使用 FTP 工具上传网站文件、域名解析的方法。

二、实训背景

湖南浏阳素有“烟花之乡”的美誉，目前其花炮年产值占全国总产值的一半，拥有各类上规模的花炮企业 1000 余家。湖南国际庆典烟花文化集团是一家与澳大利亚飞拓烟花集团（中国香港）有限公司合资创办的大型烟花企业。湖南国际庆典烟花文化集团的前身为浏阳市庆典烟花有限公司，历经 20 余年的不断进取，努力攻关，逐步成长为一家集科研、生产、销售、燃放、文化传播于一身的专业烟花文化企业集团，旗下拥有湖南省国际庆典烟花制造燃放有限公司、浏阳市国际庆典烟花出口贸易有限公司、浏阳市国际庆典文化传播有限公司等核心企业。湖南国际庆典烟花文化集团拥有现代化大型烟花生产工厂，环境优美，配备了先进的自动化烟花生产设备；荟萃了国内外顶级烟花科技人才；烟花的产品结构、花色效果、内质外观均领先于行业水平。其自主创新的产品包括手持柱形彩烟、舞台柱形彩烟、高空组合盆花、高空礼花弹、高空礼炮。

由于市场竞争日趋激烈，湖南国际庆典烟花文化集团的领导决定加强网络宣传与推广，建立企业网站。网站初期的功能定位是针对国内市场，打造集团统一对外的宣传窗口，强化集团的行业地位和影响，进一步提升集团的品牌影响力。

小王在之前已经制作了该集团的网站首页，现在网站建设部经理要求小王将网站首页发布到互联网上。

三、实训环境

硬件环境：能接入互联网的计算机。

软件环境：IE 7.0、FTP。

四、实训内容与步骤

1. 域名注册

选择合适的域名服务商，为湖南国际庆典烟花文化集团的网站注册一个合适的域名。

2. 虚拟主机租用

选择合适的域名服务商，为湖南国际庆典烟花文化集团的网站租用合适的虚拟主机。

3. 网站备案

向域名和虚拟主机服务提供商提交申请，完成网站备案。

4. 网站文件上传

使用 FTP 工具，完成网站首页文件的上传。

5. 域名绑定与解析

将已经申请好的域名与虚拟主机进行绑定，同时将域名指向湖南国际庆典烟花文化集团的网站，完成网站发布。

思考与练习

一、选择题

1. 将自己制作的网站发布到互联网上，应该采取的做法是（　　）。

A. 将网站复制给所有人　　B. 将网站通过电子邮件发给所有人

C. 将网站文件夹共享　　D. 将网站文件上传到 Web 服务器上

2. 在创建站点的过程中，如果用户在服务器上申请了虚拟主机，那么一般通过（　　）方式连接到远程服务器上。

A. FTP　　B. HTTP　　C. RDS　　D. 本地网络

3. 负责 IP 地址与域名之间转换的是（　　）。

A. UNIX 系统　　B. HTTP

C. RDS　　D. 本地网络

4. 域名系统是互联网的命名方案，（　　）表示域名。

A. zjwww@china.com　　B. hk@zj.school.com

C. www.cctv.com　　D. 202.96.68.123

5. 个人网站的发布，比较简单的方式是首先在某个互联网服务提供商的服务器上申请一个（　　）。

A. 域名　　B. 虚拟主机　　C. IP 地址　　D. 网站备案

二、简答题

1．简述网站的发布流程。

2．简述域名注册的注意事项。

3．比较使用本地计算机地址栏上传网站文件和使用 FTP 工具上传网站文件的优缺点。

项目七　移动端网站制作

学习目标

1. 了解移动端网站的开发策略
2. 熟悉移动端网站制作的 3 种方法
3. 掌握使用第三方建站平台制作移动端网站的方法
4. 掌握使用 CMS 制作移动端网站的方法

项目简介

通过前面 6 个项目的学习，已经完成了 PC 端网站的制作和发布。在移动互联网快速发展的背景下，企业对移动端网站的需求非常旺盛，移动端网站的制作迫在眉睫。

本项目以移动端网站制作流程为主线，对移动端网站的开发策略、移动端网站的制作方法等内容进行介绍，重点对使用第三方建站平台和 CMS 两种方法制作移动端网站的过程进行详细描述。

项目概述

经过前面的努力，小李所在的项目团队已经完成了长沙市碧雅园花卉苗木基地的 PC 端网站建设和发布任务，接下来，需要制作长沙市碧雅园花卉苗木基地对应的移动端网站。

项目分析

通常，在制作企业网站之前，需要分析不同终端的网站开发策略和制作方法，比较不同开发策略和制作方法的优劣，从而选择能满足企业需求的网站开发策略和制作方法。

本项目首先需要了解移动端网站的概念、开发策略和制作方法，再结合长沙市碧雅园花卉苗木基地移动端网站建站需求，选择合适的开发策略和制作方法，最终完成移动端网站的制作。

综上所述，本项目的实施，可以分解为以下 3 个任务。

任务一：了解移动端网站

任务二：使用第三方建站平台制作移动端网站

任务三：使用 CMS 制作移动端网站

项目实施

任务一　了解移动端网站

任务说明

根据2019年8月中国互联网络发展中心发布的第44次《中国互联网络发展状况统计报告》，截至2019年6月，我国网民规模达到8.54亿人，其中手机网民规模达到8.47亿人，使用手机上网的网民比例超过99%。中国互联网的发展已进入移动互联网阶段，基于移动端的互联网营销已经成为营销推广的重点，越来越多的企业日益重视移动端网站的设计与制作。因此，在基于PC端网站设计与制作的基础上，本任务重点讲述企业移动端网站制作方面的相关内容。

一、移动端网站的概念

当前，用户访问企业网站一般使用台式计算机、笔记本式计算机、智能手机、平板式计算机等设备，这些设备又被称为用户终端。其中，智能手机、平板式计算机等设备又被称为移动终端。

移动端网站是指用户使用智能手机、平板式计算机等移动终端访问的网站，常指手机端网站，如基于微信体系的微网站、微商城等。

二、移动端网站的开发策略

根据用户终端与网站版本的关系，可以将移动端网站分为多个终端对应同一个网站和多个终端对应不同网站两种类型。其中，多个终端对应同一个网站就是同一个网站兼容不同的用户终端，即跨终端网站，这类网站一般可以使用响应式网站的形式实现；多个终端对应不同网站就是针对不同的用户使用终端，建设不同的网站，即单独建站。

根据上述分类，针对移动端网站前端页面的开发，可以大致分为两个方向：一个是开发一个版本的跨终端网站，用来适应包含移动端在内的不同终端；另一个是针对不同终端开发不同的网站，也就是针对移动端用户，单独开发适合移动终端访问的网站。下面分别就这两种开发策略展开介绍。

1．跨终端网站

当前，跨终端网站一般使用响应式网站形式来实现，通过集中创建页面的排版，智能地根据用户行为及使用的设备环境进行相对应的布局。响应式网站设计应根据用户使用设备的分辨率进行相应的响应与调整，最大限度地满足不同设备用户体验需求。换句话说，网站页面有能力去自动响应用户的设备环境。

响应式网站一般使用HTML 5+CSS 3来制作一个网站页面内容，从而可以供台式计算机、笔记本式计算机、平板式计算机、智能手机等多个终端设备使用。

（1）响应式网站的概念

响应式网站（Responsive Web）的概念于2010年5月由国外著名网页设计师伊

森·马科特提出，它的设计理念是，页面的设计与开发，应当根据用户行为及设备环境（系统平台、屏幕尺寸、屏幕定向等）进行相应的响应和调整。具体的实践方式由多方面组成，包括弹性网格和布局、图片、CSS Media Query 的使用等。无论用户正在使用笔记本式计算机还是平板式计算机，网站页面都应该能够自动切换分辨率、图片尺寸及相关脚本功能等，以适应不同的设备。

响应式网站是使用一个 URL 地址、一套内容、一套代码和一套 CSS 样式来实现多个终端设备访问的网站，由页面自动适应终端设备。简单地理解，一个响应式网站=手机端网站+平板端网站+PC 端网站。响应式网站设计如图 7-1 所示。

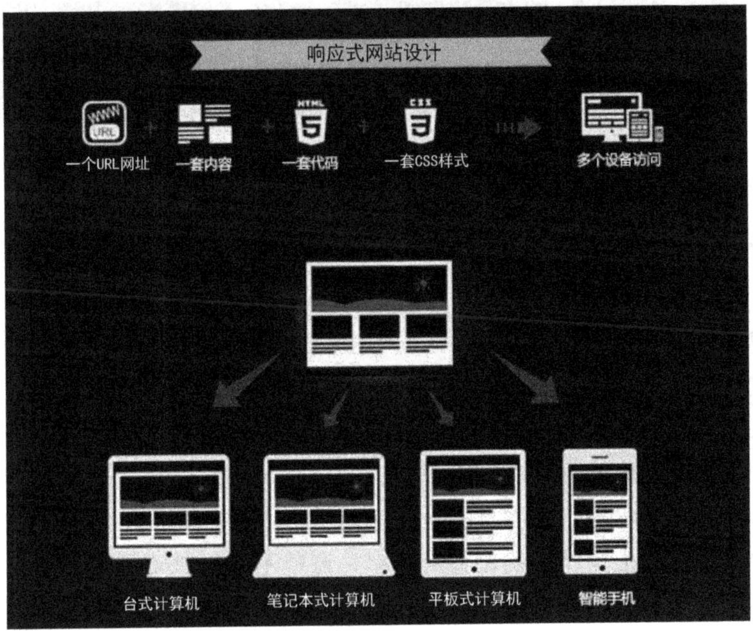

图 7-1　响应式网站设计

（2）响应式网站案例

响应式网站自面世以来，大众褒贬不一。有人认为，响应式网站由于受目前技术的限制，只能接受较为简单的网页结构，很多大型企业不会采用。还有人认为响应式网站能轻松实现跨屏，无论是用户浏览还是企业形象展示的效果都是相对统一的，能传递出更专业的品牌信息。当前，有一些企业或政府机构网站也尝试应用 HTML 5 响应式设计，如图 7-2～图 7-4 所示。

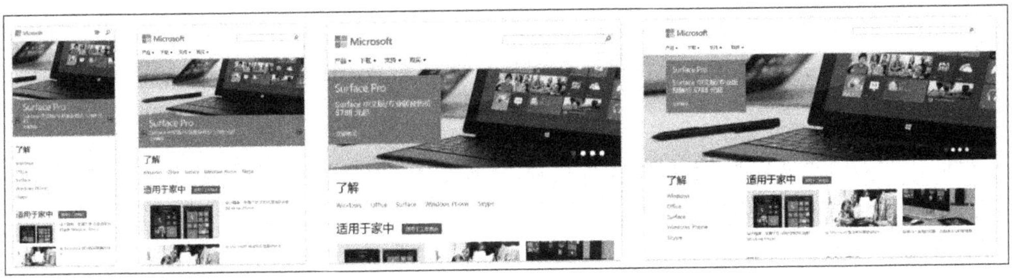

图 7-2　微软中国的跨终端响应式网站

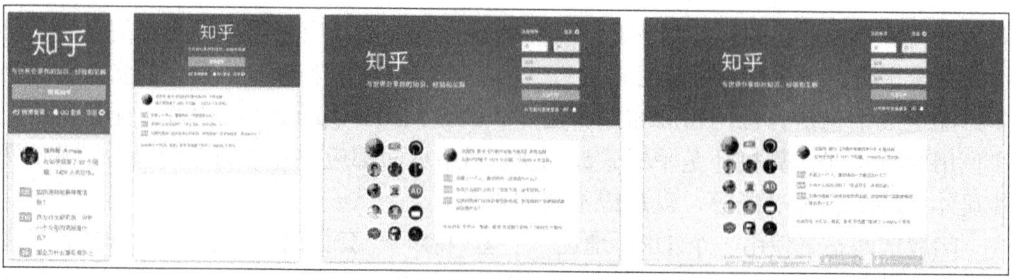

图 7-3　知乎的跨终端响应式网站

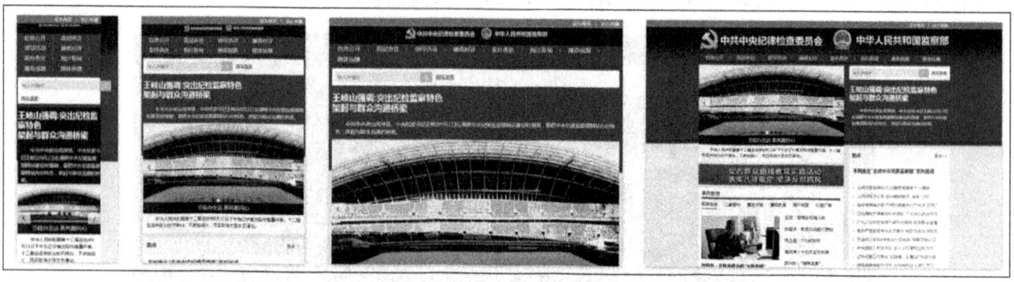

图 7-4　中央纪委国家监察委的跨终端响应式网站

（3）响应式网站的优劣

响应式网站实现了一个网站适应所有终端设备，方便了移动跨屏营销，它的优缺点非常明显。

优点：首先，响应式网站的日常管理更加轻松，在后台管理上，响应式网站只需要一个后台便能统筹管理，节省了企业维护网站的工作；其次，统一了不同终端的网站风格，响应式网站根据不同的设备分辨率，调整不同的显示效果，统一了网站的风格；最后，有利于网站 SEO 效果，由于一个响应式网站只有一个 URL，不同用户设备访问同一个网站，将提高搜索引擎权重，从而优化了网站 SEO 效果。

缺点：首先，在浏览器兼容方面，由于 IE 8.0 以下版本的浏览器对 HTML 5 和 CSS 3 的新特效都不支持，导致使用这些版本浏览器的用户无法正常访问响应式网站；其次，页面访问速度可能会变慢，由于响应式页面是同时下载多套 CSS 样式代码，导致加载时间较长；最后，适用范围有限，灵活性不足，由于不同终端设备的属性不同，因此用户体验要求截然不同。

2．单独建站

所谓单独建站，是指搭建不同网站以适应不同的用户终端，也就是针对不同的用户终端，开发不同版本的网站。网站后台会判断用户使用的设备，进行相应跳转。

（1）单独建站案例

站长之家网站是典型的单独建站案例，该网站的手机端页面和 PC 端页面的排版和内容设计是分开的，如图 7-5 和图 7-6 所示。

图 7-5　站长之家网站的手机端页面

图 7-6　站长之家网站的 PC 端页面

对于淘宝、京东等综合电商平台及新浪、搜狐等门户网站，由于网站页面内容信息较多，为提高用户体验，移动端网站一般有不同版本的 App。京东客户端不同版本的 App 如图 7-7 所示。

图 7-7　京东客户端不同版本的 App

（2）单独建站的优劣

单独建站的优点是可以根据不同终端设备的特点，设置适合的栏目和排版方式。例如，针对手机端的网站设计，可以在栏目内容、页面排版、SEO 方面进行单独设置，以便更加适合移动端用户的浏览。同时，单独建站的缺点也很明显，不同的终端设备需要不同版本的网站后台，网站运维成本较高，不利于统一管理。

三、移动端网站的制作方法

一般来说，移动端网站的制作方法可以分为 3 种，分别是使用第三方建站平台建站、使用 CMS 建站、定制开发建站。

1．使用第三方建站平台建站

使用第三方建站平台建站是利用第三方建站平台提供的模板及各类组件，采用拖、拉、拽等方式，对文本和图片进行编辑，从而完成网站制作。

当前，成熟的第三方建站平台有很多，比较常见的有搜狐快站、凡科建站等，如图 7-8 和图 7-9 所示。

图 7-8　搜狐快站

图 7-9　凡科建站

利用第三方建站平台建站的优点是简单方便，不需要配置开发环境，用户只要掌握基本的计算机操作及页面排版布局方法，即可轻松进行网站制作。当然，这种建站方式的缺点也很明显，具体表现在两个方面：第一是扩展性差，只能在平台事先设置好的网站框架中进行修改，在风格和功能扩展上不灵活；第二是用户没有代码所有权，网站的代码、文件、数据等内容是存放在第三方建站平台上的，不能下载。

2. 使用 CMS 建站

CMS（Content Management System）即内容管理系统。使用 CMS 可以很好地搭建、管理、运营一个网站。CMS 的出现大大降低了网站开发的工作量。现在很多网络公司和站长会首选使用 CMS 建站。

使用 CMS 建站，有以下 5 个比较明显的优点。第一，易于使用。通常建站人员都比较熟悉计算机操作，他们在学习使用 CMS 时，通过阅读系统使用手册和摸索尝试，即可较为熟练地掌握 CMS 的使用方法。第二，建站速度快。熟练的建站人员，在几天甚至更短时间内，即可利用 CMS 建设一个功能较为强大的网站。第三，可开发性强。建站人员可以基于不同的需求，利用 CMS 对网站进行二次开发。第四，用户接口的可编辑性强。CMS 提供的用户接口可编辑性较强，建站人员可以根据需求对用户接口进行调用和编辑。第五，PC 端网站与手机端网站、微网站共用一个后台，可实现一名网站管理人员通过一个 CMS 后台管理多个网站。使用 CMS 建站的优点如图 7-10 所示。

图 7-10　使用 CMS 建站的优点

与使用第三方建站平台建站相比，使用 CMS 建站的步骤相对复杂一些。一般需要提前下载、安装 CMS 软件，配置网站环境等建站准备工作，然后使用 CMS 提供的模板进行页面设置、调用标签等。

3. 定制开发建站

定制开发建站是指有建站需求的客户，将企业建站业务委托给专业的网站建设公司进行定制开发。一般来说，对网站功能、性能等各方面要求较高的大中型公司常常采用这种建站方式。定制开发建站的优点是企业可以根据自身的特点、需求对网站建设提出各种要求，网站可修改的自由度大。

定制开发建站存在的问题主要体现在两个方面：第一是网站开发周期相对较长，由于定制开发网站从设计到程序实现都是定制的，实现的功能要满足客户的具体需求，网站制作各方面的要求较高，因此耗时较长；第二是定制开发建站费用相对较高，一般来说，定制开发的网站项目较复杂，需要经验丰富的设计师和程序员，人力成本较高。

定制开发建站需要开发人员具备较为全面的网站制作技术，包含网站前端页面设计技术和网站后端开发及数据库技术。其中，网站前端页面设计技术除需要掌握 HTML 5、CSS 3.0、JavaScript 三种开发工具外，还需要了解主流浏览器的特性，熟悉并能够解决常见的浏览器兼容问题。在网站后端开发及数据库技术方面，开发人员需要掌握 ASP、JSP、PHP、ASP.NET 等至少一种开发语言，同时还需要掌握 MYSQL、SQL Server、Oracle 等至少一种主流的关系型数据库技术。本书主要面向商科类专业学生，因此只介绍部分网站开发的前端页面设计技术。

任务二　使用第三方建站平台制作移动端网站

任务说明

本任务基于第三方建站平台——凡科建站，以长沙市碧雅园花卉苗木基地 PC 端网站为案例，完成相应移动端网站的制作。在注册凡科网账号、开通建站服务、熟悉网站后台管理页面后，分模块制作手机端网站首页，包括标题区、轮播区、导航区、“苗木分类”模块、“基地简介”模块、“基地展示”模块、“经典工程”模块、“园林新闻”模块及网页底部区。在制作手机端网站首页时，本任务使用了凡科建站平台提供的多个不同类型模块，以方便学生学习和掌握。

任务步骤

一、注册账号及开通建站服务

1．注册账号

步骤 1：进入凡科网首页

进入凡科网首页，单击“免费注册”按钮，如图 7-11 所示。

图 7-11　单击“免费注册”按钮

步骤 2：完成注册

进入注册页面，输入手机号码或邮箱地址、密码、验证码，选中“我同意《凡科网平台注册协议》”复选框，单击“免费注册”按钮，即可完成注册，如图 7-12 所示。

2．开通建站服务

步骤 1：登录凡科网

输入在注册时设置的账号、密码，单击“登录”按钮，如图 7-13 所示。

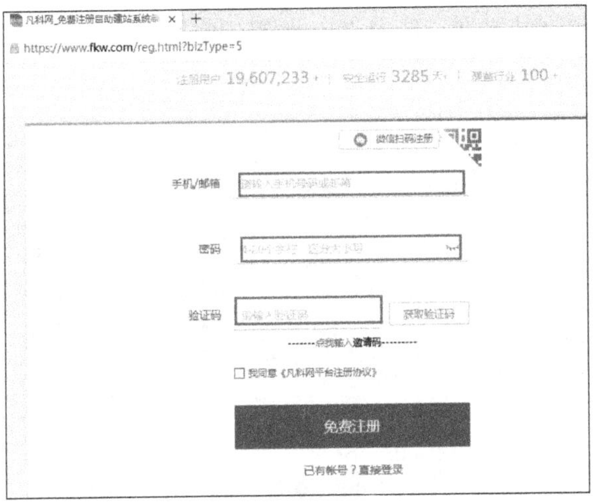

图 7-12　注册页面

图 7-13　登录凡科网

步骤 2：开通建站服务

在登录成功后，选择“凡科建站”选项，开通建站服务，如图 7-14 所示。

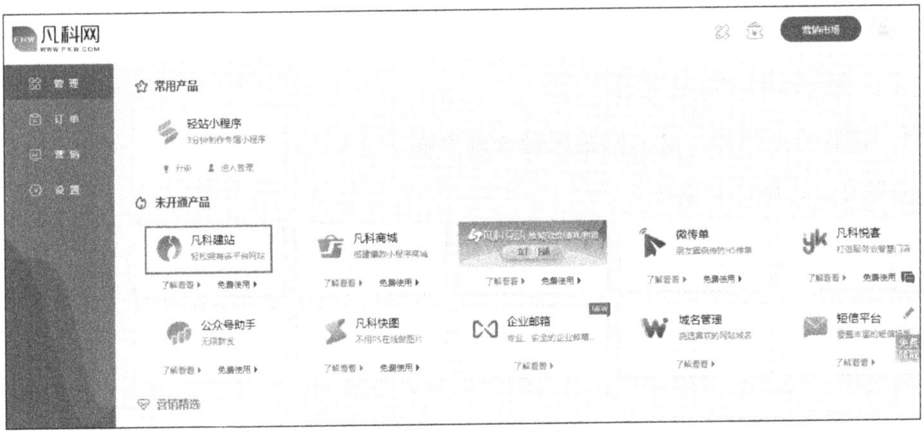

图 7-14　选择“凡科建站”选项

根据希望搭建的网站类型，选中“企业/组织官网”单选按钮，单击“免费开通”按钮，如图 7-15 所示。

图 7-15　选择网站类型

由于我们计划搭建移动端网站，因此单击“进入微网站”按钮，如图 7-16 所示。

图 7-16　单击“进入微网站”按钮

二、熟悉网站后台管理页面

1. 选择行业模板，进入网站后台管理页面

步骤 1：选择行业模板

单击“进入微网站”按钮后，进入官网行业模板选择页面，如图 7-17 所示。由于本书案例是基于花卉苗木基地的，因此选择“园林设计”行业，并选择合适的模板。

步骤 2：进入网站后台管理页面

在选择合适的行业模板后，进入网站后台管理页面，整个页面分为左侧、中间和右侧 3 个区域，如图 7-18 所示。

图 7-17　官网行业模板选择页面

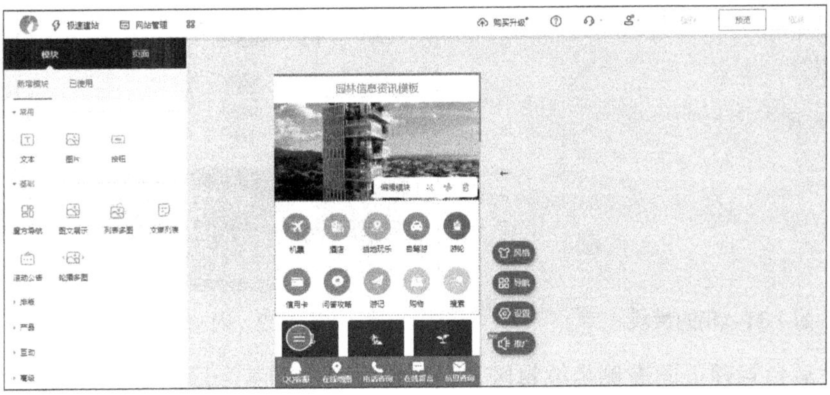

图 7-18　网站后台管理页面

2. 网站后台管理页面

视频：凡科建站后台管理界面介绍

网站后台管理页面左侧是“模块”和“页面”区域，“模块”中包含“新增模块”和“已使用”两个部分，其中“新增模块”中包含“常用”“基础”“排版”“营销”“互动”“高级”这几个模块，如图 7-19 所示。单击各模块，可以看到具体的模块内容，如单击“常用”和“基础”模块，展开其模块内容，如图 7-20 所示。

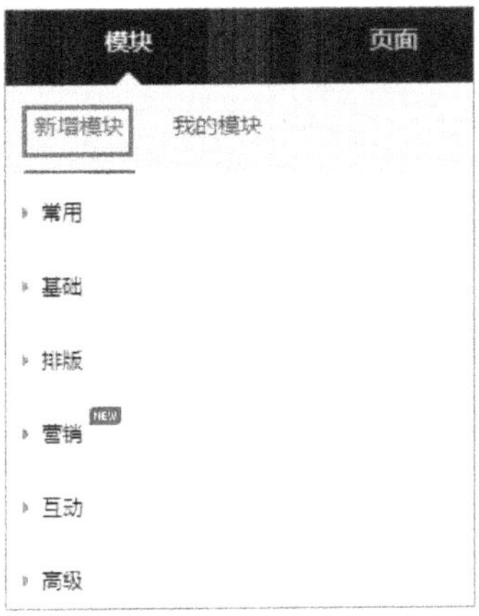

图 7-19　新增模块

图 7-20　“常用”和“基础”模块的模块内容

项目七

对于网站中已经使用到的模块，可以单击“我的模块”来查询，如图 7-21 所示。

网站后台管理页面中间是网站页面显示区，左侧是网站主界面，右侧是“风格”“导航”“设置”“推广” 4 个辅助工具，如图 7-22 所示。

图 7-21　我的模块

图 7-22　网站页面显示区

网站后台管理页面右侧是编辑区，当单击页面中间某个区域时，会出现对应的编辑区。例如，单击网站标题，会出现网站标题对应的编辑区，如图 7-23 所示，在网站标题对应的编辑区中可以进行相应的编辑操作。

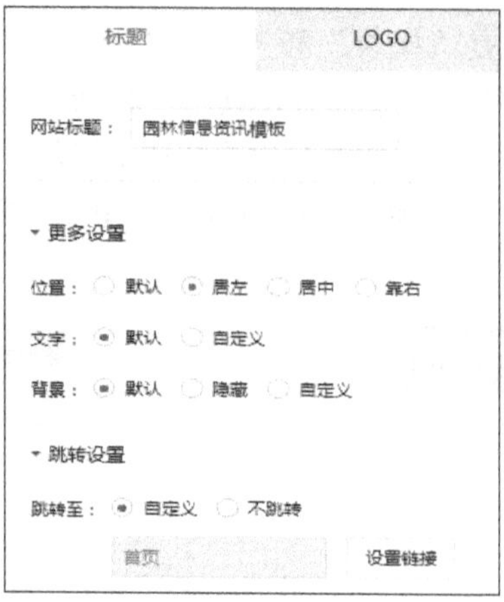

图 7-23　网站标题对应的编辑区

视频：制作首页标题区

三、分模块制作手机端网站首页

1. 制作标题区

步骤 1：修改网站风格

在制作网站前，可以根据网站行业、企业特点，提前选择合适的网站风格。基于

园林行业，在“风格”|“主题”中选择“绿色”，单击“保存”按钮，即可修改成功，如图 7-24 所示。这里还提供了修改背景和欢迎页的功能，本网站不做修改。

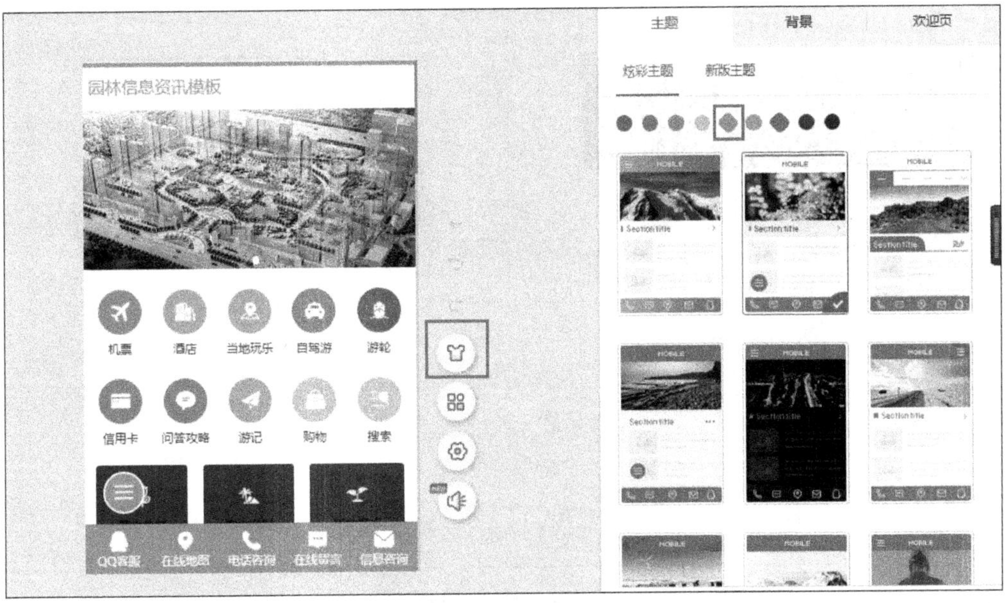

图 7-24　修改网站风格

步骤 2：修改网站标题并添加网站 LOGO

所选模板的初始标题为“园林信息资讯模板”，需要根据实际需要进行修改。单击标题位置，弹出“编辑标题栏”，再次单击，出现“标题”和“LOGO”编辑区，根据需要进行编辑，如图 7-25 所示。

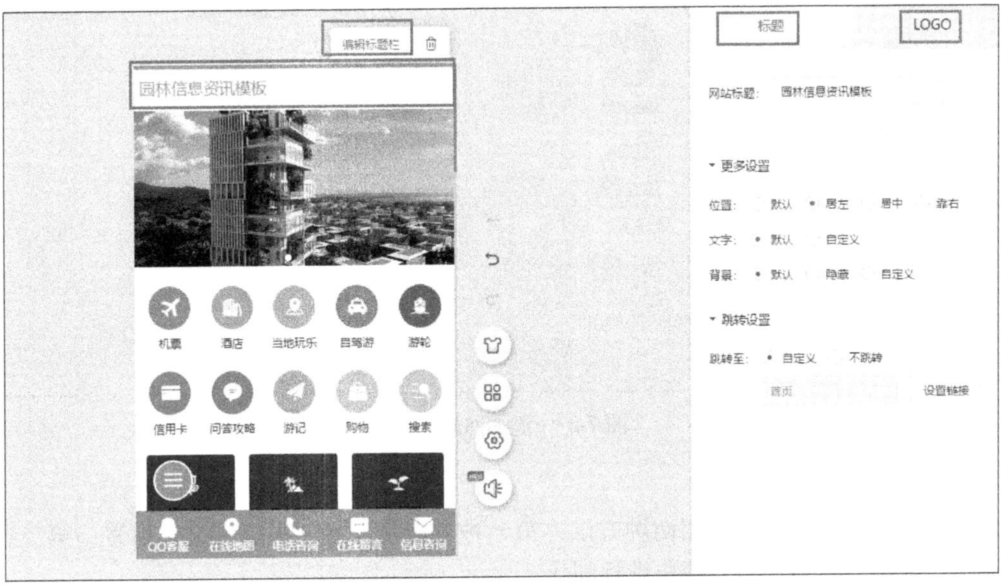

图 7-25　“标题”和“LOGO”编辑区

修改网站标题并添加网站 LOGO。另外，请注意这里使用的图片尺寸，根据手机端网站的实际需求进行相应修改，如图 7-26 和图 7-27 所示。

图 7-26　修改网站标题

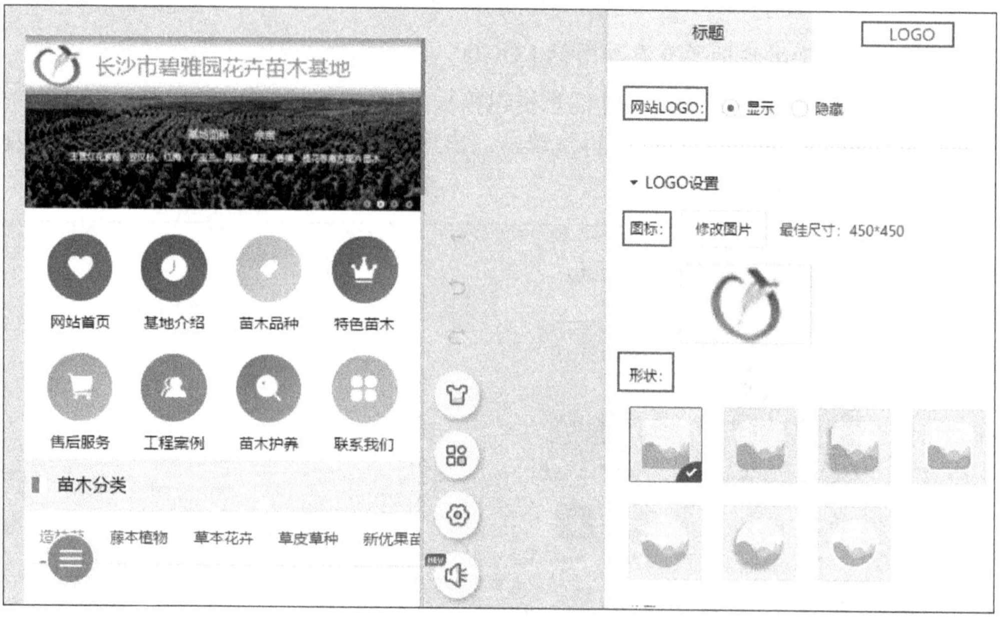

图 7-27　添加网站 LOGO

2．制作轮播区

轮播区的制作可以使用两种方法：第一种方法是在网站横幅区进行设置；第二种方法是使用“轮播多图”模块进行制作。

（1）在网站横幅区制作轮播区

在“设置”|“基本设置”中，将“网站横幅”设置成“显示”，如图 7-28 所示。

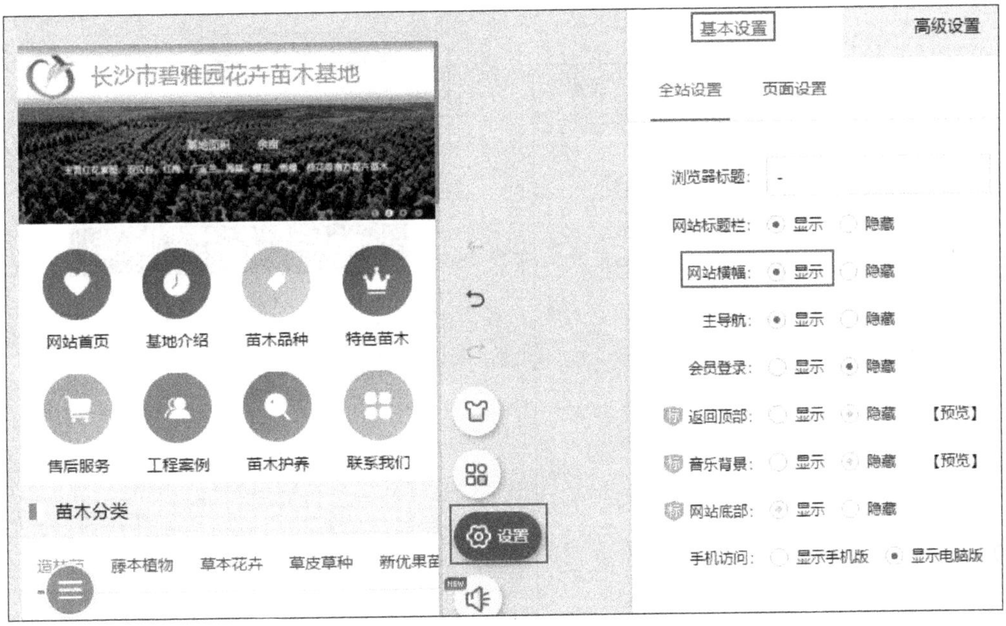

图 7-28　设置显示网站横幅

单击“编辑横幅”，编辑横幅，如图 7-29 所示。

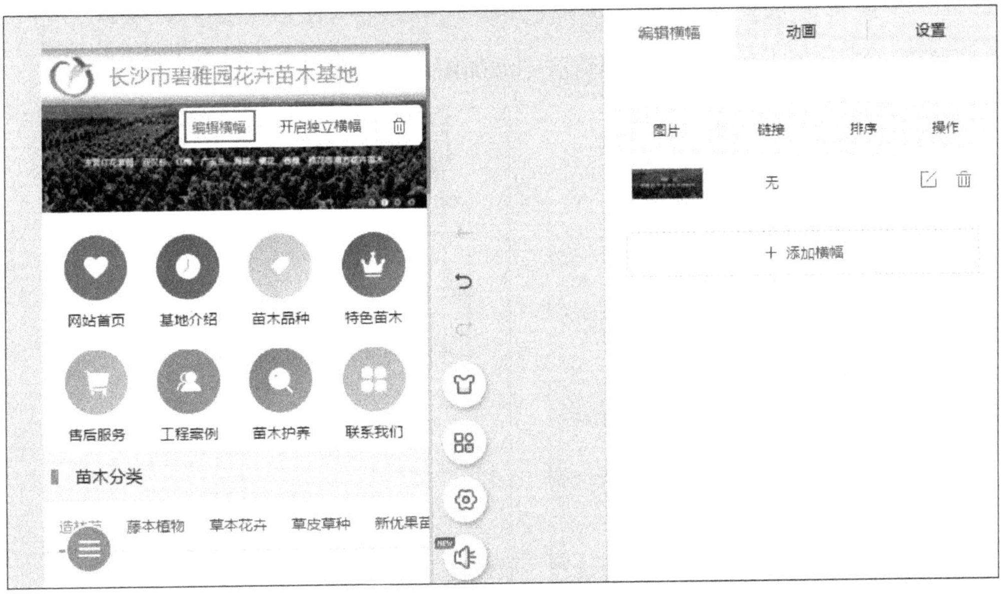

图 7-29　编辑横幅

设置动画效果及是否显示横幅描述，如图 7-30 和图 7-31 所示。

（2）使用“轮播多图”模块制作轮播区

在网站后台管理页面的“模块”｜“新增模块”｜“基础”中找到“轮播多图”模块，如图 7-32 所示，将它拖动到网站页面显示区，如图 7-33 所示。

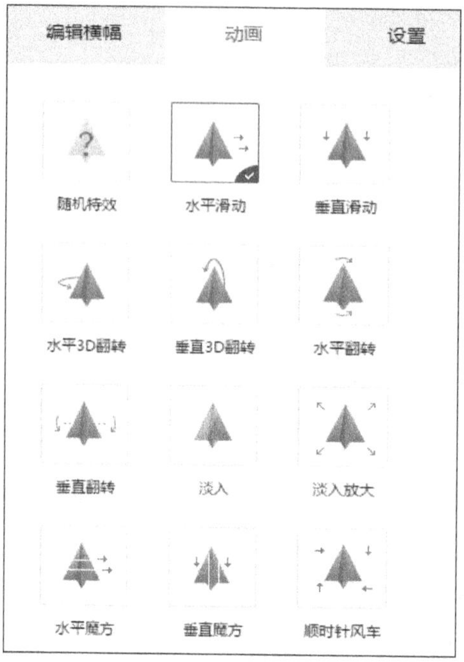

图 7-30　设置动画效果

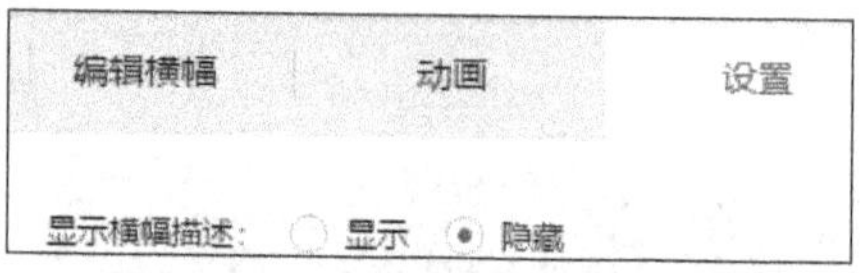

图 7-31　设置是否显示横幅描述

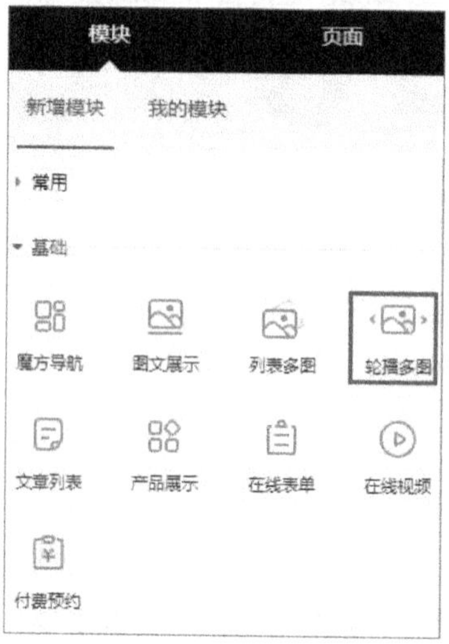

图 7-32　“轮播多图”模块

单击“添加图片”按钮，在编辑区中添加图片并设置样式，如图 7-34 所示。

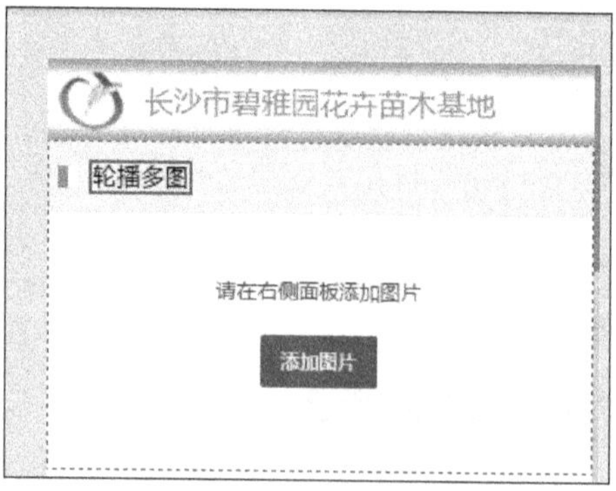

图 7-33　将“轮播多图”模块拖动到网站页面显示区

图 7-34　添加图片并设置样式

在添加图片并设置样式后，完成轮播区的制作，如图 7-35 所示。

图 7-35　完成轮播区的制作

3. 制作导航区

长沙市碧雅园花卉苗木基地 PC 端网站首页的导航区包含“网站首页”“基地介绍”“苗木品种”“特色苗木”“售后服务”“工程案例”“苗木护养”“联系我们”8 个导航栏目。为了保持版本内容的风格统一，手机端网站首页的导航区也采用以上导航栏目。但是由于手机屏幕的横向宽度有限，把 8 个导航栏目放在一行比较拥挤，因此在导航栏目排版上选择 2 行 4 列的样式。在具体实现上，导航区可以使用“魔方导航”模块，并进行模板样式和栏目标题的修改。

步骤 1：使用“魔方导航”模块

在网站后台管理页面的“模块”｜“新增模块”｜“基础”中找到“魔方导航”模块，如图 7-36 所示。将“魔方导航”模块拖动到网站页面显示区，默认的“魔方导航”模块为 2 行 5 列结构，如图 7-37 所示。

图 7-36　“魔方导航”模块

图 7-37　将“魔方导航”模块拖动到网站页面显示区

步骤 2：修改模块样式和栏目标题

选择 2 行 4 列的样式，如图 7-38 所示，根据案例导航栏目对栏目标题进行修改。

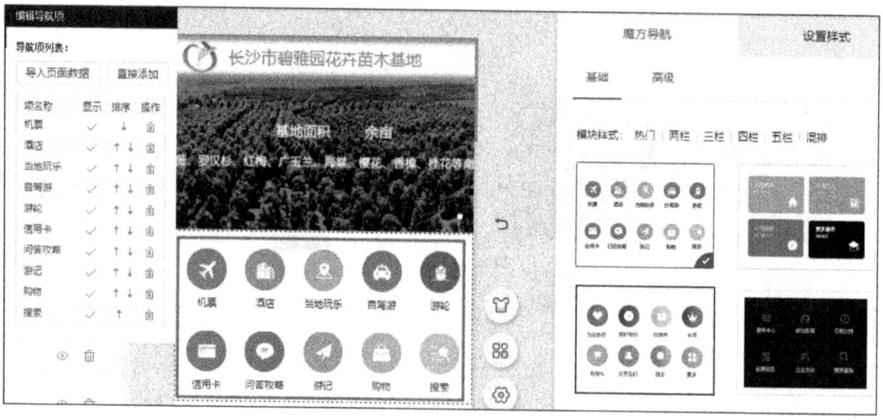

图 7-38　修改模块样式

制作完成的导航区如图 7-39 所示。

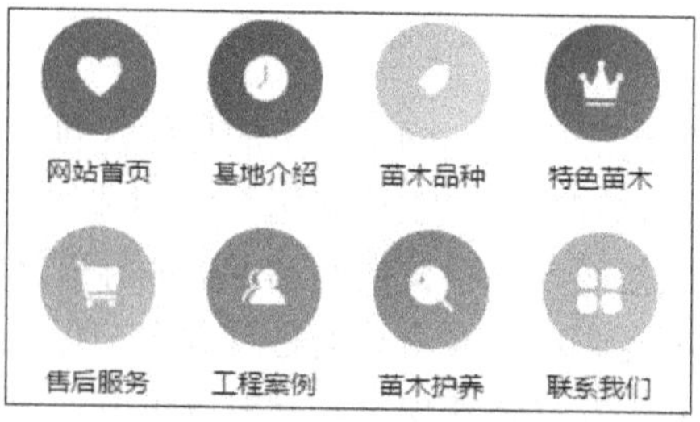

图 7-39　制作完成的导航区

4. 制作“苗木分类”“基地简介”“基地展示”“经典工程”模块

步骤 1：制作“苗木分类”模块

在网站后台管理页面的“模块”｜“新增模块”｜“高级”中找到“产品分类”模块，如图 7-40 所示。将“产品分类”模块拖动到网站页面显示区，并对“产品分类”模块进行编辑，如图 7-41 所示。

图 7-40　“产品分类”模块

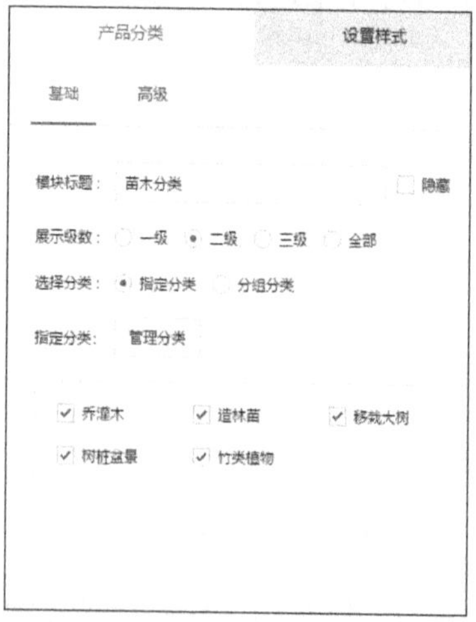

图 7-41　对“产品分类”模块进行编辑

制作完成的“苗木分类”模块如图 7-42 所示。

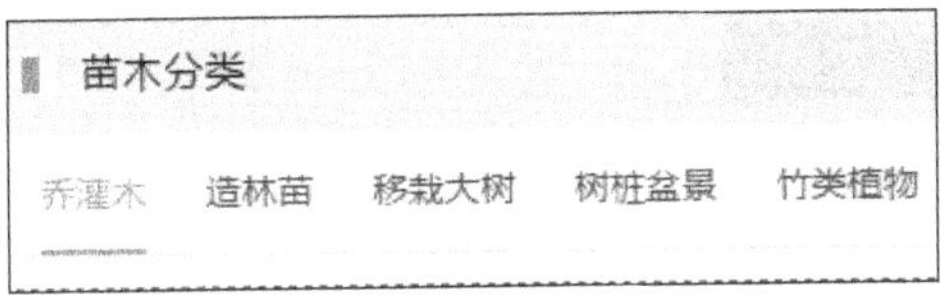

图 7-42　制作完成的“苗木分类”模块

步骤 2：制作“基地简介”模块

制作“基地简介”模块可以使用“文本”模块，也可以使用“滚动公告”模块，本书使用“滚动公告”模块进行制作。在网站后台管理页面的“模块”|“新增模块”|“营销”中找到“滚动公告”模块，如图 7-43 所示。将“滚动公告”模块拖动到网站页面显示区，并对“滚动公告”模块进行编辑，如图 7-44 所示。

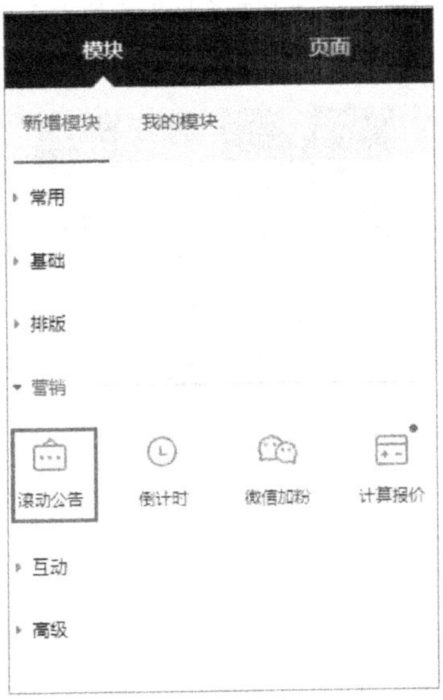

图 7-43　“滚动公告”模块

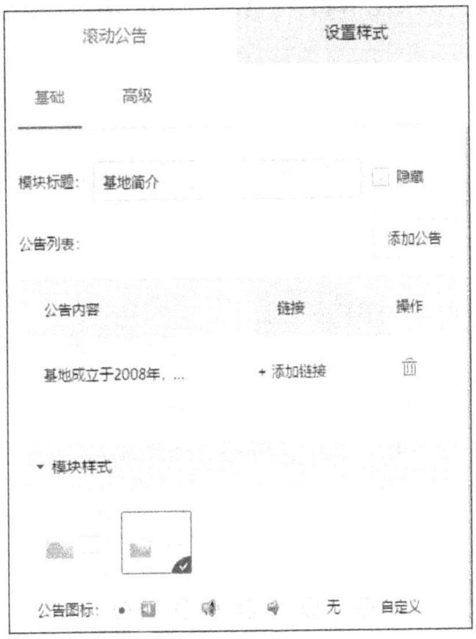

图 7-44　对“滚动公告”模块进行编辑

制作完成的“基地简介”模块如图 7-45 所示。

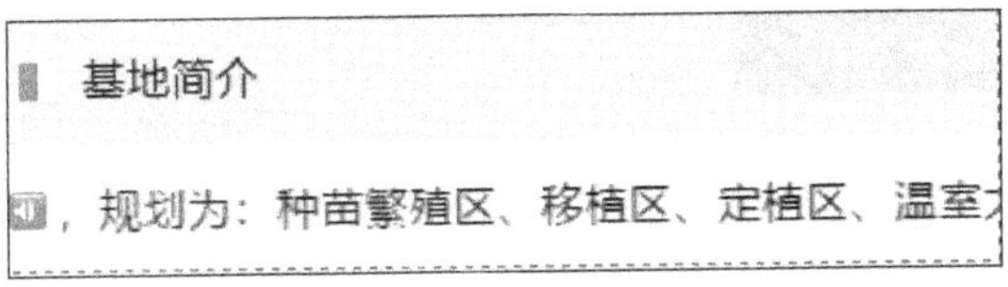

图 7-45　制作完成的“基地简介”模块

步骤 3：制作“基地展示”和“经典工程”模块

制作“基地展示”和“经典工程”模块都是使用“列表多图”模块，并调整了模块显示样式，以保证每行显示两张图片。在网站后台管理页面的“模块”|“新增模块”|“基础”中找到“列表多图”模块，如图 7-46 所示。将“列表多图”模块拖动到网站页面显示区，并对“列表多图”模块进行编辑，如图 7-47 所示。

“经典工程”模块的制作方法与“基地展示”模块类似，这里不再赘述。制作完成的“基地展示”和“经典工程”模块如图 7-48 和图 7-49 所示。

图 7-46 “列表多图”模块

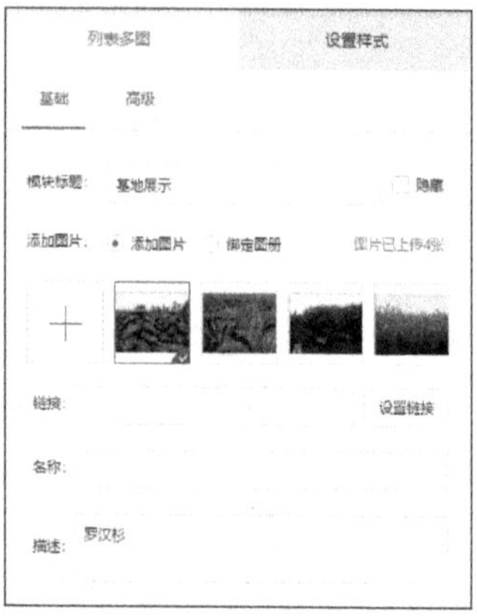

图 7-47 对“列表多图”模块进行编辑

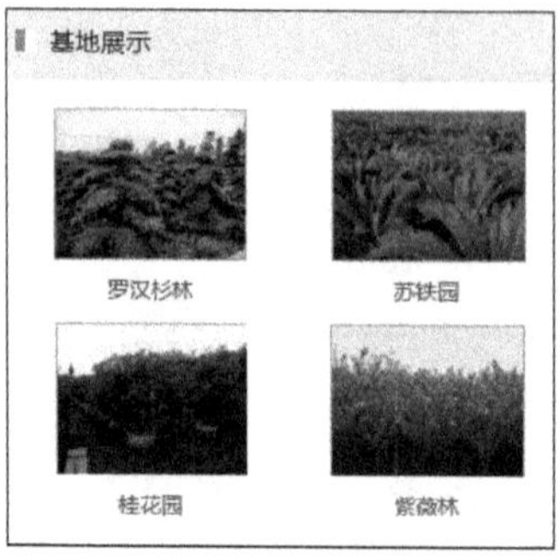

图 7-48 制作完成的“基地展示”模块

图 7-49 制作完成的“经典工程”模块

5. 制作“园林新闻”模块

在“园林新闻”模块的制作上，本书使用了“文章列表”模块，形成图文显示效果，使新闻更加直观易读。在网站后台管理页面的“模块”｜“新增模块”｜“基础”中找到“文章列表”模块，如图 7-50 所示。将“文章列表”模块拖动到网站页面显示区，并对“文章列表”模块进行编辑，完成“园林新闻”模块的制作，如图 7-51 所示。

图 7-50 “文章列表”模块

图 7-51 制作完成的“园林新闻”模块

6．制作网页底部区

网页底部区包含网站版权、联系电话等辅助信息。在网站模板上对网页底部区进行修改即可，如图 7-52 和图 7-53 所示。

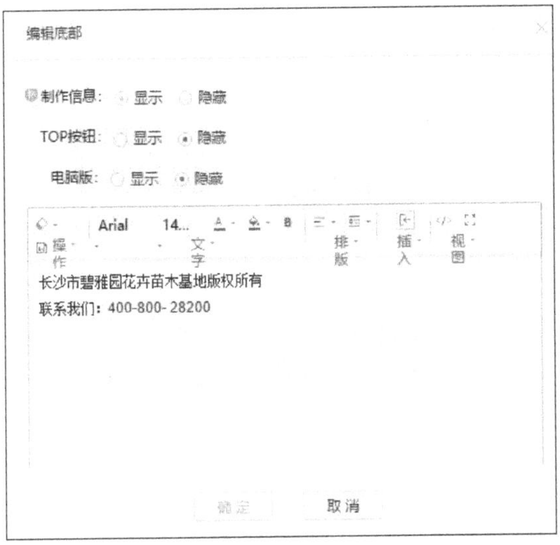

图 7-52　制作网页底部区

图 7-53　制作完成的网页底部区

7．预览网站效果

单击右上角的“保存”按钮，预览即可看到网站制作效果，并产生访问二维码，如图 7-54 所示。

图 7-54　网站制作效果预览及访问二维码

用手机扫描图 7-54 中的二维码，手机端显示的网站效果如图 7-55～图 7-58 所示。

图 7-55　手机端显示的网站效果第一屏

图 7-56　手机端显示的网站效果第二屏

图 7-57　手机端显示的网站效果第三屏

图 7-58　手机端显示的网站效果第四屏

8．域名管理

在利用凡科建站创建网站时，系统会自动分配免费的二级域名。如果需要绑定外部域名，那么可以使用凡科网的付费版网站。

步骤 1：进入网站后台管理页面

进入网站后台管理页面，选择“域名管理”选项，进行域名管理，如图 7-59 所示。

图 7-59 域名管理

步骤 2：绑定外部域名，升级版本

选择“绑定外部域名”选项，会出现升级版本提示，如图 7-60 和图 7-61 所示。此部分内容涉及付费版本，这里不再介绍，有需要详细了解的，可以查看凡科网教程指导。

图 7-60 绑定外部域名

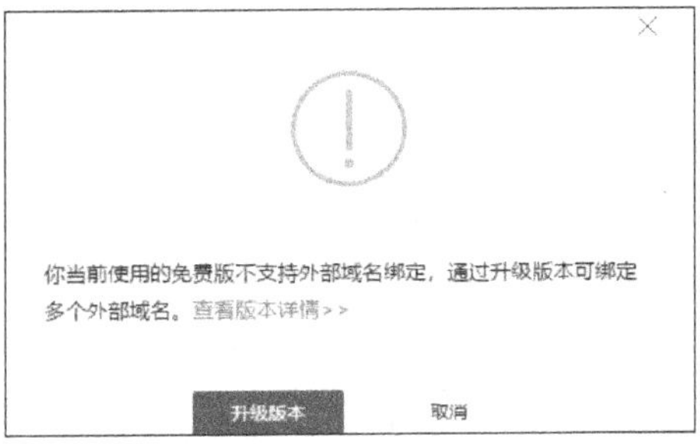

图 7-61 升级版本提示

长沙市碧雅园花卉苗木基地网站使用第三方工具——凡科建站制作完成，整个过程简单、方便，制作周期较短，效果随时可见。凡科建站的功能较强大，其免费版本的功能基本能够满足一般的手机端网站制作要求。其他类型的第三方建站工具的制作原理和过程相似，大家可以自行摸索。

任务三　使用 CMS 制作移动端网站

任务说明

本任务是使用 CMS 制作移动端网站，目的是学习 CMS 在移动端网站制作中的应用。本任务在介绍 CMS 发展概况的基础上，通过对比常见的 CMS，最终选择 KesionCMS 进行长沙市碧雅园花卉苗木基地手机端网站的制作。在利用 CMS 制作网站前，还需要做好安装 IIS、下载 CMS 安装包、配置网站环境、安装 CMS 等准备工作。在使用 CMS 制作手机端网站的过程中，还应注意系统模板及标签调用、文章发布等细节。

任务步骤

一、CMS 及 KesionCMS 的概况

1．CMS 的发展背景

CMS 的产生和发展，有其重要的背景和现实需求。在 2004 年以前，网站内容管理基本上是靠手工来维护的。随着网络应用的丰富和发展，很多网站往往不能迅速跟进大量信息衍生及业务模式变革的脚步，常常需要花费许多时间、人力和物力来处理信息更新和维护工作，网站维护始终处在一个高成本、低效率的循环中。在这种情况下，CMS 应运而生，有效地解决了用户在网站建设和信息发布中所遇到的问题。

2．CMS 的类型

根据 CMS 使用的技术脚本类型，可以将市场上的 CMS 分为 ASP、JSP、PHP、ASP.NET 4 种类型。网站开发者可以根据自己的需求选择合适版本的 CMS 进行开发。目前，常见的 CMS 有织梦 CMS、帝国 CMS、PageAdmin CMS、KesionCMS、PHPCMS 等，如图 7-62 所示。

3．KesionCMS 的概况

KesionCMS 是由厦门科汛软件有限公司（以下简称科汛公司）独立研发的，是一款非常受欢迎的 CMS。科汛公司自 2006 年发布第一个 V1.0 版本以来，当前已陆续发布了多个版本的 CMS，KesionCMS 部分早期版本如图 7-63 所示。KesionCMS 的早期版本都是基于 ASP 技术框架打造的。2019 年 2 月，科汛公司推出了基于 ASP.NET 技术框架的智能建站系统——KesionICMS 智能建站系统 V6.0，如图 7-64 所示。

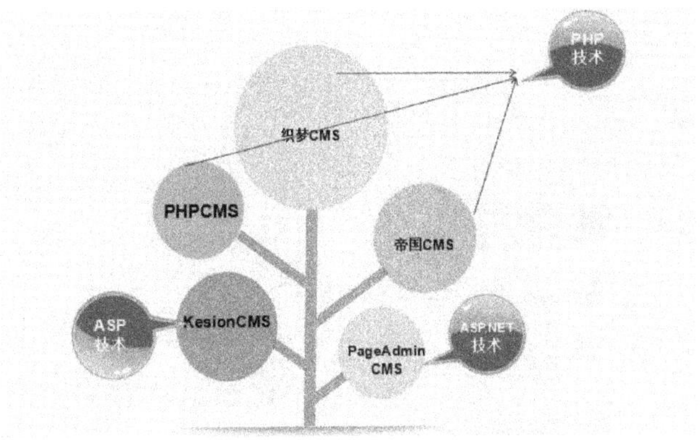

图 7-62　常见的 CMS 版本

KesionCMS X1.5		免费下载
KesionEShop X1.5		免费下载
KesionCMS X1.0	GBK版	UTF-8版
KesionEshop X1.0	GBK版	UTF-8版
KesionCMS V9.5	GBK版	UTF-8版
KesionEshop V9.5	GBK版	UTF-8版
KesionCMS V9.05	GBK版	UTF-8版
KesionEshop V9.05	GBK版	UTF-8版
KesionCMS V8.05	GBK版	UTF-8版
KesionEshop V8.05	GBK版	UTF-8版
KesionCMS V7.06	GBK版	UTF-8版
KesionEshop V7.06	GBK版	UTF-8版
KesionCMS V6.5 sp4	GBK版	UTF-8版
KesionEshop V6.5 ...	GBK版	UTF-8版
KesionCMS V6.0	GBK版	UTF-8版
KesionEShop V6.0	GBK版	UTF-8版
KesionCMS V5.52	GBK版	UTF-8版
KesionEshop V5.52	GBK版	UTF-8版
KesionCMS V4.5	GBK版	UTF-8版

图 7-63　KesionCMS 部分早期版本

由于 KesionICMS 智能建站系统 V6.0 是 2019 年最新研发的，同时系统配置的数据库环境为 SQL Server，配置环境较复杂，因此本书采用基于 ASP 技术框架的最新版本 KesionCMS 万能建站系统 X2.0（见图 7-65）进行建站案例演示，该版本的系统采用 ASP+Access/SQL Server 架构，建站环境配置较简单。

图 7-64　KesionICMS 版本智能建站系统 V6.0

图 7-65　KesionCMS 万能智能建站系统 X2.0

KesionCMS 万能建站系统 X2.0 拥有十余个主系统模块，还可以通过自定义模型、表单、字段来拓展网站的功能需求；具有灵活的产品架构、严密的安全性、系统开放源代码等扩展功能，采用 ASP+Access/SQL Server 数据库架构，适用于各类网站应用平台。

二、建站准备工作

CMS 是一套包含前台和后台的网站系统，因此在使用 CMS 建站前，需要完成一系列建站准备工作，包括安装 IIS、下载 CMS 安装包、配置网站环境、安装 CMS 等。

1. 安装 IIS

步骤 1：选择“启用或关闭 Windows 功能”选项

选择“开始”|“控制面板”命令，打开“控制面板”窗口，选择“程序”选项，如图 7-66 所示。

视频：IIS 的安装

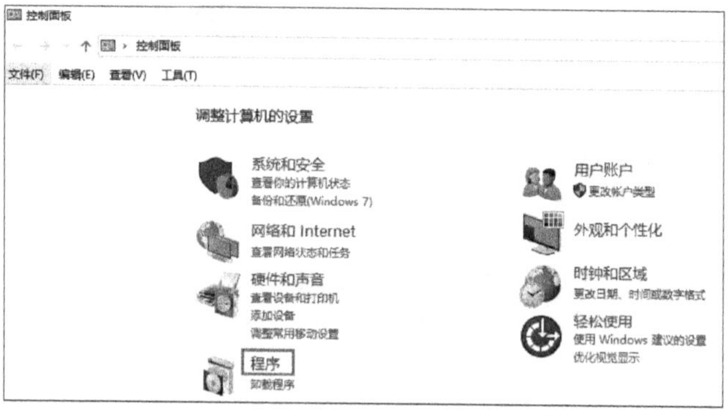

图 7-66　选择“程序”选项

打开“程序”窗口，选择“启用或关闭 Windows 功能”选项，如图 7-67 所示，打开“Windows 功能”窗口。

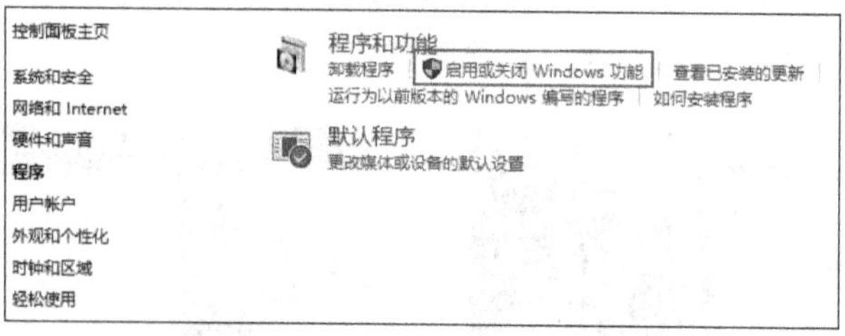

图 7-67　选择“启用或关闭 Windows 功能”选项

步骤 2：选中安装 IIS 相关复选框

在“Windows 功能”窗口中，选中“Internet Information Services”中的“Web 管理工具”和“万维网服务”复选框，然后单击“确定”按钮，如图 7-68 所示。

图 7-68　选中“Web 管理工具”和“万维网服务”复选框

显示“正在应用所做的更改”进度条，如图 7-69 所示。由于计算机的性能和配置不同，等待时间不同。

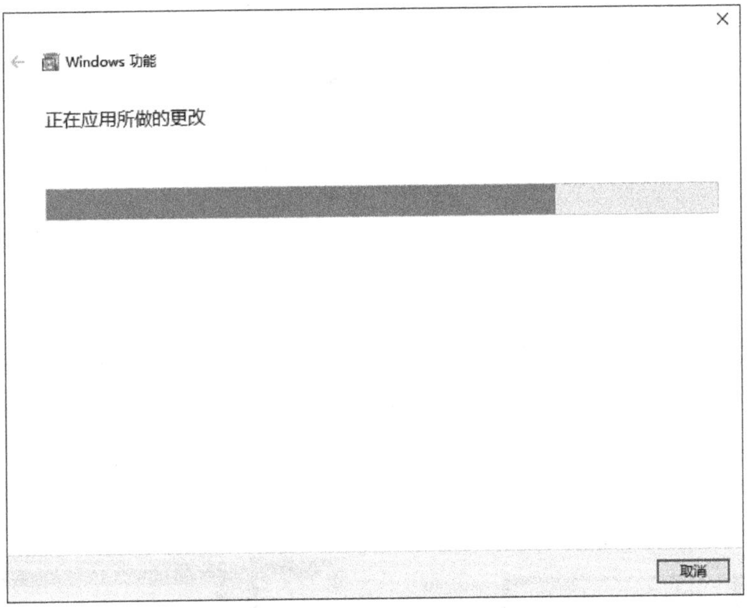

图 7-69　“正在应用所做的更改”进度条

当出现“Windows 已完成请求的更改”提示时，单击“立即重新启动”按钮，重新启动计算机即可，如图 7-70 所示。

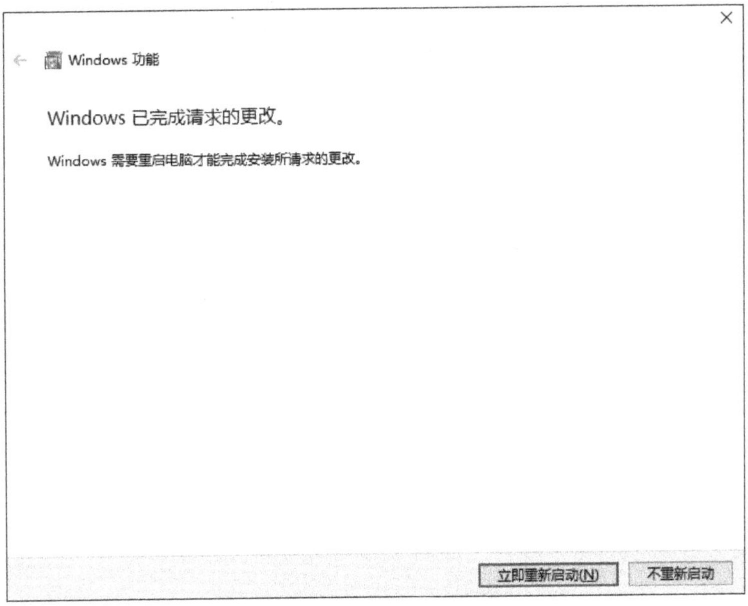

图 7-70　Windows 已完成请求的更改

在安装成功以后，IIS 管理器就被安装到计算机中了，可以在计算机的“控制面板”|“所有控制面板项”|“管理工具”中看到，如图 7-71 所示。

图 7-71　IIS 管理器

2. 下载 CMS 安装包

步骤 1：访问官网，下载 CMS 安装包

访问科汛公司官网（http://www.kesion.com），单击“产品&下载”，找到 KesionCMS 万能建站系统 X2.0，进行免费下载，如图 7-72 所示。

图 7-72　免费下载 KesionCMS 万能建站系统 X2.0

步骤 2：查看文件的完整性

在下载的安装包解压缩后，请对照查看，完整的文件应包含两个文件夹和“安装说明”“用户许可协议”等几个文件，其中 CMS 安装文件在“Upload”文件夹中，如图 7-73 所示。

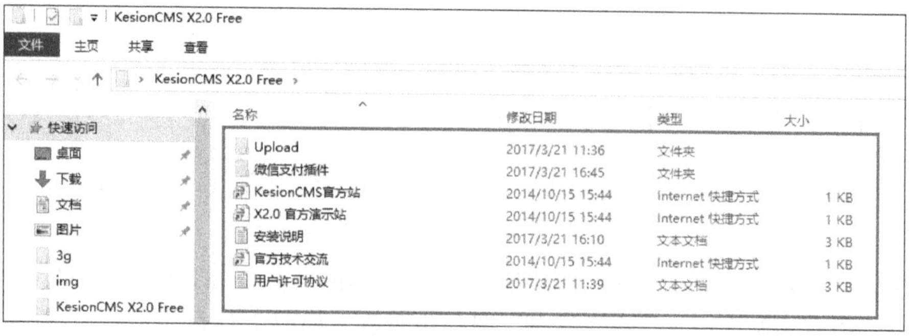

图 7-73　查看文件的完整性

3. 配置网站环境

步骤 1：新建网站

在安装 IIS 及下载 CMS 安装包后，就可以使用 IIS 配置网站环境了。首先，打开已安装好的 IIS 管理器，如图 7-74 所示。

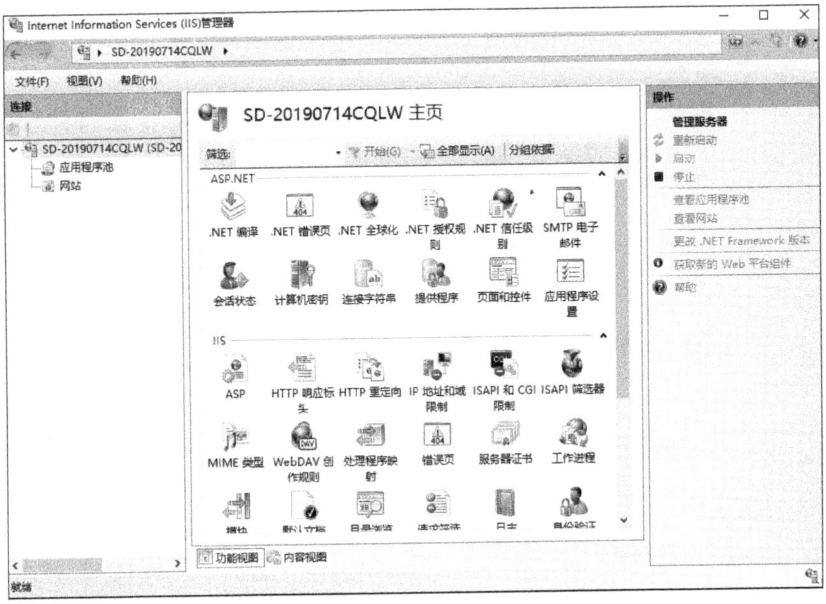

图 7-74 打开已安装好的 IIS 管理器

右击“网站”选项，在弹出的快捷菜单中选择“添加网站”命令，如图 7-75 所示。进入新建网站界面，输入网站名称，设置物理路径和端口，单击“确定”按钮，如图 7-76 所示。请注意物理路径应选择到“Upload”文件夹。

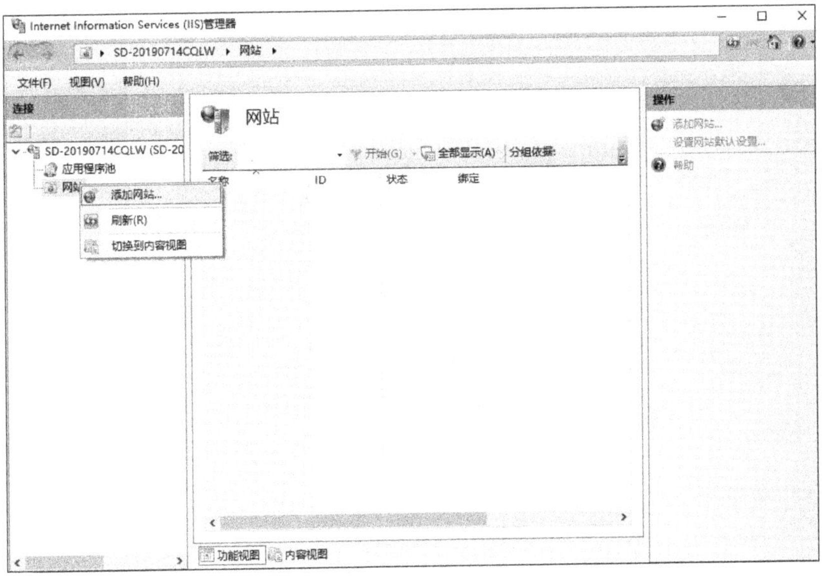

图 7-75 选择“添加网站”命令

项目七

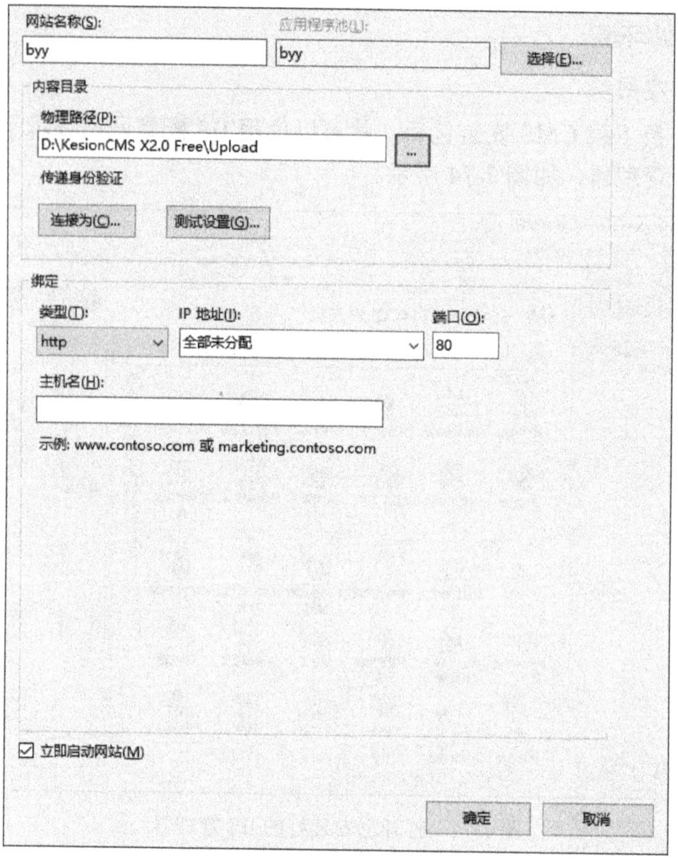

图 7-76　新建网站界面

网站环境配置完成后的界面如图 7-77 所示。

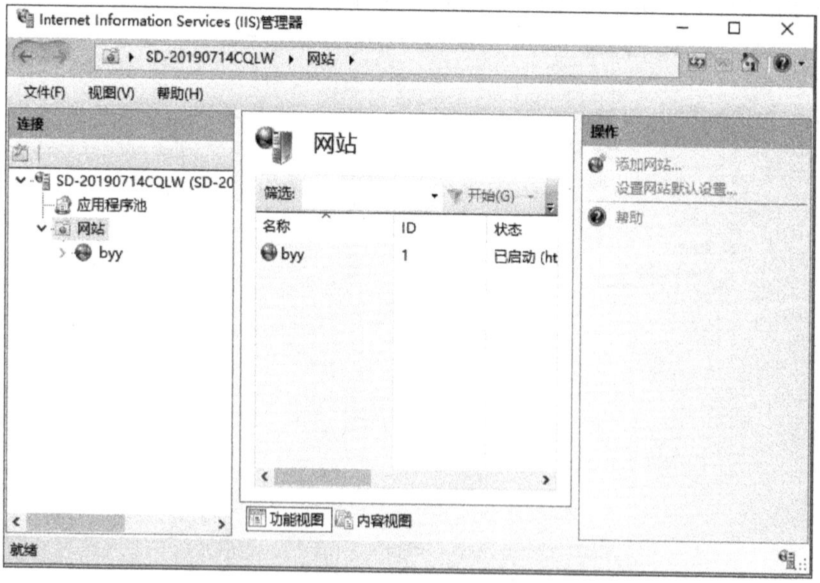

图 7-77　网站环境配置完成后的界面

步骤 2：修改 IIS ASP 设置项

选择在步骤 1 中新建的网站“byy”，在“byy 主页”中选择“ASP”选项，如图 7-78 所示。

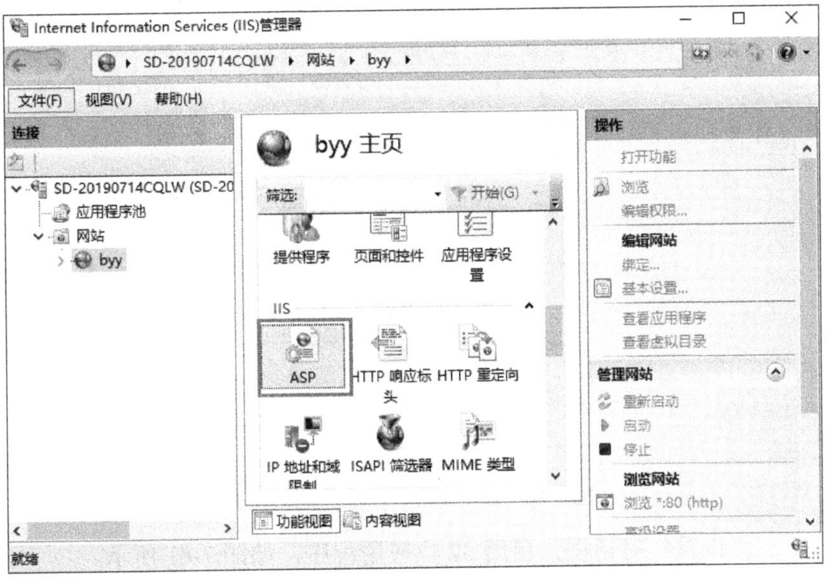

图 7-78　选择“ASP”选项

打开“ASP”，启用父路径，如图 7-79 所示。

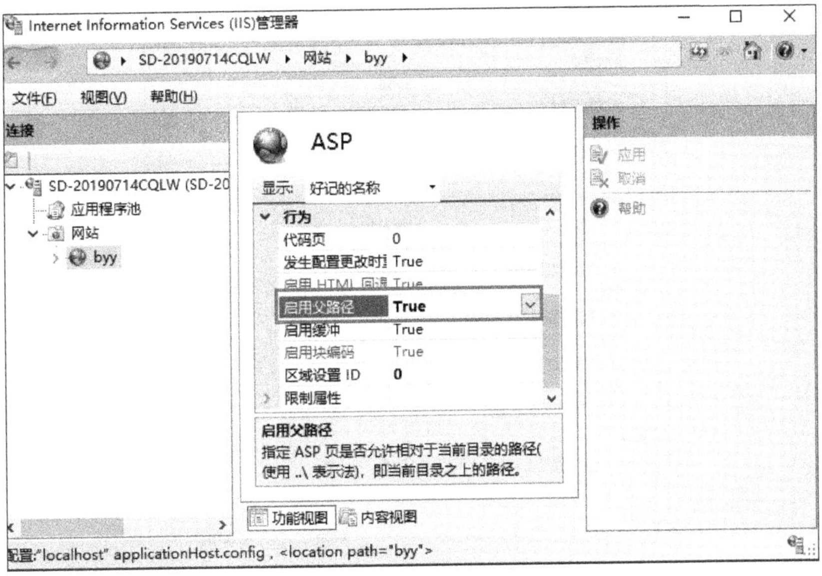

图 7-79　启用父路径

步骤 3：修改应用程序池

选择“应用程序池”选项，在“应用程序池”中选择“byy”选项，单击“高级设置”超链接，如图 7-80 所示。

项目七

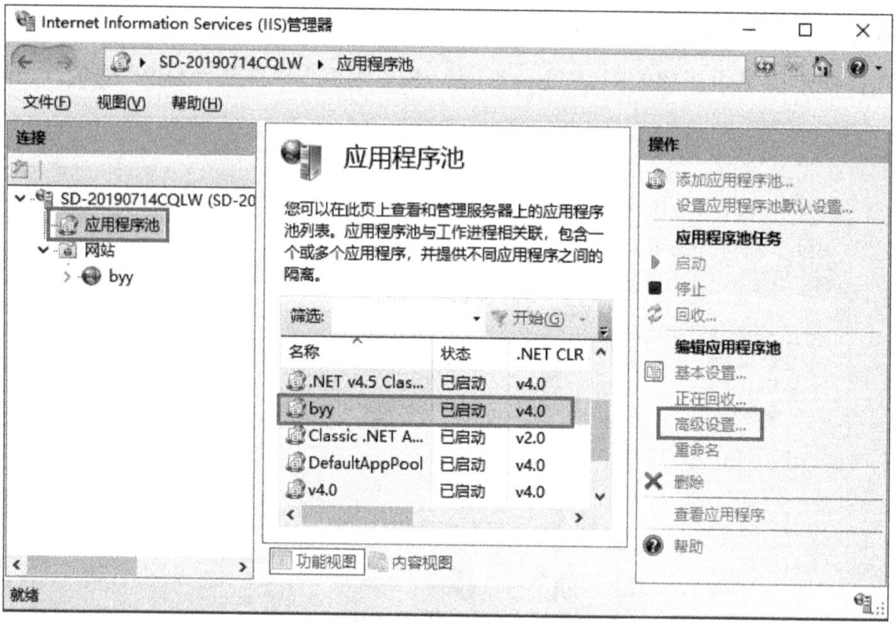

图 7-80　byy 应用程序池的高级设置

打开“高级设置”对话框，启用 32 位应用程序，如图 7-81 所示。

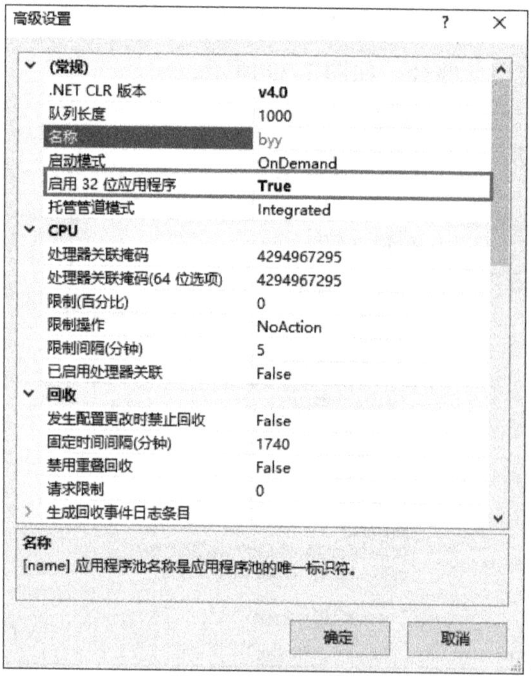

图 7-81　启用 32 位应用程序

4．安装 CMS

在网站环境配置完成后，就可以安装 CMS 了。安装 CMS 比较简单，主要包含阅读许可协议、检查安装环境、创建数据库、网站参数配置、完成安装 5 个步骤，按照

CMS 安装向导即可完成。CMS 安装向导如图 7-82 所示。

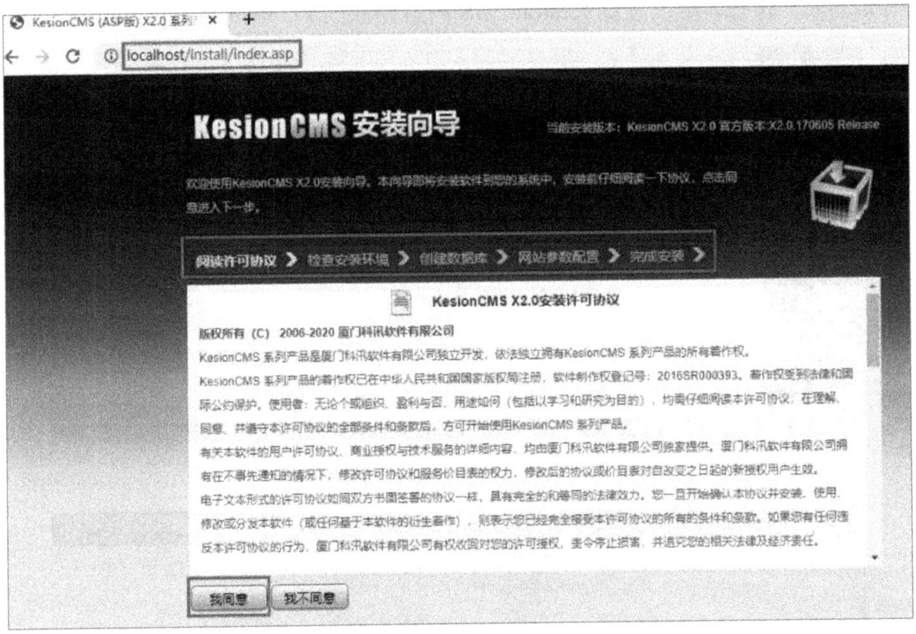

图 7-82　CMS 安装向导

三、使用 KesionCMS 制作移动端网站首页

1．熟悉 KestionCMS 后台管理界面

视频：科汛 CMS 后台管理界面

在浏览器的地址栏中输入“http://localhost/Admin/Login.asp”，进入网站管理后台，输入管理员的用户名“admin”和密码“admin888”，如图 7-83 所示。

图 7-83　输入管理员的用户名和密码

单击“管理员登录”按钮，进入 KesionCMS 后台管理界面，如图 7-84 所示。

KesionCMS 后台管理界面右上方有“后台首页”“PC 首页”“手机版”页面切换按钮。单击“PC 首页”按钮，可以看到 KesionCMS 内置模板的 PC 端网站首页，如图 7-85 所示。

图 7-84　KesionCMS 后台管理界面

图 7-85　KesionCMS 内置模板的 PC 端网站首页

单击“手机版”按钮，可以看到 KesionCMS 内置模板的手机端网站首页，如图 7-86 所示。

图 7-86　KesionCMS 内置模板的手机端网站首页

2．根据企业网站的需求进行系统模型管理

视频：CMS 模型管理及系统参数设置

KesionCMS 提供了强大的功能和较多的系统，包含“文章系统”“图片系统”“下载系统”论坛系统”“问答系统”“空间门户”等。企业可以根据自身网站的需求，选择使用某些系统。例如，本书制作的长沙市碧雅园花卉苗木基地网站属于企业宣传性网站，只需要使用“文章系统”和“图片系统”发布文章和图片，因此可以使用“模型”功能关闭其他不用的系统。

单击“模型”按钮，进行系统模型管理。分别单击“下载系统”“论坛系统”“问答系统”“空间门户”中的“关闭”按钮，关闭本案例不需要使用的系统模型，只保留“文章系统”和“图片系统”，如图 7-87 所示。

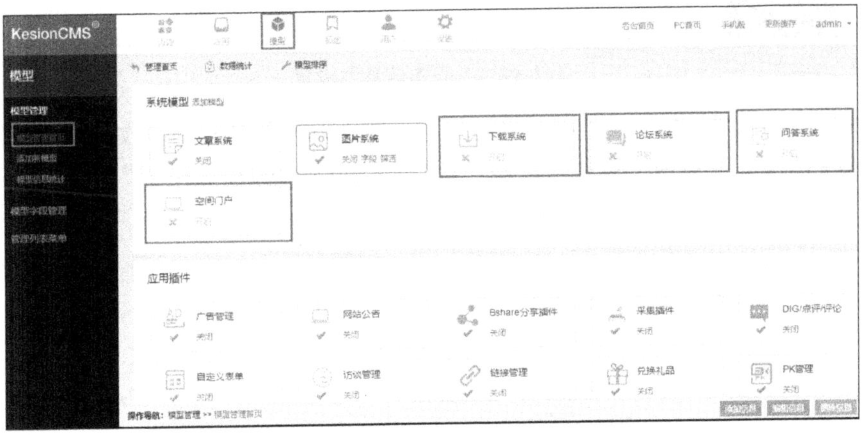

图 7-87　系统模型管理

单击“内容”按钮，可以看到左侧的“内容”中仅剩“文章系统”和“图片系统”，这样 KesionCMS 后台管理界面更加简洁、易用，如图 7-88 所示。

图 7-88　简化后的“内容”

3．设置“基本信息”及“SEO 选项”

单击“设置”按钮，选择“系统设置”｜“系统参数设置”选项，进行系统参数设置，其中包括“基本信息”“SEO 选项”“模板绑定”等的设置。其中，“基本信息”

设置中包含“网站名称”“网站地址”等的设置，如图 7-89 所示。

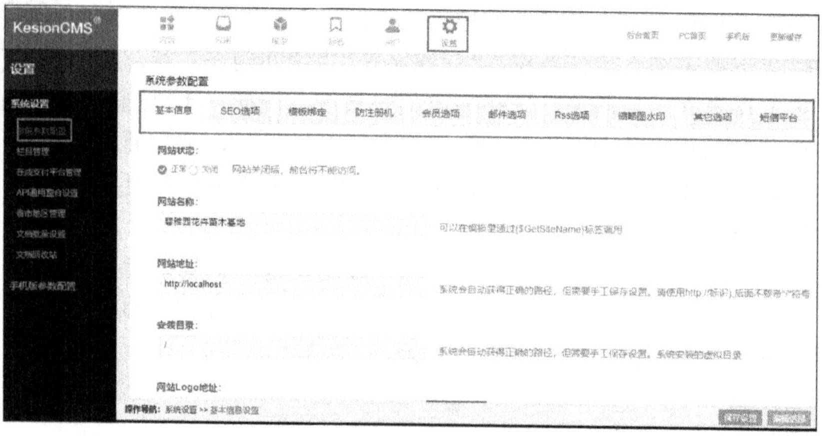

图 7-89　“基本信息”设置

同时，请注意对“SEO 选项”进行相应设置，以方便搜索引擎收录和提高网站排名。“SEO 选项”设置中主要包含“网站标题”“网站 META 关键词”“网站 META 网页描述”3 个部分的设置，如图 7-90 所示。

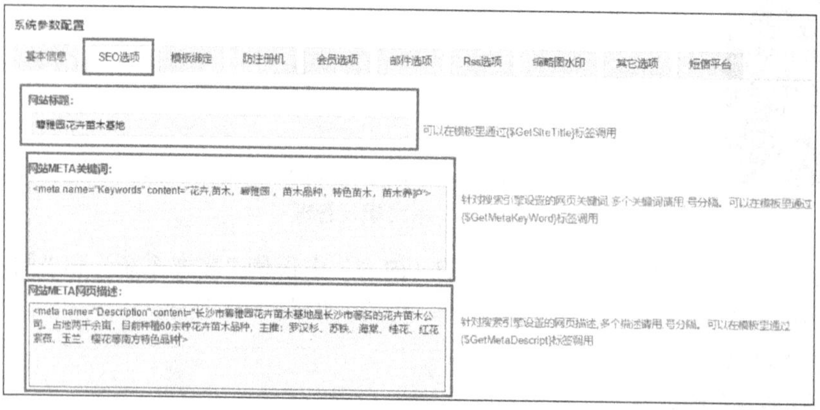

图 7-90　“SEO 选项”设置

另外，由于要建设手机端网站，因此还需要设置手机版基本参数，如图 7-91 所示。

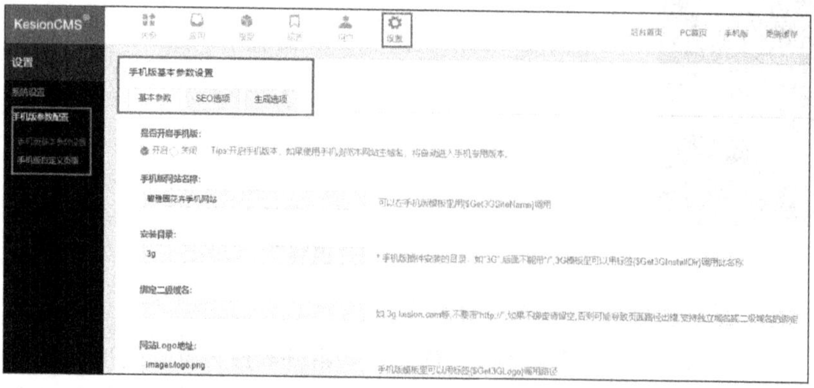

图 7-91　设置手机版基本参数

4．确定手机端网站首页使用的模板

KesionCMS 为不同的页面设置了不同的模板，以便企业在建站时调用和修改。单击“设置”按钮，选择“系统设置”|“系统参数设置”选项，进入系统参数设置界面，选择“模板绑定”选项卡，可以看到网站首页使用的模板，如图 7-92 所示。

在模板管理界面中可以查看网站首页使用的模板，如图 7-93 所示。

图 7-92　“模板绑定”选项卡

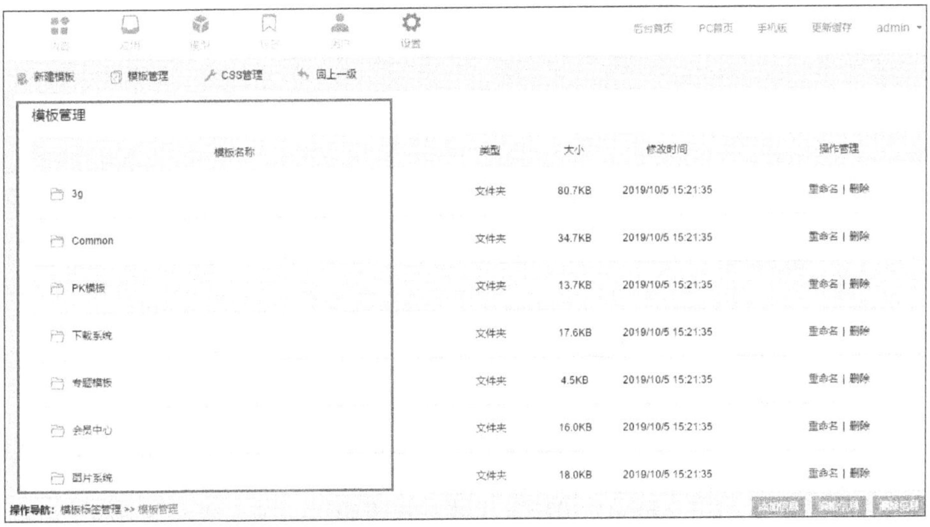

图 7-93　模板管理界面

其中，PC 端网站首页使用的模板是“网站首页模板.html”，如图 7-94 所示。单击其后的“编辑”超链接，打开 PC 端网站首页使用的模板，其对应的代码如图 7-95 所示。

手机端网站首页使用的模板是“3g”文件夹中的“index.html”，该文件夹中还有“login. html”“reg.html”“search.html”等模板，如图 7-96 和图 7-97 所示。

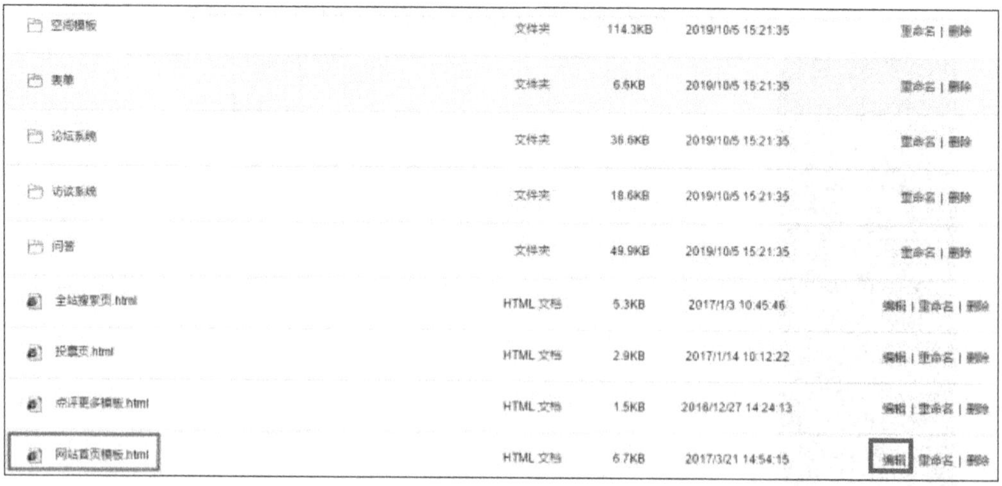

图 7-94　PC 端网站首页使用的模板

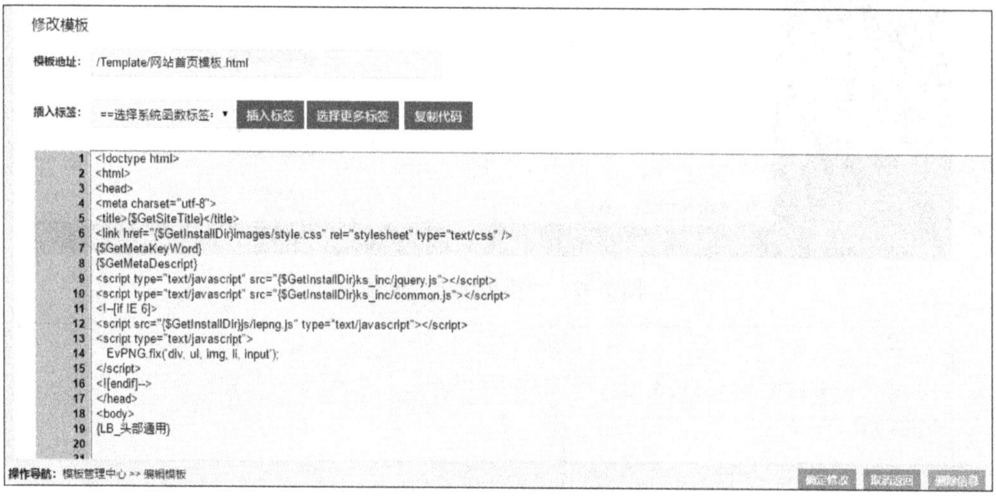

图 7-95　PC 端网站首页使用的模板对应的代码

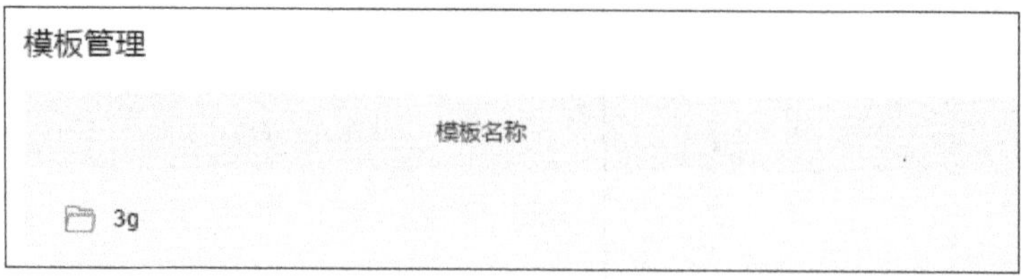

图 7-96　“3g”文件夹

本书通过修改“index.html”模板来搭建长沙市碧雅园花卉苗木基地的手机端网站首页。

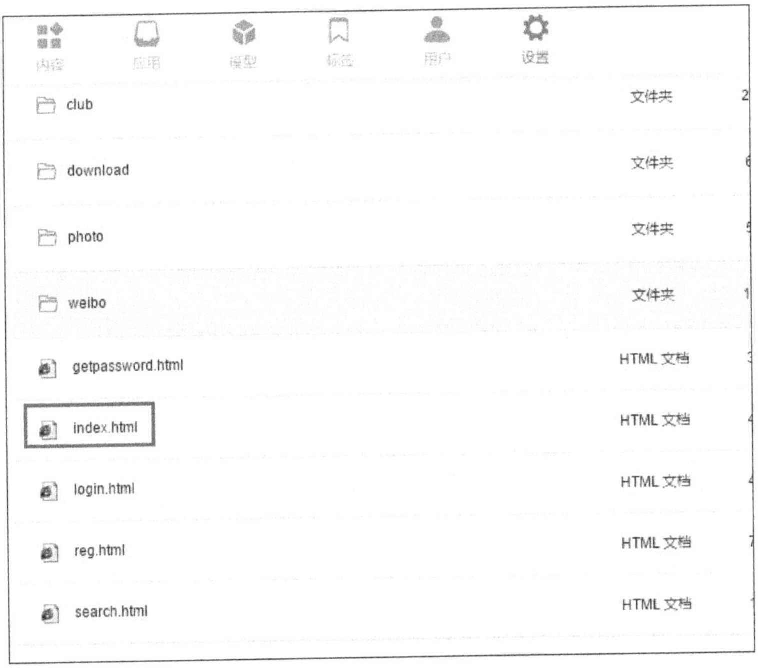

图 7-97　手机端网站首页使用的模板

5．修改手机端网站首页使用的标签

KesionCMS 手机端网站中使用的模板功能强大，其代码中除包含一般的 HTML 标签外，还包含{LB_3g 首页幻灯}这种代码，这种代码使用了 CMS 中的标签。

单击“标签”按钮，选择“标签管理”｜“系统函数标签”选项，可以看到系统中使用的标签，其中 3g 目录下是手机端网站首页使用的标签，如图 7-98 所示。

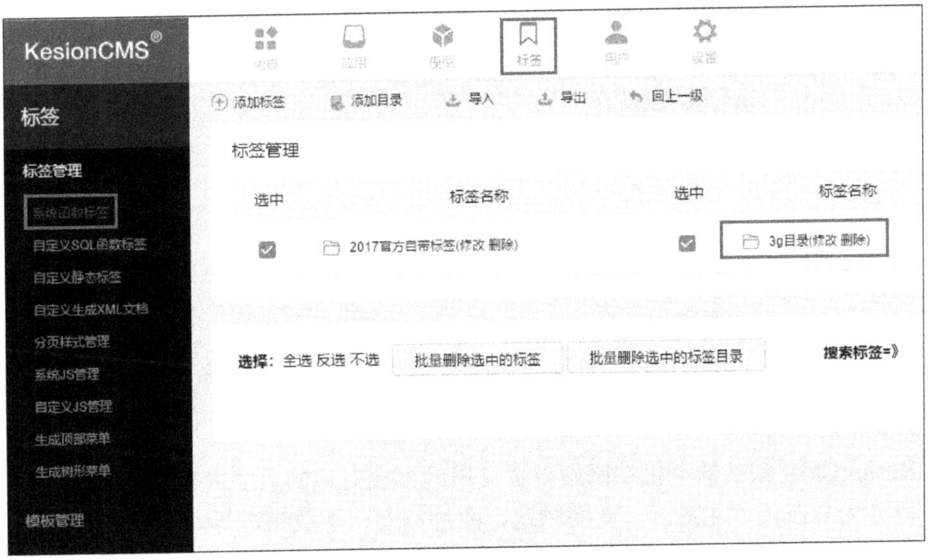

图 7-98　标签管理

打开 3g 目录，可以看到手机端网站首页使用的标签，如图 7-99 所示。

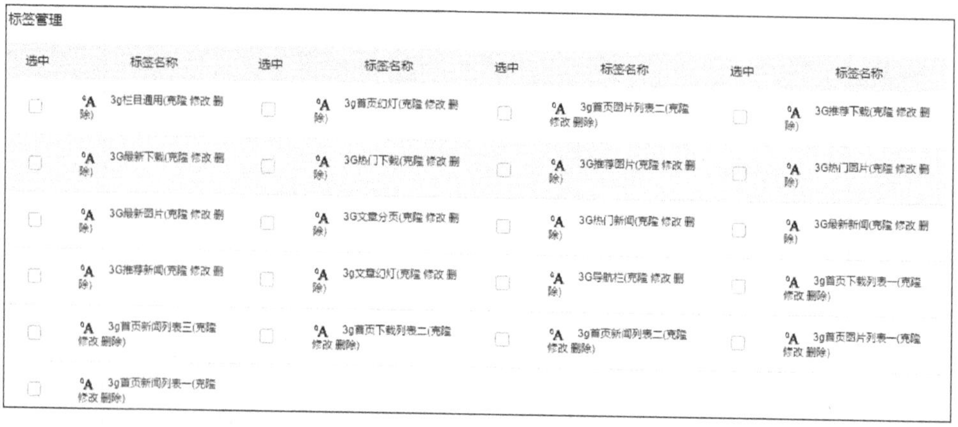

图 7-99　手机端网站首页使用的标签

标签的主要功能是模块化地引用网站中发布的文章、图片，并将其放置到相应的网页位置。标签引用的方法是{LB_标签名称}，如手机端网站首页使用的模板中使用了 3G 导航栏、3g 首页幻灯、3g 首页新闻列表、3g 首页图片列表、3g 首页下载列表、3g 底部按钮等标签，如图 7-100 所示。

图 7-100　手机端网站首页使用的模板中使用的标签

6．明确手机端网站首页与标签的对应关系

KesionCMS 默认的手机端网站首页使用的模板对应的页面内容结构清晰，从上到下可以分为导航栏、轮播区、新闻频道、图片频道、下载频道等。通过查看图 7-101，对比左侧网页页面和右侧标签区，可以看到网页中的每个栏目对应的都是一些标签，通过这些标签调用网站中的相关文章，使其显示在网页中。

图 7-101 手机端网站首页与标签的对应关系

根据上述手机端网站首页与标签一一对应的原理，我们可以总结利用 KesionCMS 制作手机端网站首页的一般流程：首先，设计与制作手机网站首页效果图；其次，设计与制作对应结构的首页网页；最后，将该网页放在 KesionCMS 中设置成首页模板并进行使用。

另外，网站建设者也可以基于 KesionCMS 内置的首页模板，根据首页效果图进行对应修改，这样网页的制作效率更高。

7．发布网站所需文章

对于网站中要显示的具体内容，可以通过 KesionCMS 发布文章来实现，即将相应的图文页面发布到系统上。例如，网站轮播图中要显示花卉苗木的一个图片，可以通过 CMS 进行发布。

单击“内容”按钮，选择“文章系统”｜“文章管理”选项，即可进入文章管理界面。单击“添加文章”按钮，如图 7-102 所示。

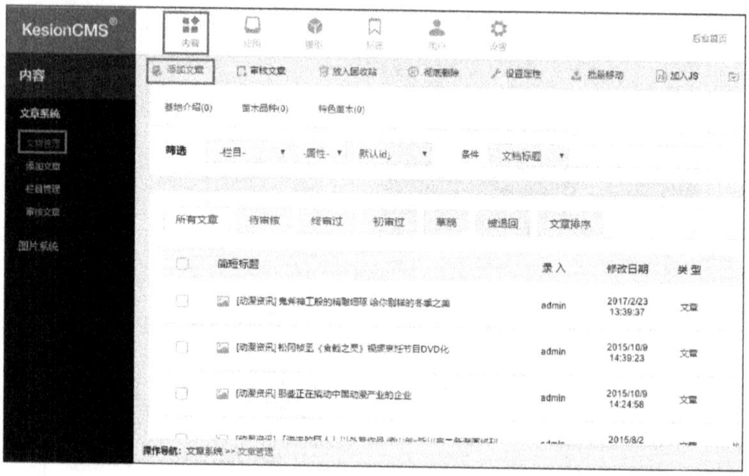

图 7-102　单击“添加文章”按钮

依次填写“简短标题”“完整标题”“归属栏目”“关键字”“文章导读”“文章内容”并上传相应图片，即可完成在相应的栏目中发布文章，如图 7-103 所示。

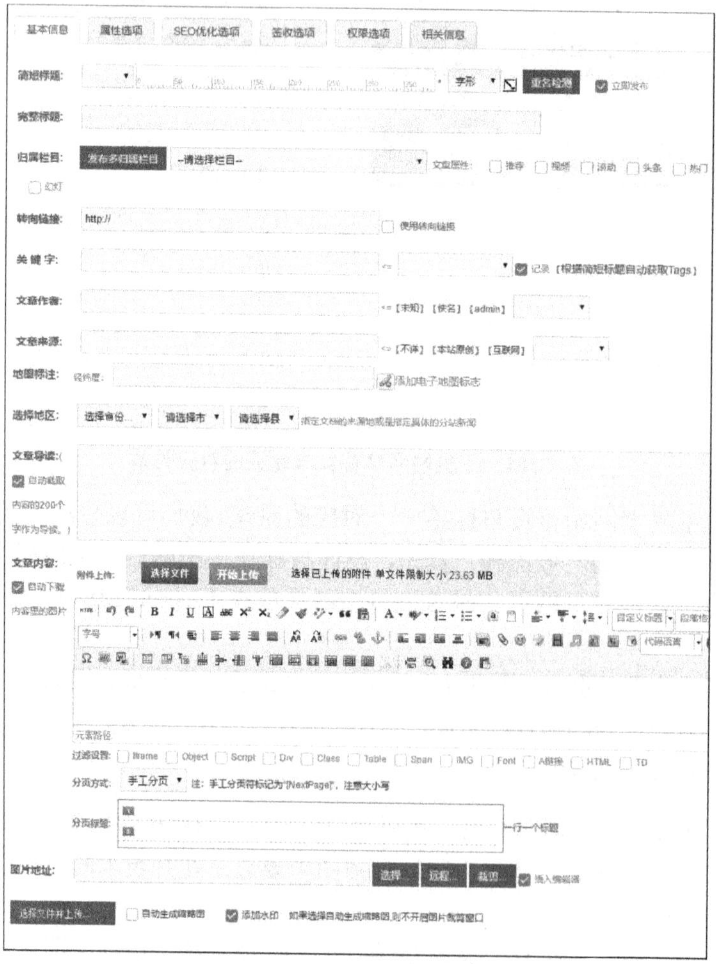

图 7-103　发布文章

8．使用标签将文章调用到首页对应位置

在 KesionCMS 中发布的文章，需要通过对应的标签将其调用到相应的网页中。系统中已经内置了需要的标签，在网页中可以直接调用或者修改，调用的方法是{LB_标签名称}，在标签中通过选择范围，选择调用具体栏目中的文章。

根据网站建设的需要，网站建设者还可以在 KesionCMS 中新建标签，操作步骤如下：单击“标签”按钮，选择“标签管理”｜“系统函数标签”选项，单击“添加标签”按钮，如图 7-104 所示。进入创建新标签界面，填写“标签名称”“选择范围”“排序方法”“文档数量”“输出格式”等内容，其中“选择范围”就是调用哪个栏目中的文章，如图 7-105 所示。

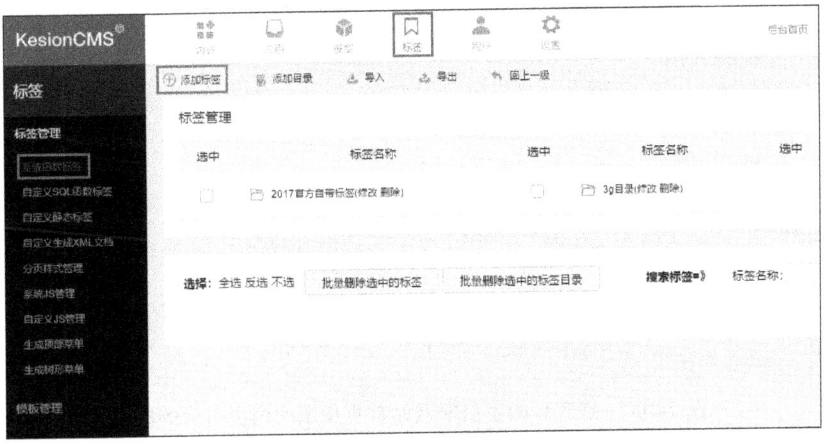

图 7-104　单击“添加标签”按钮

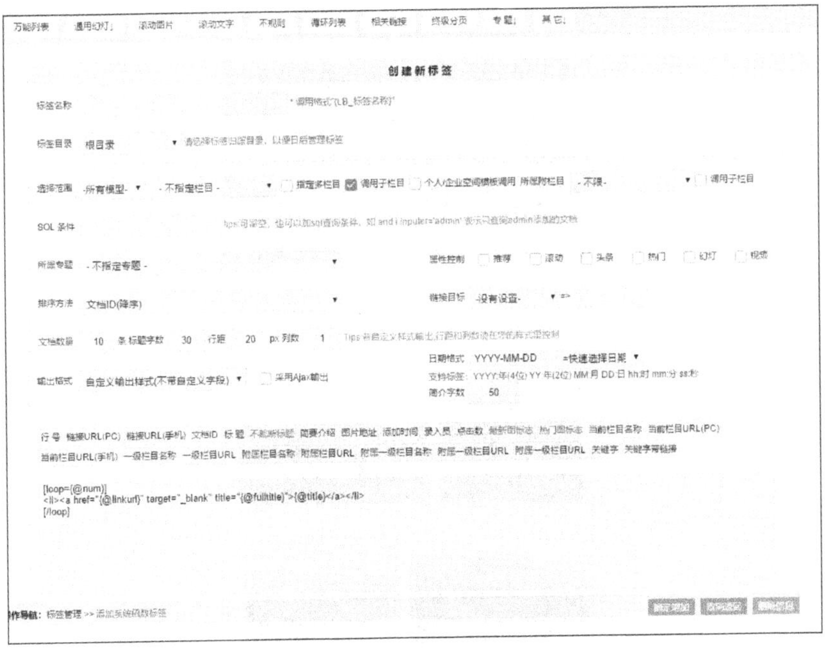

图 7-105　创建新标签

9. 修改手机端网站首页使用的模板及对应的标签

由于教材篇幅有限，对长沙市碧雅园花卉苗木基地手机端网站不做过多的复杂设计和修改。在 KesionCMS 手机端网站首页使用的模板的基础上，进行简单修改并发布相关的文章后，修改对应的标签，即可完成手机端网站首页使用的模板的简单制作，如图 7-106 所示。

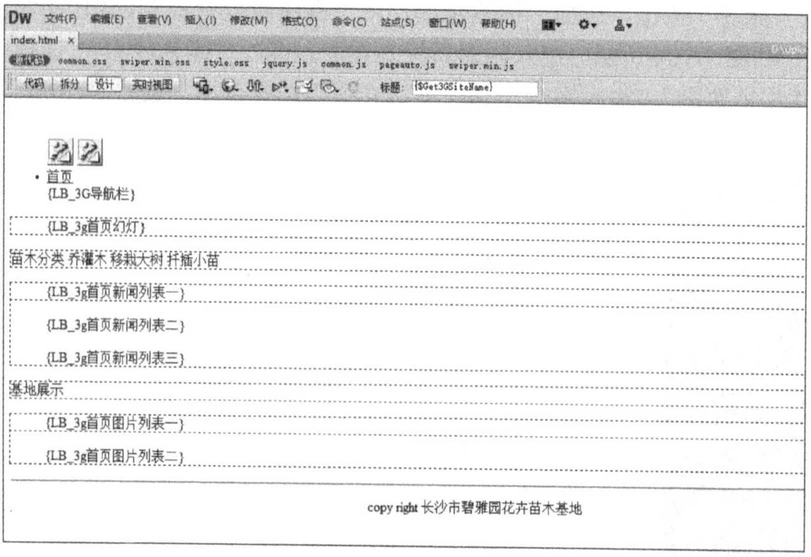

图 7-106 修改后的手机端网站首页使用的模板对应的标签

制作完成的手机端网站首页（部分）如图 7-107 所示。

图 7-107 制作完成的手机端网站首页（部分）

长沙市碧雅园花卉苗木基地手机端网站采用 KesionCMS 制作完成，商科类专业学生按照本书的过程指导，可以完成建站环境搭建，利用 CMS 模板制作简单的移动端网站。与使用第三方建站平台建站相比，使用 CMS 建站的过程较为复杂，但 CMS 的功能更强大，建站的自由度也较大，可根据客户需求建站，基本能满足绝大多数企业的建站需求。

技能训练 7-1　使用凡科建站制作一个简单的手机端网站首页

访问凡科网，注册账号，开通建站服务，并使用系统模板和模块，制作一个简单的手机端网站首页。要求页面布局合理，搭配得当，建站系统模块使用丰富，并将建站的相关信息填入表 7-1 中。

表 7-1　建站的相关信息

填表时间：　　　　　　　　　　　　　　　　　　填表人：

凡科网注册账号	
在网站制作中使用的模块	
首页效果截图	

技能训练 7-2　KesionCMS 建站环境搭建综合实训

使用 CMS 建站，需要提前搭建建站环境，请完成安装 IIS、下载 CMS 安装包、配置网站环境、安装 CMS 等一系列操作。请完成上述操作，并将过程截图到相应步骤中。

（1）安装 IIS

（2）下载 CMS 安装包

（3）配置网站环境

（4）安装 CMS

实训七　企业手机端网站制作

一、实训目标

掌握使用凡科建站等第三方建站平台制作手机端网站首页的方法。

二、实训背景

湖南浏阳素有“烟花之乡”的美誉，目前其花炮年产值占全国总产值的一半，拥有各类上规模的花炮企业 1000 余家。湖南国际庆典烟花文化集团是一家与澳大利亚飞拓烟花集团（中国香港）有限公司合资创办的大型烟花企业。湖南国际庆典烟花文化集团的前身为浏阳市庆典烟花有限公司，历经 20 余年的不断进取，努力攻关，逐步成长为一家集科研、生产、销售、燃放、文化传播于一身的专业烟花文化企业集团，旗下拥有湖南省国际庆典烟花制造燃放有限公司、浏阳市国际庆典烟花出口贸易有限公司、浏阳市国际庆典文化传播有限公司等核心企业。湖南国际庆典烟花文化集团拥有现代化大型烟花生产工厂，环境优美，配备了先进的自动化烟花生产设备；荟萃了国内外顶级烟花科技人才；烟花的产品结构、花色效果、内质外观均领先于行业水平。其自主创新的产品包括手持柱形彩烟、舞台柱形彩烟、高空组合盆花、高空礼花弹、高空礼炮。

由于市场竞争日趋激烈，湖南国际庆典烟花文化集团的领导决定加强网络宣传与推广，建立企业网站。网站初期的功能定位是针对国内市场，打造集团统一对外的宣传窗口，强化集团的行业地位和影响，进一步提升集团的品牌影响力。

小李所在的项目团队已经制作完成该集团的 PC 端网站首页，并成功发布到互联网上了。现在，需要制作该集团的手机端网站，以满足移动互联网的发展及该集团网络营销的迫切需要。

三、实训环境

硬件环境：能接入互联网的计算机。

软件环境：IE 7.0、FTP。

四、实训内容与步骤

1. 账号注册

登录凡科网，注册账号，开通建站服务。

2. 手机端网站模板选择

根据手机端网站建设需要，筛选系统提供的模板，选择适合的模板。

3. 手机端网站制作

使用凡科建站制作手机端网站。

4. 保存并预览手机端网站

在手机端网站制作完成后，保存并预览手机端网站。

思考与练习

一、选择题

1. 访问网站的移动终端包含（　　）。

A. 智能手机　　B. 平板式计算机

C. 笔记本式计算机　　D. 台式计算机

2. 移动端网站的开发策略包含（　　）

A. 跨终端　　B. 委托开发　　C. 单独建站　　D. 自主开发

3. 移动端网站的制作方法包含（　　）。

A. 使用第三方建站平台建站　　B. 使用 CMS 建站

C. 在线生成　　D. 定制开发建站

4. 按照技术类型，CMS 可以分为（　　）这几种类型。

A. ASP　　B. JSP

C. PHP　　D. ASP.NET

5. 下列关于响应式网站的描述，正确的是（　　）。

A. 一个网站能够兼容多个终端

B. 为每个终端做一个特定的版本

C. 一个响应式网站=手机端网站+平板端网站+PC 端网站

D. 综合性电子商务平台网站适合做响应式网站设计

6. 在 Windows 环境下，CMS 建站准备工作包含（　　）。

A. 安装 IIS　　B. 下载 CMS 安装包

C. 配置网站环境　　D. 安装 CMS

二、简答题

1. 简述移动端网站的开发策略。

2. 简述使用第三方建站平台制作移动端网站的过程。

3. 比较使用 CMS 建站与定制开发建站的优劣。

参考文献

[1] Adobe 公司. Adobe Dreamweaver CS5 中文版经典教程[M]. 北京：人民邮电出版社，2011.

[2] 神龙影像. Photoshop CS5 中文版从入门到精通[M]. 北京：人民邮电出版社，2012.

[3] 吕争. Dreamweaver 网页设计与制作[M]. 北京：科学出版社，2012.

[4] 景怀宇. 中文版 Photoshop CS5 实用教程[M]. 北京：人民邮电出版社，2012.

[5] 赵芳，孟龙. Photoshop CS5 平面广告设计经典 228 例[M]. 北京：科学出版社，2012.

[6] 方宁. 创意：Photoshop CS5 网页设计与配色实战攻略[M]. 北京：清华大学出版社，2013.

[7] 栩睿视觉. Photoshop CS5 完全自学手册[M]. 北京：科学出版社，2012.

[8] 盛秋. Photoshop CS5 从新手到高手. 中文版. [M]. 北京：人民邮电出版社，2012.

[9] 宿培成，佘战文，何元媛. Photoshop CS5 平面设计实用教程. 中文版. [M]. 北京：人民邮电出版社，2012.

[10] 黄爱娟，雷喜. Dreamweaver CS5 完全自学一本通. 中文版. [M]. 北京：电子工业出版社，2010.

[11] 唯美科技工作室. 完全实例自学 Dreamweaver+Flash+Fireworks CS5 网页制作[M]. 北京：机械工业出版社，2012.

[12] 邓文渊. Dreamweaver CS5 网站设计与开发实战[M]. 北京：清华大学出版社，2012.

[13] 畅利红. DIV+CSS 3.0 网页样式与布局全程揭秘[M]. 北京：清华大学出版社，2012.

[14] 朱印宏，邓艳超. DIV+CSS 网站布局从入门到精通[M]. 北京：石油工业出版社，2012.

[15] 刘增杰，刘海松. 精通 DIV+CSS 3 网页布局与样式[M]. 北京：清华大学出版社，2012.

[16] 张晓景. DIV+CSS 3.0 网页样式与布局经典范例[M]. 北京：电子工业出版社，2012.

[17] 麦克尼尔. 网页设计创意书. 卷 4. [M]. 北京：人民邮电出版社，2015.

[18] 王君学，孙中廷. 网页设计与制作项目教程[M]. 3 版. 北京：人民邮电出版社，2015.

[19] 赵旭霞，刘素转，王晓娜. 网页设计与制作[M]. 2 版. 北京：清华大学出版社，2015.

[20] 李敏. 网页设计与制作案例教程[M]. 3 版. 北京：电子工业出版社，2015.

[21] 孟俊宏，袁玉萍. Photoshop 电商网页广告设计实战从入门到精通[M]. 北京：人民邮电出版社，2015.

[22] 安道通. 网页美工设计 Photoshop+Flash+Dreamweaver 从入门到精通[M]. 北京：人民邮电出版社，2015.

[23] 龙马高新教育. 新编网站设计与网页制作（Dreamweaver CC+Photoshop CC+Flash CC 版）从入门到精通[M]. 北京：人民邮电出版社，2015.

[24] 田中雨，郭磊. HTML+CSS 网页设计实践教程[M]. 北京：清华大学出版社，2016.

[25] 杨仁毅. Photoshop/Dreamweaver/Flash 网页设计与制作完全自学教程. 中文版. [M]. 北京：人民邮电出版社，2016.

[26] 何立，卞华杰. 网页设计与网站建设全攻略[M]. 北京：清华大学出版社，2016.

[27] 博智书苑. 网页设计与制作从新手到高手：Dreamweaver Flash Photoshop CC[M]. 北京：北京日报出版社，2016.

[28] 许昭霞. 网页设计与制作（Dreamweaver CS5）[M]. 北京：电子工业出版社，2016.

[29] 陈彦，张亚静. 网页设计与制作项目化实战教程[M]. 北京：人民邮电出版社，2016.

[30] 刘玉红，蒲娟. Dreamweaver+Flash+Photoshop 网页设计案例课堂[M]. 北京：清华大学出版社，2016.

[31] 中国互联网络信息中心. 第 44 次中国互联网络发展状况统计报告[EB/OL]. [2019-8-30]. http://www.cnnic.cn/hlwfzyj/hlwxzbg/hlwtjbg/201908/P020190830356787490958.pdf.

[32] 王愉，潘明明. 响应式网页设计初探[J]. 北京印刷学院学报，2014(3):13-15.